논어의 혼 4

오랜 잠에서 깨어날 것인가

.

논어의 혼 4

오랜 잠에서 깨어날 것인가

국학자료원

이 책을 삼가
청악 한영선 선생님께 바칩니다.

서문

이 책은 논어의 어구 풀이 대신 그 정신을 천착하여 경전의 참뜻을 밝히려는 생각에서 시도되었습니다. 붓다나 노자 공자가 히말라야의 눈 덮인 봉우리들이라면 너나없이 우리 모든 해설자들은 어두운 골짜기와 같을 듯합니다. 그들이 말하는 것이 우리에게 도달한다 해도, 그것은 그저 골짜기의 메아리 정도일 것입니다. 스스로 깨닫지 못하면 스승은 언제나 역설적인 존재로 남습니다.

비유컨대, 우리가 경전을 푸는 것은 입신의 경지에 든 9단 기사의 기보를 5, 6급 수준의 동호인이 해설하는 것과 같습니다. 9단 기사의 기보는 다른 9단 기사만이 제대로 읽을 수 있을 것입니다. 이처럼 경전을 해설하는 일 또한 한 성인의 말씀을 다른 성인이 푸는 것이 최선이 아닐까 합니다. 그러나 성인들은 모두 자신의 각성 상태에 침잠할 뿐 다른 이에게는 별관심이 없습니다.

다만 라즈니쉬가 수많은 동서 경전들을 해설하였으니, 그간 전통적인 경전 독법에 식상해온 이들에게는 일대 서광이 아닐 수 없습니다. 그의 강의는 경전 자체에 못지않은 진리의 메시지이기 때문입니다. 하지만 그는 붓다 노자 예수 등 거의 모든 성인을 망라하면서도 유독 공자의 말씀에 대해서는 단 한 구절도 언급하지 않았습니다.

그러나 우리에게 공자는 가장 중요한 스승 중의 한 사람이며, 더욱이 논어에 대한 관심은 이미 허다한 해설서들이 범람하고, 지난해만도 무려 30여종이 새로 간행되었을 정도로 여전히 뜨겁습니다. 우리는 삶의 궁극적인 물음을 추구하는 이 목마름을 풀어줄 만한 혁신적인 길잡이가 필요함을 절감합니다.

그 한 작은 시도로 라즈니쉬를 대신하는 심정에서, 진리의 백과사전을 방불케 하는 그의 강의록을 활용하여 이 전술傳述을 도모하게 되었습니다. 이렇게 깨달은이의 말씀으로 말씀을 새기는 이경치경以經治經의 방법으로써 감히 공자의 본의를 읽을 수 있기를 염원합니다.

여기서 우리의 입장은 방대한 자료를 섭렵하여 관련된 내용들을 탐색하고 재구성하여 충실하게 기록하는 필자筆者 정도입니다. 이는 시공 저 너머로부터 들려오는 낮은 소리를 겸허히 받아 적는 이른바 술이부작述而不作의 정신과 일맥상통하지 않을까 생각해 봅니다.

우리는 정중하게, 우리가 양식으로 삼은 책들을 간행한 출판사와 그 역자들에게 사의를 표하며, 이 시대 최고의 스승인 라즈니쉬에게는 더 없이 큰 경의를 바칩니다. 이들의 빛나는 업적이 없었던들 이 작업은 생심도 못하였을 것입니다.

다만, 일일이 출전을 밝히는 번거로움을 줄이고, 자료를 양해 없이 인용하는 등 관행에서 벗어난 점은 이 작업의 특성상 부득이하였음을, 다음 라즈니쉬의 말씀으로 미루어 이해해 주시기 바랍니다.

'사람들은 내가 한 말들을 가져다 쓰면서 나의 이름은 언급하지 않는다. 거기에는 어떤 해도 없다. 나의 이름이 중요한 것이 아니라 중요한 것은 내가 한 말이며, 나의 메시지다. 만약 누군가 어떤 구절을 가져다 썼다면, 그 구절은 그 책 전부보다 더 중요하다는 것이 증명될 것이다. 그리고 나는 더욱더 많은 작가와 시인들이 그들이 할 수 있는 한 많이 도용해 갔으면 좋겠다. 진리는 나의 재산이 아니기 때문이다.'

이 책의 또 한 가지 중요한 특징은, 논어를 처음부터 마지막까지 하나도 빼지 않고 전부 해설하는 기계적인 방식을 지양하고, 현대인들이 진리와 진실한 삶을 이해하는 데 도움이 될 만한 구절들만 발췌하여 가급적 깊이 다루는 입장을 취한 점입니다. 이는 논어의 체제에 얽매이지 않고 논어를 이용하여 독자들의 정진에 도움이 되게 하는데 무게를 두었기 때문입니다.

사실 논어의 방대한 내용은 공자 당시의 사람들을 위한 것이었습니다. 그래서 현대에는 맞지 않거나 불요불급한 대목도 허다하므로 이를 모두 다루는 것은 결코 바쁜 현대인들의 입장을 배려한 것이라할 수 없습니다. 그러나 그 핵심적인 구절들로 말하면, 이는 참으로 시대를 초월해 영원한 인류의 지혜에 해당한다고 할 만합니다. 그래서 논어의 가치는 영원히 변치 않는 보석처럼 빛나는 것이지요.

이제 우리는 논어를 진부한 고서에서 현대 고전의 반열에 올려놓으려 합니다. 헌 포도주 병에 새 포도주를 담는 것에 비유할 수 있을

지, 병은 낡았으나 포도주는 새 것입니다. 필자들로서는 오랜 각고 끝의 첫 결실이지만 더 갈고 다듬을 데가 적지 않을 것이므로, 강호 제현의 질정을 받아 계속 기워나가려 합니다.

2022년 4월 20일
김상대 · 성낙희

개정판 서문

2008년 제1권을 시작으로 연년이 1권씩 2012년까지 논어의 혼 전5권을 완간하고, 되짚어 읽고 읽으며 소소한 오류들을 바로잡고 미흡한 부분들을 보강하여 그 수정본을 펴냅니다.

그간 이 책은 혁신적인 방법으로 경서 해설의 신기원을 이루고 논어의 진가를 극대화하였다는 평가를 받아왔습니다, 이 책은 지식을 축적하는 학습서가 아니라 천천히 음미하며 그 정신에 침잠하는 지혜의 책입니다.

지혜에 이르자면 지성을 일깨워야 합니다. 위대한 말씀들은 지식을 도구로 삼지 않습니다. 지식보다는 지성과 지혜가 요구됩니다. 논어는 인간을 지식의 노예가 되게 하는 것이 아니라 인간 본연의 지성으로 사람이 사람답고 삶이 삶답게 하는 데 길잡이가 되는 등불 같은 책입니다. 한 번 서둘러 읽고 덮어 두는 것이 아니고 책상머리에 두고 되풀이되풀이 그 의미를 숙고하고 묵상하는 책입니다.

이 시대에도 논어를 읽을 필요가 있는가? 이것은 우문입니다. 이 시대에도 읽을 만한 가치가 있는 논어는 어디 없는가? 이것이 현명한 질문입니다. 그 핵심 구절들은 시대를 초월하여 영원한 지혜의 근원이기 때문입니다.

이 책은 업그레이드된 논어 해설서일 뿐만 아니라 논어 자체를 업데이트한 점에서 원문 해석 위주의 허다한 기존의 논어 해설서들과는 근본적으로 그 지향이 다릅니다. 삶은 하나의 흐름이고 모든 것은 끊임없이 변합니다, 지혜도 진화하고 성장합니다. 사서 중 으뜸 고전인 논어가 진정한 현대의 고전으로 진화할 때 원본의 가치를 뛰어 넘어 더욱 빛나는 유산이 될 것입니다,

세상은 물질적으로 부유해지는 데 성공했습니다. 그러나 이것은 진화가 아닙니다. 사람들은 더욱 나빠졌습니다. 인간은 심히 탐욕스러워지고 물질적으로 되었습니다. 그리고 이제는 너무나 지치고 피곤해하고 있습니다. 그 여정은 인간의 모든 영혼을 앗아가 버렸습니다. 이제 우리는 더 늦기 전에 본심을 찾아서 각성하고 영혼의 갈증을 느껴야 할 것입니다.

개정판 제작에 최선을 다한 국학자료원과 우정민 과장의 노고에 감사하며, 정찬용 원장과의 오랜 세월 귀한 인연을 새삼 상기합니다,

2022년 9월 2일
성낙희 · 김상대

차례

일러두기

  이 책은 하나의 교양서적으로보다 현대의 구도적인 삶에 이바지하는 조그만 안내서가 되기를 희망합니다. 그런 면에서 이 책은 단지 많은 사람에게 건성건성 읽히기보다 소수라도 다섯 번 열 번 읽으며 철저히 이해하고 인생의 좋은 반려로 활용하였으면 좋겠습니다.

  도를 닦는 것, 즉 삶의 바른 길을 추구하는 것은 진정한 의미에서 종교와 같습니다. 여기서 종교란 많은 사람들이 안식처를 찾아 형식적으로 따르는 세속적인 종교를 뜻하는 것이 아니며, 각자가 자신의 도에 이를 수 있는 길에 대해서 진지한 관심을 갖는 것을 의미합니다.

  우리는 독서를 에고의 양식으로 이용하기 일쑤입니다. 그러면 우리는 독서를 통해 지식에 갇혀 버릴 수 있습니다. 지식은 지혜가 아닙니다. 지혜는 지식과 아무 상관도 없습니다. 이 책을 통해 지식의 양을 증대시키려 한다면 이는 방향을 잘못 잡은 것입니다. 우리는 독서를 다른 길로 이용할 수 있습니다. 이때 독서는 삶의 다른 것들만큼이나 아름다운 것이 될 것입니다.

  만일 우리가 정보를 얻기 위해서가 아니라 신성한 노래에 귀 기울이기 위하여 경전을 읽는다면, 이 신성한 노래는 단어 안에 있는 것이 아니라 단어들 사이에 있으며, 행 안에 있는 것이 아니라 행간에 있습니다. 이렇게 경전을 읽을 때 신성한 노래를 감상하듯이 한다면, 이때 독서는 엄청난 아름다움을 갖습니다.

우리는 독서를 하는 가운데에도 깬 상태로 주시하고 관찰합니다. 책 속으로 몰입하는 동시에 언덕 위에서 바라보는 사람처럼 일정한 간격을 두고 떨어져 있습니다. 그럼으로써 책을 통해 유용한 정보를 얻기보다 지혜를 그리고 나아가 영감을 받기를 희망합니다.

영감을 받는다는 것은 경전과 깊은 조화를 이룬다는 것이며, 그 경전과 더불어 명상의 상태로 들어가는 것을 의미합니다. 이것은 마음을 통해서가 아니라 우리 전체를 통해 이루어집니다. 이런 식으로 이 책을 읽는다면 우리의 피, 심장, 가슴, 우리 몸 안의 세포 전체가 논어를 읽고 있는 것입니다.

그러나 단순히 정보를 수집하는 차원에서 독서를 할 때는 우리의 머리가 거기에 있을 뿐 다른 것은 없습니다. 단순히 머리로만 읽는다면 머리는 계속해서 해석만을 내립니다. 물론 그 해석은 자신의 것이지 스승의 것이 아닙니다. 이때 우리는 지식만 키울 뿐 핵심을 놓칩니다. 우리는 수많은 말들을 기억할 것이지만 정수를 깨닫지 못합니다.

경전의 정수를 깨닫기 위해서는 굳이 처음부터 끝까지 다 읽을 필요가 없습니다. 이는 체계적인 지식을 습득하는 방법일 뿐입니다. 지혜의 정수는 어느 한 구절이라도 얼마나 깊이 이해하고 얼마나 뜨거운 가슴으로 받아들이느냐가 중요한 것입니다.

위대한 선승인 혜능은 금강경의 네 구절을 듣고 깨달았다고 합니다. 그는 시장거리를 걸어가고 있었습니다. 물건을 사러 가는 중이었고 깨달음에 대해서는 생각조차 하지 않고 있었습니다. 그런데 어떤 사람이 길가에서 금강경을 외고 있었습니다. 그 사람은 살아오면서 내내 금강경을 외고 다닌 사람이었습니다. 그는 학자였거나 앵무새였음에 틀림없습니다.

그때는 저녁이었습니다. 그때 혜능이 그곳을 지나갔습니다. 그는 단지 네 구절을 들었을 뿐입니다. 그는 갑자기 벙어리가 되었습니다. 그래서 밤이 새도록 그 자리에 서 있었다고 합니다. 금강경을 외던 사람도 들어갔고 시장은 모두 문을 닫았는데 그는 여전히 그곳에 서 있었습니다. 언제까지나 그렇게 그곳에 서 있었습니다.

날이 밝았을 때 그는 완전히 다른 사람이 되어 있었습니다. 그는 집으로 가지 않았습니다. 그는 산으로 갔습니다. 세상은 이제 그와는 상관이 없는 것이 되었습니다. 혜능은 틀림없이 마음이 매우 순수했을 것입니다.

혜능의 일화를 통해서 우리는 새삼 깨닫게 됩니다. 우리가 경전을 읽고 그것에 대해서 뭔가를 하지 않는다면, 이해는 아무 쓸데없는 것이며 그것은 삶의 낭비일 뿐입니다. 그것은 우리가 진짜로 이해하지 못했다는 뜻입니다. 이해는 행동이 필요하기 때문입니다.

만약 행동으로 나타나지 않는다면 우리는 단지 피상적인 지식만 얻었을 뿐 이해한 것이 아닙니다. 그것은 하나의 정보일 뿐입니다. 이해는 행동을 의미합니다. 우리가 어떤 것을 이해하면 즉시 그것을 행동에 옮기기 시작합니다.

경전 읽기는 일종의 예술을 터득하는 것입니다. 그것은 깊은 몰입의 상태로 들어가는 것이며, 전체적으로 참여하는 것입니다. 경전을 읽을 때 소설책을 읽듯이 한다면 핵심을 놓칠 것입니다. 이는 여러 층의 깊이를 갖고 있습니다. 그러므로 날마다 되풀이해서 읽어야 합니다. 이것은 단순한 반복이 아닙니다. 되풀이해서 읽는 법을 터득하면 그것은 결코 반복적인 행위가 아닙니다.

경전을 읽을 때는 '어제'를 개입시키지 말아야 합니다. 오늘 아침에 막 피어난 꽃송이를 보듯이 신선한 기분으로 책을 대하고, 아침 해가 떠오르듯이 새로운 마음으로 읽습니다. 그러면 완전히 새로운 의미가 드러날 것입니다. 이것은 어제와 상관없습니다. 이것은 오늘의 의미, 지금 이 순간의 의미를 가져다줍니다.

그러나 어제를 끌어들이면 새로운 의미를 읽을 수 없을 것입니다. 우리의 머리는 이미 과거에 습득한 낡은 의미들로 가득 차 있습니다. 그래서 이 책을 반복해서 읽는 것이 무슨 소용인가 하고 생각합니다. 이것은 부질없는 일이고, 짜증나고 권태로운 일로 여겨집니다. 이렇게 되면 경전을 읽음으로써 새로운 에너지를 충전하는 것은 불가능해집니다.

진심으로 한 여자를 사랑할 때 그녀는 날마다 새로워 보입니다. 경전을 읽는 것도 마찬가지입니다. 그것은 연애를 하는 것과 같습니다. 날마다 새롭습니다. 어구는 똑같지만 그 똑같은 어구가 날마다 새로운 의미를 전해줍니다. 똑같은 단어들이 날마다 다른 문을 통해 우리의 존재 안으로 침투합니다. 어떤 순간에는 똑같은 단어가 새로운 의미를 가져다줍니다.

의미는 단어에 담긴 것이 아니라 우리가 어떤 식으로 읽느냐에 따라 달라집니다. 우리 자신이 경전에 의미를 부여하는 것이지, 경전에 본래부터 어떤 의미가 담겨 있어서 그것을 우리에게 고정적으로 전달해 주는 것이 아닙니다. 하루를 더 살면 우리는 그만큼 더 많은 경험을 쌓습니다. 우리는 더 이상 똑같은 사람이 아닙니다. 경전은 변함이 없지만 우리는 똑같은 사람이 아닙니다. 24시간 동안에 강에는 얼마나 많은 물이 흘러갔겠습니까?

이 책을 이렇게 읽을 때 우리는 진정으로 구도적인 삶의 길로 들어선 자신을 발견할 것이며, 이 책은 그 소임을 다하는 영광을 누리게 될 것입니다.

1

잘못된 질문에는
침묵하는 것이 지혜롭다

季路問事鬼神 子曰 未能事人 焉能事鬼 敢問死
계 로 문 사 귀 신   자 왈   미 능 사 인   언 능 사 귀   감 문 사

曰未知生 焉知死
왈 미 지 생   언 지 사

계로가 귀신을 섬기는 것에 대하여 질문하니, 공자가 말하였다. "아직 능히 사람도 섬기지 못하는데, 어떻게 귀신을 섬길 수 있겠는가?" (계로가) 감히 죽음에 대하여 물으니, (공자가) 말하였다. "아직 삶도 알지 못하는데, 어떻게 죽음을 알겠는가?"

주해 ───────────────────────────

季路 공자의 제자 ㅣ **問** 묻다 ㅣ **事** 섬기다 ㅣ **鬼神** 죽은 사람의 넋 ㅣ **曰** 말하다 ㅣ **未** 아직 ~하지 못하다 ㅣ **能** 할 수 있다 ㅣ **未能** 아직 할 수 없다 ㅣ **事人** 사람을 섬기다 ㅣ **焉** 어찌, 어떻게 ㅣ **能事鬼** 귀신을 섬길 수 있다 ㅣ **敢** 감히 ㅣ **敢問** 감히 묻다 ㅣ **死** 죽다, 죽음 ㅣ **知** 알다 ㅣ **未知** 아직 알지 못하다 ㅣ **焉知** 어찌 알랴 ㅣ **生** 살다, 삶

이는 사제 간의 다정한 문답이 아닙니다. 스승은 제자의 잘못만 지적하고 정작 질문에 대해선 침묵만 지켰습니다. 그것이 바로 그가 지혜롭다는 증거입니다. 그가 어떤 대답을 했더라면 그는 자신이 무지하다는 것을 보여주었을 것입니다. 제자의 질문은 잘못된 것입니다. 어리석은 자라면 대답해 주었을지도 모르지요. 바보들은 도처에 있으니까요.

만일 우리가 어리석은 질문을 한다면, 어리석은 대답을 얻게 될 것입니다. 질문을 한다면 대답을 얻어낼 수는 있습니다. 사람들은 항상 충고나 답변을 해주려 합니다. 그러나 그 질문이 그릇된 것이라면 그 대답 역시 그릇되게 되어 있습니다. 그릇된 대답만이 그릇된 질문에 맞을 수 있기 때문입니다.

만일 우리가 어리석은 질문을 하는데 누가 올바른 대답을 한다면, 우리는 그가 당치 않다고 생각할 것입니다. 우리는 어떤 것을 물었지만 그는 그와는 다른 것에 대해서 이야기합니다. 세상에는 이런 일이 되풀이해서 일어나곤 합니다.

빌라도가 '진리란 무엇인가?'라고 물었을 때, 예수는 침묵을 지켰습니다. 그때 예수의 제자들조차도 약간 불안해했습니다. 그들은 예수가 빌라도에게 대답을 했더라면 그리고 빌라도가 그 대답이 진리라는 것을 확신했더라면, 십자가형 같은 것은 없었을 것이라고 생각했기 때문입니다.

그러나 어리석은 질문에 어리석은 대답을 하는 것보다는 십자가형을 받는 것이 더 낫습니다. 십자가형은 언제나 어리석은 대답보다 낫지요. 예수는 그 어리석은 질문에 대답하는 것보다는 십자가형을 선택했습니다. 그런 질문들은 삶의 변화를 필요로 하기 때문입니다.

우리는 자신에 대해 일을 해야 합니다. 진리란 우리에게 주어질 수 있는 것이 아닙니다. 우리는 자신의 의식을 끌어올려야 할 것입니다. 존재의 절정에 도달해야 할 것입니다. 오직 거기서부터 일별이 가능해집니다. 우리의 에고가 완전히 죽을 때 진리가 나타납니다. 그것은 철학적 탐구가 아니라 종교적 변형입니다.

그러나 이천여 년이 지난 지금까지 이런 문제를 침묵으로 일관할 수는 없는 노릇입니다. 신에 대한 봉사와 죽음의 문제는 우리의 입장과 수준에서 살펴볼 수 있습니다. 세상의 많은 종교 단체에서는 신을 섬기는 구체적인 방법으로 기도와 인류에 대한 봉사를 택해왔습니다.

그들은 가난한 사람들, 장애자들, 환자들에게 봉사합니다. 병원을 열고 학교를 세우고 그들이 할 수 있는 온갖 종류의 일들을 다 합니다. 그들은 자신을 돌보는 대신 인류에게 위대한 봉사자가 되는 것에서 보람을 느낍니다. 그러나 이런 봉사는 에고의 놀음으로 본말이 전도된 것입니다.

자신을 사랑하는 사람은 자기 안에 에고가 없다는 것을 깨닫습니다. 자신을 사랑하지도 않으면서 타인을 사랑하려고 노력하면 에고가 생기지요. 선교사나 사회봉사를 하는 사람들은 세상에서 가장 큰 에고를 갖고 있습니다. 그들은 자신을 가장 우월한 인간이라 생각합니다. 평범한 사람들은 자신을 사랑하지만, 그들은 타인을 사랑하고 숭고한 이념을 사랑하고 그리고 신을 사랑합니다.

그러나 자신을 사랑하는 사람만이 진정으로 사랑을 즐거워합니다. 자신을 사랑하는 사람은 지복을 누리고, 사랑은 흘러 넘쳐 다른 이들에게까지 퍼져 나갑니다. 사랑 속에서 살다보면 사랑을 나눌 수밖에 없습니다. 사람은 자기 자신만을 사랑할 수는 없습니다. 자신을 포함하여 많은 사람을 사랑하는 것이 최고의 기쁨이며 아름다움이라는 사실을 깨닫기 때문이지요. 우리는 사랑을 나누면 나눌수록 더욱 기쁨이 커진다는 사실을 알고 있으니까요.

물결이 멀고 먼 곳으로 서서히 퍼져나가기 시작하듯이 다른 사람을 사랑하기 시작하고, 동물과 새, 나무, 바위까지 사랑하게 됩니다. 그럼으로써 온 우주를 사랑으로 채울 수 있게 되지요. 단 한 사람만으로도 우주 전체를 사랑으로 채우기에 충분합니다. 작은 조약돌 하나로도 호수 전체에 물결을 일으킬 수 있습니다.

그러므로 큰 스승은 인류에게 봉사하라고 말하지 않습니다. 오직 명상가가 되라고, 춤추는 자가 되라고, 기뻐하라고 말합니다. 그럼으로써 자신이 지복에 넘치는 사람이 될 때, 봉사가 찾아올 것입니다. 봉사는 그림자처럼 저절로 따라오지요. 우리가 봉사를 따라가는 것이 아니라 봉사가 우리를 따라오는 것입니다. 그때 봉사는 하나의 축복입니다.

기도 또한 신앙의 입장이 아니라 지성적 차원에서 되돌아볼 필요가 있습니다. 힌두교에 의하면 기도는 정말로 신에게 가는 것이 아니라고 합니다. 신에게는 주소가 없기 때문입니다. 신의 주소가 어디입니까? 신은 아무 데도 없거나 모든 곳에 있습니다.

그래서 기도는 누구에게로 보내는 것이 아닙니다. 기도는 내면의 변형입니다. 우리는 기도할 수 없지만 기도하는 분위기 속에 있을 수 있습니다. 그래서 기도는 우리가 할 수 있는 그 무엇이 아니라 우리가 될 수 있는 그 무엇입니다. 우리는 기도하고, 그 기도를 통해 우리는 변화됩니다.

우리의 기도를 듣는 사람은 아무도 없고, 우리를 도와주는 이도 없습니다. 다만 기도를 통해 우리의 가슴이 변화될 뿐이지요. 진실한 기도라면 기도를 통해 우리는 달라집니다. 우리의 기도가 우리를 변화시킵니다. 그리고 이것은 궁극적으로 우리를 존재하게 한 신에게 충실한 것입니다.

현대인들은 역사를 통틀어 신이나 죽음 등 신성한 것에 대하여 가장 무지한 존재입니다. 너무나 평범하고 세속적이지요. 우리는 돈, 권력, 명성에만 관심을 가지며, 그것만이 전부라고 생각합니다. 우리의 삶은 하찮은 것들, 참으로 보잘 것 없는 것들로 둘러 싸여 있습니다. 우리는 자신보다 더 큰 존재를 알지 못하고 내적인 삶을 알지 못하며, 죽음이 삶의 종말이라고 생각할 뿐입니다.

신은 이 세계에 단지 눈에 보이는 것만 존재하는 것이 아니라 보이지 않는 것들도 존재하고 있다는 것을 말해줍니다. 이 세계에는 측정할 수 있는 것들만 존재하는 것이 아니며, 측정할 수 없는 것들도 포함되어 있습니다.

이 세계에는 외부만 존재하지 않습니다. 내적인 차원도 존재합니다. 이 내적 차원이 바로 신이 의미하는 모든 것입니다. 신은 인격체가 아니라 어떤 본질이며, 신이라기보다 신성이라고 부르는 것이 더 현대적일 듯합니다.

우리는 모두 신에게 속해 있습니다. 다른 방법은 없습니다. 우리는 신 안에서 태어나고, 신 안에서 살고, 신 안에서 죽습니다. 느낄 수만 있다면 매 순간이 신성하고 존재하는 모든 것이 신성합니다. 그러나 느끼지 못한다면, 사원이나 교회에 가도 거기에서 아무것도 발견하지 못합니다.

변형을 필요로 하는 것은 장소나 상황이 아니라 바로 우리 자신이기 때문입니다. 사원 안이나 사원 밖이나 어느 곳에나 신이 있습니다. 그러나 사람들은 신을 보지 못하고, 신을 찾으려고 집에서 나와 사원으로 갑니다.

내적인 변형이 필요합니다. 분위기를 바꾼다거나 자리를 옮긴다는 것은 아무런 도움이 되지 않습니다. 심리적인 방향 조정을 다시 해야 합니다. 사물을 완전히 새로운 방법으로 바라보아야 합니다. 그때 갑자기 이 세상 전체가 사원이 됩니다.

새로운 시각으로 바라볼 때 우리는 죽음 또한 새롭게 이해할 수 있을 것입니다. 소크라테스와 같은 이는 죽는 순간까지도 죽음이 다가오고 있음을 기뻐하면서, 삶의 최절정과 위대한 모험과 무한한 세계를 향해 문이 열려 있음을 기뻐하였습니다.

우리는 휴식에 들어가 하나의 씨앗이 되고, 그 씨앗은 많은 세월 동안 쉬면서 잠을 잡니다. 그런 다음 또 다시 우리는 싹이 트고 다시 눈을 뜹니다. 그러나 그때의 우리는 이미 과거의 우리가 아닐 것입니다. 어느 것도 결코 똑같지 않습니다.

모든 것이 계속 변화해 갑니다. 오직 마음만이 늙고 죽어 있습니다. 아무런 마음도 없이 삶을 바라볼 때 우리는 죽음도 두려워하지 않고 수용할 수 있습니다. 이것이 진정한 삶입니다. 그리고 이럴 때 죽음은 아름다운 휴식으로 이해됩니다.

여기서 귀신을 섬긴다는 것은 돌아간 조상의 넋을 위해 제사지내는 일을 연상해볼 수 있겠으나, 이제 제사는 사라져가는 옛 풍습에 불과합니다. 현대의 관점에서 신앙이나 종교와 관련하여 신을 섬기는 문제와 사람을 섬기는 문제의 관계에 대하여 생각해보는 것이 오히려 현실적이 아닐까요?

고전이란 시대에 따라 달리 이해해볼 수 있는 소지가 있습니다. 이런 접근이 고전을 읽는 올바른 자세이고, 고전의 가치를 현대에 살리는 길이기도 합니다. 오늘날 우리의 신앙생활은 돌이켜볼 많은 문제를 안고 있는 것이 사실입니다. 우리 사회에는 많은 종교가 들어와 있고, 많은 사람들이 그 나름의 신앙생활을 하고 있습니다. 차제에 우리의 신앙생활에서 신을 섬기는 문제와 관련하여 진지하게 돌이켜 보는 것은 의미 있는 일이 될 듯합니다.

누구는 예수를 믿고 또 누구는 붓다를 믿습니다. 그들은 자기 자신을 믿을 수 없을까요? 우리는 자신을 믿을 수 없어서 오래 전에 죽은 사람의 신을 믿는 것이 아닌가요? 만일 우리가 자기 자신을 믿을 수 없다면, 예수나 붓다에 대한 우리의 믿음을 어떻게 신뢰할 수 있습니까? 결국 그것은 우리의 믿음일 뿐입니다. 예수나 붓다는 그것과 아무 상관이 없습니다. 우리가 우리 자신을 믿을 수 없다면, 우리는 아무도 믿을 수 없습니다. 그것은 우리의 신앙일 뿐입니다.

홀로 있음과 공허함 자기 자신에 대해 아무것도 아는 것이 없는 사람, 칠흑 같은 어둠과 무의식 속에서 살아가는 사람의 신앙일 뿐입니다. 이것은 온 세상에 퍼져 있는 질병입니다. 우리는 다른 누군가가 자신의 공허함을 채워주기를 기대합니다. 자신의 공허함과 직접 마주쳐야 합니다.

우리가 자신의 공허함을 받아들일 때 거기에 위대한 혁명이 일어날 것입니다. 홀로 있음과 공허함을 받아들이는 순간 그것의 질 자체가 변합니다. 그것은 정반대로 변할 것입니다. 그것은 풍요로움과 충만함이 될 것이며, 에너지와 즐거움으로 흘러넘칠 것입니다.

이런 흘러넘침으로부터 신뢰가 싹튼다면 그것은 매우 의미 깊은 것입니다. 누군가를 믿고 싶어 하는 욕망은 단지 거짓된 위안을 얻는 방법일 뿐입니다. 우리에게 필요한 것은 위안이 아니고 혁명입니다.

존재의 변형입니다. 우리는 자기 자신과 친숙해져야 하며, 이것이 올바른 믿음의 길로 가는 첫걸음입니다.

신앙에서도 먼저 살아있는 인간의 존재가 중요한 것입니다. 예수는 신을 '아버지시여' 하고 불렀습니다. 우리들도 따라서 하나님을 아버지라고 부르고 있지만 이것은 정말 무의미한 것입니다. 우리들에게는 하나님을 아버지라고 부를 가슴이 없습니다.

그렇게 부르는 의식은 흉내 내는 것에 지나지 않습니다. 우리는 하나님을 아버지라고 부를 심장을 갖고 있지 않습니다. 아버지라고 부르는 것이 중요한 게 아니라 가슴 속에 일어나는 느낌이 더 중요합니다. 그 느낌이 없다면 그것은 죽은 의식에 지나지 않습니다.

순수하고 뜨거운 가슴만이 우리를 진정한 신앙 속으로 빠져들게 할 수 있습니다. 그리고 이는 하느님 아버지 이전에 모든 살아있는 존재로 나아갈 수 있는 어떤 에너지의 장, 어떤 분위기가 만들어져야 합니다. 구제프의 수도원 문에 이렇게 씌어 있다고 합니다. '아버지와 불편한 관계가 남아있다면 돌아가라.' 먼저 아버지와의 문제를 다 청산한 다음에 가야 할 것입니다. 우리의 아버지를 존경하지 못한다면 성장할 수 있는 가능성은 없습니다.

아버지에 대하여 좋은 아들이 되어야 합니다. 좋은 아들이 된다는 것은 무엇을 의미합니까? 완전히 복종하여 마치 노예처럼 되라는 뜻입니까? 만일 우리가 노예같이 된다면 우리는 결코 좋은 아들이 아니지요. 완전히 복종만 하면 위선자지요. 겉으로는 그렇게 해도 속으로는 반항할 수도 있으니까요. 어린아이들이 바로 이런 것을 강요받고 있습니다.

좋은 아들은 신중하고 이해심이 깊으며 존경할 줄 아는 아들입니다. 좋은 아들은 아버지의 말을 잘 듣습니다. 왜냐하면 아버지는 오랜 동안 살아오면서 많은 것을 경험했고, 또 많은 것을 알고 있기 때문입니다. 그는 아버지를 이해하려고 합니다. 그는 열려 있습니다. 복종하거나 또는 불복종하는 일에 서두르지 않습니다.

하느님 아버지에 대한 우리의 자세도 이의 연장선에서 이루어져야 함을 이 수도원의 문장은 암시하고 있습니다.

어린 아이와 같은 신앙 우리 사회의 신앙에는 세 가지 유형이 있습니다. 첫째 유형은 어린 아이와 같은 인간으로서 그는 아버지의 상像을 추구합니다. 그는 미숙합니다. 그는 자립할 수 없으므로 다른 곳에서 신을 필요로 합니다. 신은 존재할 수도 있고 존재하지 않을 수도 있습니다. 그것은 중요하지 않습니다. 어찌 되었든 신은 필요한 것입니다.

신이 존재하지 않는다 할지라도 미숙한 마음은 심리적 욕망 때문에 신을 창조해낼 것입니다. 성경에서는 신은 인간을 신의 형상대로 창조했다고 말합니다. 그러나 그 반대가 더욱 진실에 가깝습니다. 인간은 신을 인간의 형상대로 만들었습니다. 자신의 필요에 따라서 그는 신을 만들어냅니다.

그것이 신의 개념이 시대마다 변하는 이유입니다. 나라마다 다른 고유한 신에 대한 개념을 갖고 있는데, 그 이유는 나라마다 독특한 필요성을 갖고 있기 때문입니다. 또한 각 개인은 신에 대해 다른 개념을 갖고 있는데, 그것은 저마다 자기만의 절실한 욕구가 있어서 그것이 충족되어야 하기 때문입니다.

이런 인간의 종교는 종교라기보다는 심리학입니다. 종교가 심리학일 때, 그것은 환상이며 욕망입니다. 그것은 진실과는 아무 관계도 없습니다. 한 소년이 기도를 하고 있었습니다. 그는 다음과 같이 기도를 끝맺었습니다. "하느님, 우리 엄마를 보살펴 주시고, 아빠를 보살펴 주시고, 누이동생을 보살펴 주십시오. 그리고 하느님, 무엇보다도 부디 스스로를 돌보세요. 그렇지 않으면 우리 모두가 망할 테니까요."

이것이 대다수 사람들의 신입니다. 그들이 종교를 믿는 것은 신앙 없이는 살 수 없기 때문이며, 신앙이 일종의 안전감과 보호 받고 있다는 느낌을 주기 때문입니다. 금세기에 들어 많은 사람들이 비종교적으로 되었습니다. 그 이유는 신이 존재하지 않는다고 생각하게 되었기 때문이 아니라, 이 시대가 사람들을 조금 더 성숙하게 만들었기 때문이 아닐까 싶습니다.

사람들은 성년이 되었으며 조금 더 성숙해졌습니다. 그리하여 그들에게 어린 시절의 신은, 미숙한 심성의 신은 적합하지 않게 되었을 뿐입니다. 이것이 니체가 '신은 죽었다'고 선언한 이유입니다. 죽은 것은 진짜 신이 아니라 미숙한 심성의 소유자가 갖고 있던 신이었습니다.

영리함에서 오는 신앙 두 번째 유형의 신앙은 두려움에 기인하는 것이 아닙니다. 이것도 엉터리이며 가짜인 것은 마찬가지지만, 두려움에서 나온 것이 아니라 영리함에서 나온 것입니다. 이론을 만들어 내는 것과 논리와 형이상학과 철학에 썩 잘 훈련된 사람들이 있습니다. 그들은 단순히 추상적 현상에 지나지 않는, 즉 지성과 총명과 철학에 의한 아름다운 예술품에 지나지 않는 종교를 만들어 냅니다.

이것은 결코 삶에 침투하지 못하며 결코 삶에 닿지 못합니다. 추상적 개념으로 남을 뿐입니다. 어떤 사람이 이런 말을 한 것을 들은 적이 있습니다. "나는 닭이나 수박을 훔치기도 하고, 술에 취해서 주먹

질도 해보았으며, 커터칼을 갖고 싸우기도 했습니다. 그러나 단 한 가지만은 절대로 해본 적이 없습니다. 내가 그렇게 야비하기는 했지만, 나는 주일에 교회에 안 간 적은 없었습니다."

그것이 도대체 무슨 신앙이란 말입니까? 그것은 삶에 아무런 영향도 미치지 않습니다. 사람들은 종교를 믿어도 결코 그 믿음은 삶에 침투하여 삶을 변형시키지 못합니다. 그것은 결코 본질적인 것이 되어 우리의 혈관 속을 돌거나 가슴속에서 고동치지 못합니다.

그것은 기껏해야 장식품에 지나지 않으며, 일상생활에서는 아무런 소용이 없습니다. 때때로 우리는 교회에 갈 것입니다. 그러나 그것은 형식적인 것이며 사회적 요구입니다. 우리의 삶은 그에 구애받지 않고 진행됩니다. 삶은 종교와 아무런 상관이 없습니다. 신앙과 접촉하지 못합니다.

신앙은 우리가 편안히 쉬고 삶에 의해 고통 받지 않게 해주는 교활한 장치입니다. 우리는 교리를 신봉하며, 교리는 우리가 합리화하는 것을 도와줍니다. 우리에게는 모든 물음에 대한 대답이 준비되어 있으므로 이제 삶은 우리를 괴롭히지 못합니다.

피가 되고 뼈가 되는 신앙 진정한 종교는 개인적이며, 추상적이 아닙니다. 우리가 뿌리 깊숙이까지 진실하지 않은 한, 종교가 피와 뼈와 골수처럼 되지 않는 한, 종교는 아무 소용도 없습니다. 여기에 세 번째 유형이 있습니다. 이것이 진실한 신앙의 유형입니다.

위의 두 신앙은 종교의 왜곡이며, 천박하고 쉽습니다. 그것들은 전혀 우리에게 도전을 하지 않기 때문이지요. 세 번째 유형의 신앙은 매우 어렵고 험난합니다. 그것은 커다란 도전이며, 우리의 삶에 혼란을 낳습니다. 여기서는 개인적으로 신에게 말을 해야 하기 때문이지요.

우리는 신을 분노하게 해야 하며, 또한 신이 우리를 분노하게 하도록 허용해야 합니다. 우리는 그와 싸워야 하며, 그에게 부딪혀야 합니다. 우리는 그를 사랑해야 하며 또한 미워해야 합니다. 친구가 되어야 하고, 적이 되어야 합니다. 그리하여 신에 대한 체험을 살아있는 체험으로 만들어야 합니다. 이것이 종교에서 사람이 신과 진실하게 대하는 것입니다.

그러나 어떻게 우리가 신과 이런 관계가 될 수 있겠습니까? 신은 대양입니다. 광대무변하고 경계가 없지요. 그 망망대해에 우리는 하찮은 파도들입니다. 우리는 육체의 경계, 마음의 경계, 그 온갖 경계들과 하나이기 때문입니다. 하지만 이 경계들은 제거될 수 있습니다. 우리는 육체 속에 있으나 육체가 아니고, 마음속에 있으나 마음이 아닙니다.

우리가 이러한 경계들과 하나가 되지 않는 순간, 갑자기 형태가 변해 무한함을 느끼기 시작합니다. 이는 이슬 한 방울이 연꽃에서 연못으로 떨어지는 것과 같습니다. 그때 사라진 이슬 한 방울은 각도를 달리해서 보면, 사라진 것이 아니라 더 큰 연못이 된 것입니다. 각성은 우리의 지성을 깨워주고 존재를 확장시킵니다. 이것이 신과 교감할 수 있는 유일한 길입니다.

공자는 귀신을 섬기는 일의 어려움을 지적하였을 뿐 그 자체에 대해서는 언급하지 않았지만, 신앙생활에서 신을 대하는 문제는 그 중요성에 비추어 짚고 넘어가는 것이 좋을 것 같습니다. 그 핵심은 무엇일까, 생각하게 됩니다.

신앙의 핵심은 신을 믿고 섬기는 것입니다. 그러나 우리가 무엇을 믿든, 믿기만 하지 말고 그것을 신성하게 해야 합니다. 단지 머릿속에서만 하는 지적인 믿음으로만 남겨두지 말고 그것이 곧 삶이 되게 해야 하는 것이지요. 그러면 신성해집니다.

믿음은 그것이 오직 생각일 뿐이라면 아무런 쓸모가 없습니다. 그것이 뼈가 되고 피가 되지 않는다면 아무 소용도 없습니다. 무엇인가가 진실이라고 느낀다면 그렇게 살 것입니다. 그것만이 우리가 그것을 진리라고 느끼고 있다는 증명이 되기 때문입니다.

많은 사람들의 믿음은 가슴과는 아무 상관이 없이 머리로만 확신하고 있을 뿐입니다. 그러나 깊이 내려가 보면 그 밑바닥엔 의심이 흐를 수밖에 없습니다. 믿음은 의심을 깰 수는 없으며, 단지 덮을 수만 있습니다.

이렇게 믿음이 표면적인 틀 속에서만 유지될 때 그것은 거짓이 될 것이며, 거짓이 어떻게 신성해질 수 있겠습니까? 밖으로부터 내면으로 향해서가 아니라, 안에서부터 밖으로 향해 진실하게 살아야 합니다.

안에서부터 밖으로 명상을 예로 들면 우리는 명상 자세를 취하기 위하여 붓다처럼 조용히 앉아 있을 수도 있습니다. 내면에는 어떤 침묵도 어떤 순수함도 간직하지 못한 채 그렇게 앉아 있을 수도 있습니다.

내면에서는 계속해서 잡스러운 생각들이 일어납니다. 그러나 겉으로는 마치 돌부처처럼 앉아 있을 수 있습니다. 이것은 신성하게 하는 방법이 아닙니다. 겉으로만 하는 체하지 말고 진정으로 명상 속으로 들어가야 합니다. 우리가 진리대로 살 때, 그 진리는 신성하게 되지요.

진리와 사랑과 아름다움에 대해서 무엇을 경험하였다면, 그것을 깊은 감사의 마음으로 신에게 바칠 것입니다. 그리고 그것을 사람들에게는 말하지 말고 조용히 간직하는 것이 좋습니다. 그렇지 않으면 위험에 처하게 될 것입니다. 대중들은 어리석습니다. 그들은 이해하지 못합니다. 그것은 그들 너머에 있지요.

그러나 진리의 맛을 조금이라도 보게 되면, 우리의 마음은 그것을 말하게 되어 있습니다. 그리고 바로 그렇게 말함으로써 그 진리를 잃고 말지요. 그것은 일종의 유산과 같습니다. 아홉 달 동안 자신과 몇몇 친구들만 알게 하고 다른 사람들에게는 비밀로, 신비로 남겨 두어야 합니다. 그것은 개인적인 현상이니까요.

우리가 더욱 더 예민해졌을 때 그리하여 신의 존재를 느끼기 시작할 때, 우리는 매사에 감사하는 마음을 느끼기 시작합니다. 숨을 쉴 때마다 존재한다는 사실에 감사합니다. 은혜롭습니다. 그때 기도는 행위로서의 무엇이 아니라 존재의 방식입니다. 그러면 기도하는 마음 가득히 산책하며 나무들 사이를 스치는 바람소리에도 주의 깊게 귀를 기울이게 됩니다. 거기서 신의 음성을 들을 수 있기 때문이지요.

만물이 신이며, 모든 흙 또한 성스러운 흙입니다. 그래서 한 걸음 한 걸음 내딛을 때마다 매우 조심스럽게 그리고 매우 단정하게 내디뎌야 합니다. 우리는 항상 커다란 사원 안에 있으며, 지구는 모두 교회인 것입니다. 우리는 그 교회 밖을 결코 나가지 않습니다. 어디든지 신이 계신다는 이 인식은 우리를 변모시킬 것입니다.

신에게 감사할 때, 축복과 은총이 신과 소통하는 유일한 길은 기도를 통한 것입니다. 그래서 기도는 신앙생활에서 가장 중요한 것이지요. 그러나 우리의 기도는 진정으로 신과 소통하는 길이 되지 못합니다. 기도를 하면서 무엇인가를 요구한다면, 그것은 기도가 아닙니다. 무엇에 대해 신에게 감사할 때만이 진정한 기도입니다. 그리고 이것이 신을 섬기고 신을 존경하는 유일한 길입니다. 기도는 항상 감사입니다.

만일 우리가 무엇인가를 기원한다면, 기도는 욕망에 의해 더럽혀질 수밖에 없습니다. 우리가 자신을 돌아보고, 우리가 요구하지 않았어도 신이 이미 우리에게 준 것을 깨달았을 때만, 진정한 기도는 일어납니다. 우리가 받은 것이 무엇인지, 얼마나 무한한 힘이 우리에게 주어진 것인지 자각할 때 기도가 우러나옵니다. 우리는 신에게 감사하고 싶어질 것입니다. 그때 순수한 감사밖에는 존재하지 않습니다. 단지 감사에 머물 때에야 기도는 진정한 기도입니다.

그러므로 기도할 때 절대로 아무것도 요구하지 말 것입니다. 절대로 "이것을 해 달라. 이것은 하지 말라."고 신에게 충고하지 말 것입니다. 그것은 우리가 비종교적임을 드러내는 것입니다. 그것은 신앙의 결여를 드러내는 것입니다.

신에게 감사할 때 삶은 이미 축복이며 은총입니다. 순간순간이 지순한 기쁨이건만 우리는 그것을 놓치고 있습니다. 이것이 기도가 우러나오지 않는 이유이지요. 우리가 삶을 놓치고 있기 때문에 이러한 일이 일어나지 않는 것이지요.

우리가 욕망을 갖고 있으며, 보물은 다른 곳에 있다고 생각한다면 우리는 미래로 이동합니다. 미래는 욕구 때문에 필요한 것입니다. 미래는 욕망의 부산물입니다. 욕망을 현재에 투사할 수 있습니까? 현재는 이미 여기 존재하고 있으므로 현재에는 어떠한 욕망도 투사할 수 없습니다. 우리가 욕구할 때 이미 현재는 지나가고 아무것도 없습니다. 오로지 미래에 무엇을 원할 수 있습니다.

또한 욕망은 현재 존재하지 않는 과거로부터 기원합니다. 우리가 지금 바라고 있는 것은 과거에 우리가 알고 있었던 것임에 틀림없습니다. 어떻게 전적으로 새로운 것을 원할 수 있겠습니까? 새로운 것은 바랄 수 없습니다. 우리는 단지 반복만을 바랄 수 있습니다.

우리는 돈을 약간 갖고 있었습니다. 그래서 돈을 더 많이 원합니다. 우리가 알고 있는 돈을. 우리는 권력을 조금 갖고 있었습니다. 그래서 우리는 더 커다란 권력을 원합니다. 우리가 알고 있는 권력을.

인간은 모르는 것을 원할 수 없습니다. 욕망은 알고 있는 것의 반복일 뿐입니다. 우리는 무엇인가 알고 있는데, 그것이 충족되지 않았습니다. 그러면 우리는 다시 그것을 원할 것입니다. 하지만 우리는 자신이 만족하리라고 생각합니까? 우리는 언제나 더욱 많은 양을 원하게 될 것입니다.

우리가 원하는 것은 과거로부터 시작하여 미래로 흘러들어갑니다. 과거와 미래는 모두 존재하지 않습니다. 존재하는 것은 현재뿐입니다. 지금 이 순간이 존재하는 유일한 순간입니다. 현재에서는 우리는 욕구할 수 없으며, 존재할 수 있을 뿐입니다. 우리는 오직 현재를 즐길 수 있을 뿐입니다. 이 순간이 축복임을 깨닫는 것, 이것이 진정으로 존재하는 것이며 신과 함께하는 것입니다.

이 순간은 신의 순간입니다. 신에게는 과거가 없습니다. 그러므로 신이 존재했다는 말은 성립되지 않습니다. 신에게는 미래도 없습니다. 신은 단지 현재 시제를 가지고 있을 뿐입니다. 신은 존재합니다. 우리 역시 이 순간 속에 있을 때면, 행복한 가운데 저절로 기도가 우러나옵니다.

종교는 전도가 아니다. 끝으로 대중의 한 오해에 대하여 말하는 것이 좋을 듯합니다. 많은 사람들이 다른 사람에게 전도하는 것이 신의 사업에 헌신하는 것이고, 신을 섬기는 중요한 한 방법이라고 생각합니다. 그러나 진정한 종교는 전도가 아닙니다. 우리는 어느 누구도 강제로 종교에 끌어들일 수 없습니다. 충동이 생기면 생기는 것이지 결코 인위적으로 만들어 내는 것이 아닙니다.

신앙의 충동은 아무도 만들어낼 수가 없습니다. 그것은 인위적으로 어린아이에게서 성적인 욕구를 일으키려는 것과 같지요. 그는 전혀 섹스에 관심이 없습니다. 그러므로 아이에게 섹스에 관해서 가르쳐 주더라도 그는 지루해 할 것입니다. 그런 충동이 없고 성숙하지 못했기 때문에 섹스에 관한 모든 얘기가 아이에게는 전혀 이해 안 되는 한심한 소리가 될 따름입니다.

정신적인 충동도 마찬가지입니다. 인간이 성숙해지고 정신적인 성숙에 이르면, 내면에서 무엇이 영글고 그러면 추구하기 시작합니다. 아무도 그것을 강제할 수 없습니다. 하지만 많은 사람들은 그것을 강제로 일으키려고 애씀으로써 그 가능성 자체를 말살시켰습니다. 이는 결코 신을 섬기는 일이 될 수 없을 뿐 아니라 반대로 신과 인간 모두를 그르치는 일이 될 것입니다.

아이에게 신을 믿으라고 말하는 것은 무의미합니다. 신이 존재하지 않아서가 아니라, 아이는 아직 목마름, 열망, 염원을 가지고 있지 않기 때문이지요. 그는 아직 신의 실재를 탐색할 정도로 성숙하지 않았습니다. 어른들은 아이들에게 그들의 지성을 방해할 무언가를 말하지 않기 위해서 인내심을 가지고 의식적이 되어야 합니다.

아이가 스스로 요구하기 시작할 때, 드디어 어느 날 그 기적은 일어납니다. 그때 역시 그에게 미리 만들어진 답을 제공해서는 안 됩니다. 미리 만들어진 답은 아무에게도 도움이 되지 않습니다. 우둔하고 어리석은 것입니다. 그가 더 현명해질 수 있도록 도와주어야 합니다.

그에게 답을 주기보다는 그의 지성이 민감하고, 그가 더 깊이 있게 답할 수 있도록, 질문이 그의 중심에 파고들도록, 그 질문이 생사의 문제가 되도록 도전 의식을 주어야 합니다.

삶을 모르면 죽음도 알 수 없다는 것은 이해가 잘 안 됩니다. 삶과 죽음은 상반된 것이 아닙니까? 공자는 이들을 어떤 관계로 보고 이렇게 말한 것입니까?

죽음은 미래에 일어나는 것이 아닙니다. 이미 이 순간에 일어나고 있습니다. 미래에 완성될 것이긴 하나, 한 순간 한 순간 현실에서 일어나고 있습니다. 바로 이 순간에 우리는 조금씩 죽어가고 있습니다. 여기에 1시간 앉아있으면 1시간 죽어갑니다.

완전히 죽기에는 8, 90년 걸릴 것이지만, 어떻든 1시간은 그 일부가 됩니다. 80년 혹은 90년이 지나 느닷없이 죽는다는 것은 없습니다. 죽음은 결코 갑자기 일어나는 것이 아니지요. 죽음은 갑작스런 사건이 아니라, 탄생과 함께 시작되는 하나의 과정이며 성장입니다.

가령 한 사나이가 서울에서 부산을 향해 출발한다고 합시다. 그가 내딛는 최초의 일보는 최후의 일보와 같은 정도로 부산에 다가가고 있습니다. 만약 최초의 일보가 그를 부산으로 데려갈 수 없다면 최후의 일보도 역시 마찬가지일 것입니다.

만일 그 사나이가 십일 걸려 걸어서 부산에 도착했다고 하면 실제로는 십일 전에 도착하기 시작하고 있었기 때문에 십일 후에 도착할 수 있는 것입니다. 실제로 우리가 아는 삶과 죽음 사이에 차이는 없습니다. 우리가 산다고 이름 지어 부르고 있는 것은 조금씩 죽는다는 것의 다른 표현에 지나지 않습니다.

생각하는 것과 보는 것 미래의 일을 생각할 것이 아니라 지금 일어나고 있는 것을 보아야 합니다. 생각하는 것과 보는 것 사이에는 차이가 있습니다. 서양은 사고의 과학을 갖고 있습니다. 그것은 조사, 논리, 분석으로 이루어져 있습니다.

동양은 그와는 다른 것을 중시했습니다. 동양은 사고에 의해서는 결코 알 수 없는 몇 가지 사실이 있음을 경험해왔습니다. 이런 사실들은 보지 않으면 안 되고, 살지 않으면 안 됩니다. 사랑에 관해서 생각하는 사람은 사랑에 관한 논문을 쓸 것입니다. 한편 사랑을 하는 사람은 사랑을 살고 사랑을 봅니다.

사랑을 하는 사람이 논문을 쓸 수 없다는 것은 있을 수 있는 일입니다. 사랑에 관해서 뭔가 말해 달라고 해도, 사랑을 하는 사람은 눈을 감습니다. 그 두 뺨을 눈물이 흘러내릴지도 모르지요. 그리고 말할 테지요. "묻지 마라. 내가 사랑에 대해서 무엇을 말할 수 있으랴?" 이렇게 생각한다는 것과 본다는 것은 완전히 다른 작용입니다.

죽음을 생각하는 것으로 죽음을 알기란 절대로 불가능합니다. 우리는 그것을 보지 않으면 안 됩니다. 여기서 강조하는 것은 여기에 죽음이 있으며, 지금 당장 우리 속에서 그것을 보아야 한다는 것입니다. '나'라고 부르고 있는 것은 끊임없이 죽어가고 있습니다. 이 죽음이란 현상을 살지 않으면 안 됩니다.

나는 죽어가고 있다는 이 죽음이라는 현상을 받아들이지 않으면 안 됩니다. 우리는 죽음을 속이려 하고 있지요. 우리는 백발을 염색할 수 있습니다. 그러나 그 결과 죽음이 거짓이 되는 것은 아닙니다.

죽음은 여전히 변함없이 다가옵니다. 염색된 색 아래서 머리카락은 여전히 흰 것입니다. 그것은 죽음이 더 가까이 다가오기 시작하고 있다는 알림입니다.

여기서 공자가 말하고 있는 것은 이 순간 눈앞에서 일어나고 있는 현상도 보지 못하는 인간이 어떻게 미래에 이루어질 일을 옳게 생각할 수 있겠느냐는 것입니다. 가까운 것도 모르는 자가 먼 것을 알려고 하는 것은 마치 주변도 모르는 자가 깊은 중심을 알려고 하는 것과 같습니다. 주변으로부터 달아나고 있는 한 중심에 다가갈 수는 없습니다. 집의 외곽을 둘러싸고 있는 벽에 놀라 달아나고 있어서야, 어떻게 그 속의 거처에 들어갈 수 있겠습니까?

현재의 삶은 바깥 둘레입니다. 그리고 궁극적으로 죽음은 깊은 중심에 있는 사원입니다. 바깥 둘레에서 달아남으로써 우리는 생으로부터도 달아나고 있습니다. 삶을 알기에 도달한 자는 조금씩 그 덮개를 제거해 가서 죽음도 이해하기 시작할 것입니다. 삶은 죽음을 알기 위한 관문입니다.

씨앗에서 장미꽃을 깨달은 사람은 세상 모든 사람의 제자라는 말이 있습니다. 우리가 볼 수 없는 것을 그는 절대적인 명료함을 가지고 볼 수 있기 때문입니다. 그래서 그는 영원히 성장합니다. 우리가 단지 씨앗만을 볼 때 그는 활짝 피어 있는 장미꽃을 봅니다.

우리가 기껏해야 어떤 가능성 정도를 느낄 수 있을 때 그는 궁극적으로 숙명을 봅니다. 우리가 길을 가고 있을 때, 그는 우리가 집에 도달할 것을 봅니다. 마하비라는 말했습니다. "우리가 여행을 시작했다면, 우리는 이미 도착한 것이다." 만약 씨앗이 싹트기 시작했다면 머지않아 아무 것도 없던 곳에 아름다운 꽃들이 향기 그윽하게 피어나게 될 것입니다.

마하비라는 만약 우리가 여행을 시작했다면 벌써 도착한 것이라고 말합니다. 이는 시작이 반이 아니라 더 나아가 다라고 이해하는 것입니다. 우리는 그렇게 보지 못하지요. 우리의 이해는 매우 제한적이기 때문에 미래의 꽃이 피어남을 볼 수 없습니다. 만약 깨달은 사람 또한 그것을 보지 못한다면, 우리와 무엇이 다를까요? 둘 다 눈이 먼 것이지요.

단순히 삶을 사는 것과 달리 삶을 안다는 것은 무엇입니까? 그리고 삶을 앎으로써 얻는 실질적 이득은 무엇입니까?

우리는 삶이 무엇인지도 모르면서 칠팔십 년 아니, 팔구십 년을 살아갑니다. 삶이 우리에게 주는 것을 음미하지도 못한 채 그냥 이 순간에서 다음 순간으로 옮겨갑니다. 삶은 태어나면서 주어집니다. 그러나 그 지혜와 그 경험 그 환희는 배워야만 하는 것이지요. 우리는 그것을 향해 성장해야 합니다. 충분히 성숙해질 때만 삶을 알 수 있습니다.

그러나 우리는 미성숙한 채로 살다가 죽고 맙니다. 결코 진실로 성장하지 않으며, 결코 성숙하지 못합니다. 성숙하지 못한 마음은 어쩔 수 없이 매 순간 그릇되게 행동할 수밖에 없습니다.

삶을 안다고 하는 것은 삶과 관련한 이러저러한 지식이 풍부한 것을 의미하지 않습니다. 지식과 앎은 다른 것이니까요. 지식은 정보이며 앎은 이해입니다. 지식은 외부로부터 모은 것이고, 앎은 내면의 성장입니다.

지식은 기억 속에서만 존재할 뿐이고 앎은 바로 이 순간에 작용합니다. 지식은 간접적으로 배운 것이고 앎은 생생한 체험을 통하여 터득한 것입니다. 우리는 더 많이 보기 위하여, 더 많이 느끼기 위하여 더욱 민감하고 치열하게 살아야 합니다.

많은 지식을 축적하였을 때 우리의 에고는 강해집니다. '나는 많이 안다'고 생각할 때, 사실 에고는 장벽에 가깝습니다. 에고는 다리가 아닙니다. 에고는 단절된 것이지 연결된 것이 아닙니다.

우리가 아는 자일 때 에고는 사라집니다. 아는 자는 소크라테스처럼 자신은 아무것도 알 수 없다는 것을 알고 있기 때문이지요. 우리가 어떻게 알 수 있겠습니까? 삶은 너무나 신비스러워서 참으로 삶을 알 길은 없습니다.

만약에 우리가 자기 자신만이라도 알 수 있다면 그것으로 충분합니다. 작은 불빛이 우리의 마음속에서 타오르기 시작하고, 내면 존재가 빛나기 시작한다면 그것으로 넉넉합니다. 바로 그것이 필요했던 것이니까요. 그 빛 속에서 비로소 삶은 궁극의 신비라는 것을 알게 됩니다. 이것이 삶을 아는 것입니다. 하나의 역설이지요.

기쁨은 아픔과 함께 진실로 삶을 아는 사람의 이로운 점 가운데 하나는 삶을 쓸데없이 괴롭게 살지 않는다는 것입니다. 아픔과 기쁨은 삶의 본질적인 부분들임을 아는 것입니다. 그러나 대부분의 사람들은 아픔을 두려워해서 그것을 억누르지요. 아픔이 수반되는 상황을 피하지요. 그리고 마침내 정말로 아픔을 피하고자 한다면 기쁨을 피해야 한다는 사실과 마주칩니다.

그래서 수도자들이 쾌락을 피하는 것입니다. 사실은 모든 아픔의 가능성들을 피하고 있는 셈입니다. 아픔은 오직 기쁨의 그림자로서 옵니다. 그래서 우리는 평지를 걷습니다. 결코 정상에 오르지도 않고 골짜기로 떨어지지도 않습니다. 그러나 이는 죽음을 사는 것이지 살아있는 것이 아닙니다.

삶은 양극성 사이에 존재합니다. 아픔과 기쁨 사이의 이 긴장이 우리에게 위대한 음악을 창조할 능력을 주지요. 음악은 오직 이 긴장 속에서 존재합니다. 그것들은 한 현상의 양면입니다. 아픔 속으로 깊이 들어갈수록 기쁨 속으로 들어가는 능력도 깊어집니다. 아픔으로부터 자유로워지려면 아픔을 필연적이고 당연한 것으로 받아들여야 합니다.

아픔은 아픔입니다. 그냥 아프다는 사실입니다. 그러나 고통은 아픔을 거부하며, 삶은 아파선 안 된다고 주장할 때 여지없이 찾아옵니다. 그것은 사실을 거부하는 것이고 삶과 자연적인 일들을 거부하는 것입니다.

성장이란 실체를 직면하고 사실과의 만남을 통해서 이루어지는 것입니다. 그것이 무엇이건 간에. 아픔은 그저 아픔일 뿐입니다. 그 안에 고통은 없습니다. 고통은 아픔이 없기를 바라고, 아픔은 뭔가 잘못된 것이라고 생각하는 우리의 마음에서 옵니다.

우리가 두통을 앓을 때 거기 아픔은 있지만 고통이 있는 건 아닙니다. 고통은 부차적인 현상이고 아픔은 근원적입니다. 두통과 아픔, 그것은 단순한 사실이라서 거기에 대해 판단할 건 없습니다. 우리는 그것은 좋다 나쁘다 말하거나 그것에 어떤 가치를 두지 말아야 합니다.

그것은 그냥 사실일 뿐입니다. 장미는 실재입니다. 가시도 실재입니다. 낮은 실재입니다. 밤도 실재입니다. 머리는 실재입니다. 두통도 실재입니다. 그러나 우리는 두통이 일어나는 순간 말하곤 하지요. "이래선 안 되는데." 그럼으로써 고통을 불러들입니다. 우리는 두통이 아닌 고통을 창조하는 것입니다. 고통은 우리의 적대적인 해석이며, 사실에 대한 거부입니다.

'이래선 안 돼'하고 말하는 순간, 우리는 그것을 외면하기 시작한 것입니다. 그것을 잊기 위해 뭔가로 채우고 싶어 합니다. 우리는 라디오나 텔레비전을 틀거나 영화관에 가거나 뭔가를 읽기 시작합니다. 지금 이 아픔은 관조되지 못했습니다. 우리는 그냥 주의를 돌려버렸습니다. 삶을 깊이 이해하는 사람만이 이런 고통에서 자유로울 수 있습니다.

과연 삶을 진정으로 아는 사람만이 삶을 의미 있게 살 수 있을 것이라는 생각에 공감합니다. 그러나 구체적으로 어떻게 사는 것이 의미 있게 사는 것인지, 알 듯 말 듯 합니다.

삶은 그 자체로는 아무런 의미도 없습니다. 대신에 삶은 의미를 창조해낼 수 있는 하나의 기회입니다. 의미는 발견하는 것이 아니라 창조하는 것입니다. 삶의 의미는 바닷가에서 조약돌을 찾듯 발견할 수 있는 것이 아닙니다. 삶의 의미는 창조의 시와 노래 속에 있습니다. 삶의 의미는 시요 노래이지 돌이 아닙니다. 그러나 많은 사람들이 삶의 의미는 발견하는 것이라고 어리석게 믿으면서 무의미한 삶을 살지요.

붓다가 발견한 삶의 의미는 사실 그가 스스로 창조한 것입니다. 우리가 발견하는 삶의 의미는 우리 스스로 창조하는 것입니다. 신은 사물이 아니라 창조입니다. 오직 창조하는 사람만이 삶의 의미를 찾을 수 있습니다. 삶의 의미는 어디에 숨어 있는 보물이 아닙니다. 삶의 의미란 한 사람이 찾아내면 다른 사람들이 이용할 수 있는 성질의 것이 아닙니다. 이것이 종교의 의미와 과학의 의미가 다른 것입니다.

창조적인 삶과 관련해 우리가 무엇을 하느냐는 중요하지 않습니다. 중요한 것은 자신이 하는 일에 창조적인 영혼을 쏟아 붓는 것입니다. 창조는 일의 종류와는 아무런 관계가 없습니다. 창조는 의식의 질을 높이는 작업입니다. 우리가 하는 일은 무엇이나 창조적인 일이 될 수 있습니다. 창조란 자신이 하는 일이 무엇이든 깊은 사랑으로 하는 것을 말합니다.

깊은 사랑으로 한다면 사무실을 청소하는 일도 창조적인 일이 될 수 있습니다. 그렇지 않으면 청소는 허드렛일이 되고 의무가 되고 마침내 짐이 될 것입니다. 청소가 짐이 될 때, 우리는 창조적인 일은 다른 시간에 하는 것이라고 생각합니다. 다른 시간에 무엇을 하겠다는 말입니까? 자신의 창의력을 표현할 수 있는 더 좋은 일이 있을 것이라고 생각합니까?

그림을 그리면 더 창조적일 수 있다고 생각합니까? 하지만 직업인으로서의 화가에게 그림 그리는 행위는 바닥을 청소하는 행위처럼 일상적인 일일 뿐입니다. 그림은 캔버스에 물감을 묻히는 행위며, 바닥 청소는 바닥을 문지르는 행위입니다. 별 차이가 없습니다.

친구와 한담을 나누는 것은 시간을 낭비하는 것이요, 대단한 책을 저술하는 것은 창조적인 일이라고 생각합니까? 친구하고 한담을 나누는 것도 얼마든지 훌륭한 창조적 행위가 될 수 있습니다. 위대하다고 하는 세상의 경전들은 모두 창조적인 사람들이 풀어낸 한담에 다름 아닙니다.

위대한 스승들은 한담을 즐깁니다. 그들에게 그것은 순수한 기쁨입니다. 이렇게 우리가 진정으로 뭔가를 사랑한다면 그것은 창조적인 일이 됩니다.

지혜로운 사람은 모든 일을 창조적으로 한다. 맥이 빠진 성 생활을 염려하던 젊은 아내가 최면요법이라도 받아보자고 남편을 졸랐습니다. 그래서 몇 번의 최면요법 치료를 받고나자 밤일에 대한 남편의 열정이 다시 살아났습니다. 그런데 이상하게도 남편이 행위를 하다가 종종 욕실로 달려갔다가는 다시 돌아오곤 하는 것이었습니다.

호기심을 참지 못한 아내가 어느 날은 남편의 뒤를 따라가 보았더니 남편은 거울 앞에 서서 자신의 모습을 쳐다보면서 중얼거리고 있었습니다. "그녀는 나의 아내가 아니다. 그녀는 나의 아내가 아니다." 성 생활에 지친 남편이 밤일을 계속하기 위해서는 상대가 자신의 아내가 아니라고 믿는 게 나을지도 모르지요. 남편은 아내의 몸 구석구석에 대해 낱낱이 알고 있으니까요. 그래서 권태 속으로 빠져든 것입니다.

이 일화에 등장하는 최면 치료사는 치료를 잘 한 것 같습니다. 그는 남편에게 밤일을 할 때는 꼭 '이 사람은 아내가 아니다. 이 사람은 아내가 아니다.'라고 자기 암시를 하라고 일러준 것입니다.

사정이 그렇다면, 우리가 청소를 할 때는 그림을 그리고 있다고 생각하는 것이 좋을 것입니다. '이것은 청소가 아니다. 이것은 위대한 창조 행위다.' 하지만 이것은 우리의 마음을 달래는 방책일 뿐입니다. 우리가 진정으로 깨우치면 모든 일을 창조적으로 할 수 있게 됩니다. 깨달은 이는 계속적으로 창조합니다. 그가 창조를 하려고 노력한다는 말이 아닙니다.

그에게는 앉는 것도 창조적인 행위가 됩니다. 그의 움직임 속에는 춤이 있고 기품이 있기 때문입니다. 우리가 깨우칠 때, 청소를 하든 요리를 하든 그 무엇을 하든 작은 일들이 창조적인 삶이 됩니다. 사실 에고의 눈에만 이 일들이 작게 보일 뿐입니다. 우리는 항상 위대한 무엇을 하고 싶어합니다. 문제를 만드는 것은 우리의 에고지요. 에고를 놓아야 합니다. 그러면 모든 일이 창조적인 일들이 될 것입니다.

평범한 삶을 비범하게 살자.   우리의 삶은 작은 일들로 이루어져 있습니다. 우리가 사랑으로 할 때 작은 일도 위대한 일이 됩니다. 사랑으로 하지 않으면 에고는 계속해서 이렇게 떠들 것입니다. "이건 하찮은 일이다. 청소라고? 이건 나에게 어울리는 일이 아니다. 뭔가 위대한 일을 하라."

이건 말도 안 되는 것입니다. 청소도 위대합니다. 에고의 함정에 걸려들지만 않으면 됩니다. 에고가 나타나 뭔가 위대한 일을 하라고 꼬드기면, 즉시 이를 깨물고 에고를 내려놓아야 합니다. 그렇게 하면 사소한 일들이 점점 신성한 일들로 변할 것입니다.

그 어느 것도 세속적이지 않습니다. 모든 것이 신성하고 거룩합니다. 모든 것이 신성해 보이지 않는다면, 우리의 삶은 아직 종교적인 삶이 아닙니다. 진짜 성스러운 사람은 평범한 일상을 사랑하는 평범한 사람입니다.

나무를 베고 물을 긷고 요리를 할 때, 그가 손을 대는 것은 무엇이나 성스러운 것으로 변합니다. 그가 위대한 일을 한다는 말이 아닙니다. 그는 무슨 일을 하든지 위대하게 한다는 말입니다. 위대함은 하는 일에 있지 않습니다. 위대함은 우리의 의식에 있습니다.

창조적인 사람이 되라는 말은 우리들 모두가 위대한 화가나 시인이 되어야 한다는 말이 아닙니다. 이는 우리의 삶이 그림이 되고 시가 되게 하라는 말이지요. 평범한 삶을 비범한 방법으로 사십시오. 열반이란 평범한 삶을 깨어서 사는 것입니다. 평범한 삶을 충만한 의식과 빛으로 사는 것입니다.

그렇게 살 때 모든 것이 찬란하게 빛날 것입니다. 이런 삶은 누구에게나 가능합니다. 그저 에고를 따라다니지만 마세요. 삶을 사랑하고 삶을 신뢰하십시오. 삶이 우리에게 필요한 모든 것을 줄 것입니다. 삶이 우리에게 축복이 되고 지복이 될 것입니다.

2

의식적인 상태에서만 진정한 사랑이 꽃핀다

顔淵問仁 子曰 克己復禮爲仁 一日克己復禮 天下歸
안 연 문 인　자 왈　극 기 복 례 위 인　일 일 극 기 복 례　천 하 귀

仁焉 爲仁由己而由人乎哉
인 언　위 인 유 기 이 유 인 호 재

안연이 인에 대해서 묻자 공자가 말하였다. "자기를 극복하고 예로 돌아가면 인자하게 된다. 어느 날 문득 자기를 극복하고 예로 돌아가 인자하게 되면, 세상 사람들도 그 바람을 타고 인자한 데로 상승하기 시작한다. 인자하게 사는 것은 내면의 본성에서 흘러나오는 것이지, 사람에 따라 어떤 때는 인자하게 대하고 어떤 때는 인자하게 대하지 않는 것이겠는가?"

주해 ────────────────────────

顔淵 공자의 수제자 | **問** 묻다 | **仁** 어질다, 인자하다 | **克** 극복하다 | **己** 자기 | **復** 돌아가다 | **禮** 예법, 자신의 본성 | **爲仁** 인자하게 되다 | **一日** 어느 날 하루 | **天下** 세상 사람들 | **歸仁** 인자한 데로 돌아가다 | **焉** 아무 의미 없이 문장이 끝남을 나타내는 형식적인 말 | **由己** 자기로 말미암다 | **而** 앞뒤 구절을 연결해주는 말 | **由人** 타인으로 말미암다 | **乎** 의문을 나타내는 형식적인 말 | **哉** 느낌을 나타내는 형식적인 말 | **乎哉** 이들이 연속적으로 쓰여 의문형의 감탄을 나타낸다.

자신의 본성을 경험하기 위해 해야 할 일은 오직 하나, 마음을 옆으로 치우는 것입니다. 끊임없이 중얼거리는 마음, 아무 이유도 없이 계속 돌아가는 이 미친 마음을 멈추기 위한 전략이 바로 명상입니다. 마음은 할 일이 없는데도 쉴 줄을 모르지요.

그렇다고 마음이 파괴되어야 한다는 뜻은 아닙니다. 단지 치워 두었다가 필요할 때만 꺼내 쓰라는 것입니다. 그것은 차를 차고에 넣어 두는 것과 같습니다. 차가 필요하면 우리는 차고에서 차를 꺼내 올 수 있지요.

그러나 마음의 경우 대개는 차가 주도권을 행사하고 주인인 우리는 노예처럼 질질 끌려 다닐 뿐입니다. 어린 시절 처음으로 마음이 움직이기 시작하면 명상 속으로 들어갈 때가 아니면 죽기 전에는 절대로 마음은 멈추지 않습니다.

오직 극소수의 깨달은 이들만이 명상 속에서 마음이 멈춥니다. 그리고 문득 그들은 마음의 구름 뒤에 숨어 있던 태양을 알게 됩니다. 그렇게 궁극의 빛, 내면의 태양을 인식하는 것이 자신의 본성을 아는 것입니다.

일단 자신의 본성을 알게 되면, 그들은 전혀 다른 방식으로 삶을 살기 시작합니다. 그들의 표면적 삶은 여전히 같을지라도 그들은 더 이상 같은 사람이 아닙니다. 우선 그들의 접근법이 달라집니다. 머리가 아니라 가슴으로 살게 됩니다. 그러면서 삶은 하나의 노래, 하나의 춤, 하나의 찬양이 되지요.

그와 더불어 심원한 사랑이 그들의 내면에서 성장하기 시작하고, 단 한 번도 느껴본 적이 없던 새로운 자비심이 자라나기 시작합니다. 그리고 당연히 그들과 접촉하는 사람은 누구든지 그것에 영향을 받습니다. 그것은 전염성이 있습니다. 불처럼, 들불처럼 번집니다. 계속 멀리 멀리 퍼져나갑니다.

내면에서 사랑이 넘쳐 세상에 사랑을 주게 되는 것은 정말로 아름다운 체험입니다. 왜냐하면 그때 그는 한 사람의 황제이기 때문이지요. 사랑을 받는 것은 아주 작은 체험입니다. 거지의 체험입니다. 사랑에 관한 한 거지가 되지 않고 황제가 되도록 힘쓸 것입니다. 그것은 우리 안에 있는 결코 고갈되지 않는 하나의 특성이기 때문입니다.

우리는 우리가 원하는 만큼 계속해서 줄 수 있습니다. 그것이 고갈되어 없어질 것이라고 걱정할 필요가 없어요. 어느 날 갑자기 "이런, 더 이상 줄 사랑이 하나도 없네."라고 말할 상황은 결코 오지 않거든요.

사랑은 양量이 아닙니다. 그것은 하나의 질質, 줌으로써 성장하고 움켜쥠으로써 죽는 특성의 어떤 범주에 속하는 것입니다. 만약 우리가 그것을 구두쇠처럼 아낀다면, 그것은 죽고 맙니다. 그러니 정말로 낭비자가 되십시오. 누구에게 줄 것인가는 신경 쓰지 마십시오. 그것은 정말로 구두쇠의 마음이지요. 나는 특정한 사람들에게만 사랑을 줄 것이라고 생각하지 마십시오.

비구름은 자신이 어디에 내릴지 신경 쓰지 않습니다. 비구름은 정원, 바위, 황무지를 가리지 않고 비를 뿌립니다. 비구름은 차별을 모르지요. 그가 안고 있는 문제는 다만 어떻게 하면 자신의 짐을 덜어버릴 수 있을까 하는 것입니다. 그리고 그렇게 짐을 덜어내는 것은 엄청난 해소입니다.

사랑에 관한 한 우리는 하나의 비구름이 될 수 있습니다. 진정한 사랑은 특별히 어떤 한 사람에게로 향하는 것이 아니고 그냥 사랑하는 상태에 있는 것입니다. 사랑은 우리의 본질이 되어야 합니다. 사랑은 관계와는 아무 상관이 없습니다.

사랑은 향기와 같습니다. 누군가가 그 향기를 맡든 맡지 못하든 그 것은 꽃에게 중요하지 않습니다. 아무도 찾아오지 않는 가장 먼 히말라야에도 수천 송이의 꽃들이 피어나고 향기를 퍼뜨립니다. 히말라야에는 아주 진귀한 꽃들로 가득 찬 계곡이 있습니다. 사람들은 단지 꼭대기에서 그 계곡을 내려다봅니다.

그 계곡으로 내려가는 것이 위험하기 때문에 아무도 갈 수가 없습니다. 사람들은 그 꽃들에 대해서는 알지만 그 향기를 맡은 사람은 아무도 없지요. 그 꽃들은 색깔도 아주 현란합니다. 그 꽃들은 아주 멀리 떨어져 있지만 전혀 걱정하지 않습니다. 꽃들은 더할 나위 없이 행복합니다.

사랑은 우리의 본질이 되어야 합니다. 사랑함이 되십시오. 그러면 어느 날 우리가 단순히 사랑이 되는 일이 일어날 것입니다. 사랑하고 있지 않을 때조차도 우리는 사랑입니다. 그 날은 위대한 계시의 날입니다. 바로 그 순간에 이슬방울은 대양 속으로 사라져 대양이 됩니다.

인仁이 공자 사상의 핵심이라면 그 풀이인 극기복례克己復禮는 매우 중요한 의미를 갖는다고 생각됩니다. 이를 현대적 관점에서는 어떻게 이해할 수 있을까요? 혹 오늘날의 멸사봉공滅私奉公의 정신과 그 맥이 닿지는 않을까요?

이 두 가지는 언뜻 보면 비슷할 것 같지만 전연 다릅니다. 그러나 이들을 함께 생각하는 것은 검은 칠판 위에다 흰 백묵으로 글씨를 쓰는 것처럼 그 개념을 더욱 선명하게 드러내는 데 도움이 될 것 같습니다.

극기는 자기의 무의식을 극복하여 의식적인 상태로 나아가는 것이나, 멸사는 자신의 모든 욕구를 죽임으로써 개인의 정당한 삶마저도 희생하게 되는 것입니다. 그리고 복례와 봉공을 구분하는 핵심은 개인과 집단 가운데 어느 쪽에 우리의 관심과 노력의 중점을 두느냐는 것으로, 이 양자택일의 문제에서 복례는 개인에 그리고 봉공은 집단에 치중하는 것입니다.

씨앗 하나가 꽃으로 향기로 개인에 치중하는 입장은 자칫 세속적 개인주의와 혼동하기 쉬우나, 구도적 삶은 세속적 개인주의와는 전연 다른, 높은 차원의 개인주의를 지향합니다. 집단 속에서의 가면을 벗고 개인의 세계로 돌아오지 않는 한. 자신의 진면목을 알 수 없기 때문이지요.

깨달은이는 개인을 사랑하고 군중을 미워합니다. 그는 모든 종류의 군중 심리에 반대합니다. 인간의 의식에 관한 한 군중은 가장 낮은 단계이기 때문입니다. 고독이야말로 자신의 고유한 의식 세계를 느끼려는 사람이면 누구에게나 필요한 가장 기본적인 요건입니다. 군중 속에서 우리는 집단의식을 느낄 수 있을 뿐, 우리 각자의 고유 의식을 느낄 수는 없습니다.

그러나 현대인은 개체성은 거의 잊어버린 채 항상 군중 속에 있습니다. 그리고 군중은 날이 갈수록 비대해집니다. 우리가 갖는 갖가지 긴장은 군중 때문일 것입니다. 정신적인 면에서 보면 고독은 꼭 필요한 영양소지요.

그러나 서서히 우리는 고독이 꼭 필요한 것임을 잊고 피그미가 되어 자신의 영혼을 성장시키지 못합니다. 우리는 모든 것을 스스로 결정할 수 있어야 하고, 아무도 우리를 규정할 수 없음을 모든 사람에게 당당하게 밝혀야 합니다.

개체성을 상실한 지금 이 세상은 혼란으로 가득 차 있으며, 혼란을 극복하기 위한 집단적인 대책들은 형식적인 대중요법에 불과합니다. 근본적으로 세상을 바로잡는 일은 사람에게 달려있지, 사회에 달려있는 것이 아닙니다. 우리 각자가 의식적으로 깨어날 때만이 세상을 바로잡을 수 있게 되는 것입니다.

잠자고 있는 대중들에게 세상이 자멸로 치닫고 있다는 것을 확신시키기란 매우 어렵습니다. 여기에는 현재와 같은 국가나 교육은 필요 없으며, 오직 하나의 진리가 있을 뿐입니다. 그것은 먼저 우리는 자기 자신의 내면에 이르러야 한다는 것입니다. 복례復禮의 현대적 의미는 바로 이와 관련된 핵심적 현상으로 이해해볼 수 있을 것입니다.

개인적으로 우리는 각기 하나의 씨앗입니다. 그러나 그냥 씨앗으로 죽는다면 그것은 불행한 일이지요. 우리는 꽃이 되어야 하고, 우리의 향기를 퍼뜨려야 합니다. 오직 그때에만 만족합니다.

이 사제의 문답에서 스승의 작업은 제자로 하여금 그 자신의 위대한 잠재력, 무한한 가능성, 그가 도달할 수 있는 높이, 그가 뚫고 들어갈 수 있는 깊이를 알도록 도와주는 것입니다.

잃어버린 나를 찾는 길 우리 사회의 가치관은 개인적 문제는 간과한 채 사회적 가치만 지나치게 강조하고 있습니다. 공직에 있는 사람은 멸사봉공의 정신을 가지고 일해야 하며, 젊은이들은 국가의 동량이 되어야 한다는 등 공익에 이바지하는 것을 최고의 미덕으로 표방합니다.

그러나 이는 사회에서 교묘하게 만들어낸 거짓 가치입니다. 우리는 어려서부터 머릿속에 조국이라는 개념을 계속 주입시켜왔지요. 그래서 조국을 위해 죽는 것은 매우 훌륭한 일이며 위대한 사람이 되는 길이라고 배웠습니다. 일단 이런 관념이 심어지면 그 관념들은 우리의 내면에서 작용하기 시작합니다.

그래서 젊은이들이 군대에서 충성을 다하는 것을 당연하게 여깁니다. 일단 군인이 되면 무조건 국가에 충성해야 합니다. 어떤 명령이 떨어지면 군인은 아무런 이의를 제기하지 않고 즉각 이행합니다.

그러나 지성적 관점에서 살펴볼 때 국가는 결코 찬양할 만한 것이 못 됩니다. 국가는 모든 전쟁과 유혈 사태의 원인입니다. 그리고 국가의 법이란 수많은 사람들을 감옥에 가두는 주범입니다. 그 중에 많은 사람들은 감옥이 아니라 정신 병원에 있어야 합니다.

그들에겐 치료가 필요합니다. 그들에겐 부드럽고 친절한 보살핌이 필요하지요. 그들을 살인자, 강간범, 도둑으로 만든 보다 근본적인 책임은 사회에 있습니다. 그러나 아무도 사회를 처벌하지 않습니다. 처벌되는 것은 잘못된 사회에 의해 희생된 개인들뿐이지요.

깨달은이들은 국가에 반대합니다. 그것은 효율적인 조직이 있어서는 안 된다는 것을 의미하지 않습니다. 그러나 그것은 효율적인 것 이상이 되어서는 안 됩니다. 정부 사람들에게 특권과 위력이 주어져서는 안 됩니다. 인간 자체로 볼 때 하찮은 사람이라 할지라도 국가는 그들에게 권력을 줍니다. 그리고 국가는 그들을 국민의 하인으로 만드는 것이 아니라 군중의 주인으로 군림하게 만듭니다.

효율적인 조직이란 철도청과 같은 것입니다. 사람들은 철도청장이 누구인지 모릅니다. 알아야 할 필요가 없습니다. 우체국의 경우도 마찬가지지요. 체신청장이 있겠지만 그가 어떤 사람인지 아무도 모릅니다.

국무총리와 대통령 또한 그렇게 되어야 합니다. 그들은 나라에 봉사하므로 임금을 지불받아 마땅하지요. 그러나 그들이 마치 정복자인 것처럼 되어서는 안 되는 것입니다. 하지만 그들은 사회에서 가장 성공한 부류로 치부됩니다.

한 양심적인 공직자의 은퇴의 변은 과연 멸사봉공의 가치가 무엇인지 웅변적으로 나타냅니다. 그는 얼마 후에 있을 지방선거에서 도지사에 출마하지 않겠다고 밝혔습니다. 그는 여러 여론조사에서 50%를 넘나드는 지지율로 다른 후보들을 압도해 주위에선 당연히 3선을 위해 출마할 것으로 생각해왔습니다.

그러나 그는 "적절한 시기에 명예롭게 퇴장하는 것이 오랜 소망이었다."고 갑작스러운 은퇴의 이유를 설명했습니다. 당선이 눈앞에 보이는데도 그 욕심을 내려놓은 그의 은퇴 후 꿈이 보통 사람의 가슴에 와 닿습니다.

'늦잠도 자고 싶고 그동안 잃어버린 채 살아온 나도 찾고 싶다.' 공직생활 40년, 그것도 남보다 앞서기 위해 늘 허리띠를 바짝 졸라매고 살아야 했던 맹렬 공직자의 꿈으로선 이보다 절실한 게 없을 것입니다. 본인 말대로 그는 공직생활 내내 한 순간도 긴장을 풀지 못했고, 명절도 명절답게 지내본 적이 없었다고 합니다.

과거로부터 자유로워져야 그러면 극기복례란 무엇일까요? 먼저 이해해야 할 것은 멸사봉공이 현실 세계에서 요구되는 비본질적인 가치인데 대해서 극기복례는 구도적인 차원에서 지향하는 본질적인 가치라는 사실입니다.

여기서 예禮란 단순히 형식적인 예절이나 예법이 아니라 우리의 본질적 의식으로서 이런 깊이까지 도달하는 것이야말로 깨달음을 일별

하는 것에 해당합니다. 구도자는 자신의 외적 욕망을 모두 끊고 내면의 빛 혹은 궁극의 침묵을 향해 정진합니다. 이것이 모든 성인의 궁극적인 가르침으로, 극기복례란 이에 대한 유교식 표현으로 이해됩니다.

흔히 사람들은 인간을 오직 행위로 판단하며, 인간이란 단지 행동의 총합일 뿐이라고 믿습니다. 그러나 인간은 행동의 총합을 훨씬 뛰어 넘는 존재입니다. 인간은 육체와 마음과 행위의 가장 깊숙한 곳에 숨어있는 의식입니다.

만일 우리가 자신의 의식을 알아채지 못하고 내면의 빛을 자각하지 못한다면, 계속 환상 속에서 살아갈 수밖에 없습니다. 자기 자신을 발견한다는 것은 매우 힘겨운 작업이지만, 동시에 가장 위대한 탐험이기도 합니다.

어쩌면 달에 착륙하거나 에베레스트 산을 오르는 일이 더 쉽고, 자기 자신의 중심에 도달하는 일이 더 어려울 수도 있습니다. 전적으로 혼자서 여행을 해야 하기 때문이지요. 그것은 오직 홀로 떠나서 홀로 도달하는 여행이니까요.

사회가 좀 더 좋아진다면 우리는 모든 아이들에게 이렇게 말할 것입니다. '너희들에게는 사랑의 씨앗, 지복의 씨앗, 진리의 씨앗들이 있지만, 그것들은 아직 씨앗일 뿐이다. 너희들은 삶에서 그 씨앗들을 뿌리기 위해, 그리고 그들이 잘 자라게 하는 기술을 터득하기 위해 엄청나게 노력해야 한다. 그 씨앗이 싹을 틔우기를 기다리며 인내해야 한다. 그리고 그것을 돌보면서 꽃을 피우는 적당한 계절이 오기를 깊은 믿음 속에서 기다려야 한다.'

이것이 바로 우리가 극기복례의 정신을 현대에 되살리는 일입니다. 이는 내면을 경작하는, 내면의 정원을 가꾸는, 내면을 농사짓는 하나의 시도입니다. 그러나 먼저 지금까지 헛되이 살아왔고, 자신이 했던 모든 것이 잘못된 생각에서 나온 것이었다는 충격을 받아야 합니다. 그리고 백지 상태가 되어야 합니다. 모든 과거를 완전히 떨쳐버리고 무에서부터 새로 시작해야 합니다.

그것은 마치 오늘 태어나서 지금부터 살기 시작하는 것과 같습니다. 과거를 잊어버림으로써 과거의 짐에서 벗어날 수 있을 때 이는 가능하지요. 과거는 우리에게 아무 이익이 되지 않으며, 우리를 불행하게 만들 뿐입니다. 계속 그것을 짊어지고 있을 필요가 없습니다. 새로이 시도할 수 있도록 과거로부터 자유로워져야 합니다. 이것이 극기의 모든 것입니다.

극기 즉 자기의 무의식을 극복하는 것은 어진 품성을 이루기
위한 전단계로서 매우 중요하면서도 대단히 어려울 듯합니다.
그 과정을 좀 더 구체적으로 생각해보고 싶습니다.

자아는 삶의 매 순간 교묘하게 우리를 따라다니면서 함정에 빠지게 만듭니다. 이 자아는 기독교의 성전에서 악마라고 불립니다. 이 악마를 물리치지 못하면 우리는 혼란에 빠질 수밖에 없습니다. 그러나 이는 기독교에서 그러는 것처럼 모든 책임을 악마에게 떠넘기는 것을 의미하지 않습니다.

기독교인들은 이렇게 생각합니다. '악마가 함정을 파놓았다. 매번 불행의 덫에 걸려드는 건 악마 때문이다.' 악마가 할 일이 없어서 그들을 괴롭힌다고 생각합니까? 그렇지 않습니다. 이는 공산주의자나 사회주의자들이 사회 구조나 경제 제도에 모든 책임을 떠넘기는 것과 같습니다.

그들은 이렇게 주장합니다. '우리의 모든 불행은 잘못된 사회구조 때문이다.' 모든 사람들은 항상 불행의 책임이 다른 데 있다고 주장합니다. 불행의 책임은 다른 데 있는 게 아니라 바로 나 자신에게 있다고 말하는 사람은 아무도 없습니다. 오직 구도자만이 모든 불행의 책임은 자기 자신에 있음을 압니다.

내가 지금 불행하다면 그 불행의 원인은 바로 나입니다. 내가 변하지 않고서는 나는 계속 불행할 수밖에 없습니다. 경제 제도가 바뀌어도 사회 구조가 바뀌어도 나는 계속 불행할 것입니다. 그래서 구도자가 추구하는 것은 언제나 자신을 변화시키는 것이지요. 여기서 그 변화의 과정 즉 자아를 극복해 나가는 방법에 대해 생각해보십시다.

처음에는 잠시 동안만이라도 '나' 없이 사는 것을 시도해보아야 합니다. 우리는 정원에서 구덩이를 파고 있습니다. 오직 구덩이를 파고 있을 뿐 '나는 그것을 하고 있다'는 것을 잊어야 합니다. 즉 행위만 있을 뿐 행위자는 사라지게 해야 합니다. 우리는 태양 아래서 땀을 흘릴 것이고, 행위자는 없을 것이고, 구덩이 파기는 계속될 것입니다.

그리고 우리는 자아가 단 한 순간만이라도 사라질 수 있다면, 삶이 얼마나 훌륭한지를 알고 놀랄 것입니다. 샤워를 하면서 그냥 물이 우리 몸 위로 떨어지게 할 수도 있을 것입니다. 하지만 '나'로서 그곳에 존재하지는 말 것입니다. 편히 쉬면서 '나'를 잊도록 합니다. 그러면 우리는 놀랄 것입니다. 샤워는 우리의 몸을 식혀줄 뿐 아니라 우리의 내면 가장 깊은 곳까지 시원하게 해 줍니다.

조금만 주시한다면, 우리는 매일의 일상적인 삶에서 자아가 치워질 수 있는 많은 순간을 발견할 것입니다. 그리고 그 기쁨은 너무 대단해서, 일단 우리가 그것을 맛보면 우리는 계속해서 그것을 하지 않을 수 없게 됩니다. 그리고 그것이 절대로 필요한 것이 아니라면, 서서히 우리는 그것을 버릴 수 있게 됩니다.

또한 우리가 그것이 전혀 필요한 것이 아니라는 것을 알 때, 축복의 그날은 옵니다. 우리는 그에게 마지막 작별인사를 할 것입니다. 자아가 죽는 날, 우리는 자아가 아닌 관점에 도달합니다. 그것이 우리의 진짜 존재입니다. 존재가 아닌 것이 우리의 진짜 존재입니다. 존재하지 않는 것이 처음으로 존재하는 것이지요.

모든 동일시를 파괴하기 사람들은 자신이 아닌 것을 자신으로 혼동하는 많은 것을 가지고 있습니다. 이것이 우리의 무의식입니다. 그 대표적인 것 가운데 하나가 이름이지요. 우리의 이름은 한낱 이름표에 불과하므로 단순히 사라질 수 있는 것이며, 바뀔 수도 있습니다.

우리는 이름이 아닙니다. 우리의 의식 속에 이러한 사실이 인식되고 강조될 때, 이름은 더 이상 우리의 실체가 아닌 것입니다. 아이들은 이름 없이 세상에 태어납니다. 하지만 우리는 아이들에게 이름을 부여합니다. 이름이 유용성을 갖고 있기 때문이지요. 이름은 실체를 갖고 있지 않지만 그 유용성까지 무시할 수는 없습니다.

보통 우리는 자신의 이름과 함께 성장합니다. 사실 우리의 인식은 그 이후에 찾아오게 마련입니다. 우리의 이름은 우리의 의식보다 더 깊으며, 바로 여기서 이름과의 동일시가 일어납니다. 우리는 이것이 나의 이름이고 이것이 나라고 느낍니다.

우리는 먼저 이름과의 동일시를 파괴하여야 합니다. 이름은 모든 동일시들에 대한 파괴의 시작이기 때문입니다. 가장 먼저 이름과의 동일시를 파괴하고, 그 다음엔 육체와의 동일시, 그 다음엔 마음과의 동일시 그 다음엔 가슴과의 동일시를 파괴해야 합니다.

우리는 자신을 너무 육체와 동일시합니다. 그러나 우리는 육체가 아닙니다. 이 고정관념에서 다른 많은 잘못된 생각들이 생겨납니다. 육체와 자신을 동일시하게 되면 노쇠, 질병, 죽음을 두려워하게 될 것입니다. 육체와의 동일시에서 노쇠와 질병과 죽음이 자라납니다.

우리 자신을 순수한 의식으로 생각할 수 있을 때 이런 동일시는 극복될 수 있습니다. 우리는 몸이 아니라 몸을 의식하는 자입니다. 그리고 우리는 마음도 아닙니다. 그러나 먼저 육체와 함께 시작하는 것이 좋습니다. 거친 것에서부터 시작하는 것이 더 쉽기 때문입니다. 그런 다음에 섬세한 것으로 옮겨가야 할 것입니다.

그래서 육체 다음에는 마음을 우리 자신과 분리시켜 바라보는 것을 시도해볼 수 있습니다. 그때 마음의 모든 내용물 즉 기억, 상상, 생각, 욕망, 기대, 투영, 기분 등 이 모든 것을 끊임없이 비워야 합니다.

삶에서 가장 위대한 날은 내다버릴 것을 하나도 찾지 못하는 날입니다. 오직 텅 비어 있는 날입니다. 그 텅 빔 속에서 우리는 자신의 순수한 의식을 발견할 수 있는 마지막 단계에 이릅니다.

그때 마음은 텅 비어 있으나 다른 차원에서는 가득 차서 흘러넘칩니다. 마음은 텅 비어 있으나 의식은 충만합니다. 그러므로 '텅 빔'이라는 말을 두려워하지 말 것입니다. 그것은 부정적인 것이 아닙니다. 그것은 전혀 쓸모가 없는데 단지 오래된 습관에서 우리가 지고 다니는 불필요한 짐만을 없앱니다. 그 짐은 방해만 되고 산더미처럼 무겁기만 합니다.

그 짐이 없어지면 우리는 하늘을 날 것처럼 가벼워집니다. 그때 가장 미묘한 장애, 느낌의 장애도 떨어져 나가야 합니다. 느낌은 가장 미묘한 것이어서, 이것은 최후의 도전이 될 것입니다. 처음에는 육체, 그 다음에는 마음 그리고 가슴입니다. 가슴으로부터 자유로워지는 것이 깨달음입니다. 그 경험이 바로 신의 경험, 붓다의 경험입니다.

마침내 모든 동일시를 파괴하고 나면, 우리는 자신이 누구인지 정확히 알 수 있을 것입니다. 그것은 바로 동일시가 없는 존재고, 이름이 없는 존재고, 형상이 없는 존재고, 정의 내릴 수 없는 존재입니다. 그것은 또한 우리의 내면에 있는 순수한 목격자로서 어떠한 말이나 글로도 설명될 수 없습니다.

지금 그리고 여기 스승과의 공동체 생활에서 배우게 되는 유일한 것은 목격, 주시, 봄이며, 이 주시는 일체를 넘어선 언덕 위의 주시입니다. 그 어느 것도 결코 이 초월적인 주시에는 미치지 못합니다. 그리고 우리 내면의 초월적인 존재인 '나'를 발견하는 것은 우리의 이름을 넘어서는 것에서부터 시작됩니다.

이 작업은 마치 잘못 지어진 건축물로부터 벽돌을 하나씩 제거하는 것과 흡사합니다. 우리가 자신에게 하나의 벽돌을 들어내도록 허락한다면 우리는 다른 벽돌들도 계속 들어낼 것입니다. 과거와 단절하지 않으면 안 됩니다. 과거를 죽이지 않고서는 새로운 탄생을 기약할 수 없기 때문입니다.

과거는 말끔하게 떨어져 나가야 합니다. 과거는 한낱 꿈일 뿐 그 이상도 이하도 아니니까요. 그리고 과거로부터 미래가 일어납니다. 따라서 과거가 떨어져나가면 미래도 사라집니다. 그러고 나면 유일한 현실은 지금 그리고 여기입니다.

진리는 어떠한 타협도 모릅니다. 우리가 그것에 따라 변해야만 할 것입니다. 우리는 변형을 겪어야만 합니다. 우리는 견디기 힘든 불의 시험을 겪어야만 합니다. 거짓 인격, 에고, 지식들 이 모든 것을 떨쳐버려야 합니다. 오직 그때서야 비로소 진리를 향한 여정의 올바른 지점에 서게 됩니다.

그러나 그것은 정말 대단한 기쁨입니다. 매 순간이 너무나 영광스럽고, 너무나 낙원 같아서 일단 우리가 진리를 향한 여정에서 단 한 순간만이라도 맛보고 나면, 우리는 우리가 떠나보내야만 했던 그 모든 것들을 결코 뒤돌아보지 않을 것입니다. 그것은 하나의 큰 짐을 덜어내는 것이며, 하나의 자유입니다. 이제 우리는 하늘을 향해 두 날개를 펼칠 수 있습니다.

극기복례克己復禮에서 '예禮'자를 사용한 의도가 잘 이해가 안 됩니다. 이를 오늘의 예법禮法이나 도덕과 관련해서 생각해 볼 수 있을까요?

깨달은이는 외부의 어떠한 규율도 주어지는 것을 반대합니다. 그는 우리의 삶은 우리 내면의 샘에서 솟아나야 한다고 생각합니다. 우리 자신의 도덕성을 일깨우면 규율은 자연스럽게 따라올 것입니다. 마치 그림자가 우리를 따르듯이 말이지요.

사람들은 외부로부터 부여되는 규율로 인해 매우 불행하게 살고 있습니다. 그러한 규율들이 무의식의 세계에 뿌리박히면 사람들은 어떤 특별한 방식으로 행동하기 시작합니다. 그들은 로봇일 뿐입니다. 만약 신으로부터 부여받은 우리의 잠재력이 우리 존재의 싹을 틔우고 꽃을 피울 수 있게 해 주는 것이 아니라면, 그 도덕이란 하찮은 것일 뿐입니다.

우리는 모세에게 그리고 그의 십계명에 귀 기울일 필요가 없습니다. 우리는 우리 자신의 계명을 발견해야만 합니다. 만약 우리가 존재의 신성과 직접 연결되어 있지 않다면, 우리가 행하는 모든 것은 인격을 위조하는 것이며, 위선이며 기만인 것입니다.

누구로부터 얻은 계명일지라도, 그것은 우리 존재의 혁명을 일으킬 수 없습니다. 그러한 계명은 단지 배우, 위선자만을 만들어 낼 뿐이지요. 모든 계명은 사람을 억누르고 억압하고 매사에 죄책감을 심어줍니다. 우리의 모든 행위는 그 계명에 위배될 수밖에 없습니다.

삶이란 선택 없는 현상 모세의 십계명은 붓다의 삼만 삼천 개의 율법에 비하면 아무것도 아닙니다. 우리는 삼만 삼천 개의 율법을 기억할 수조차 없습니다. 이에 얽매일 때 우리의 모든 삶은 작은 몸짓 하나까지 외부로부터 철저히 통제되지요.

우리는 여기서 벗어나 우리 존재의 개화를 도모해야 합니다. 그래서 우리의 잠재성이 꽃피어나면 선택의 문제 즉 무엇이 옳고 그른가 하는 문제는 없어집니다. 우리는 이제까지의 양자택일에서 벗어나 아무 선택함이 없이도 올바른 길을 선택하게 됩니다.

현명한 사람, 절대적인 통찰력을 지닌 사람, 마음을 초월하여 빛으로 가득 찬 사람에게 삶이란 선택 없는 현상입니다. 그는 그저 옳은 것을 행할 뿐입니다. 그 행위는 그가 옳다고 생각하기 때문에 하는 것이 아니라 그저 그는 그것을 행할 뿐이고, 그것은 그저 옳은 것이 되는 것입니다.

옳음과 그름, 선과 악, 죄와 미덕의 정의는 아무 의미가 없습니다. 깨달은 자가 행하는 것은 무엇이건 옳은 것이요, 깨달은 자가 행치 않는 것은 무엇이건 그른 것입니다.

우리는 어떠한 도덕도 따를 필요가 없습니다. 다만 깨어나기만 하면 됩니다. 자각 속에서 우리는 어떠한 잘못도 저지를 수 없게 됩니다. 우리가 깨어날 때 우리의 내면에 피어나는 삶에 대한 외경과 지대한 존경심이 스스로의 책임 하에 거울에 내를 걸어가듯이 삶을 조심스럽게 살아가게 하기 때문입니다.

모든 조직화된 도덕이 진리를 죽이는 데 대해서, 이는 결코 진리를 왜곡하지 않습니다. 극기복례克己復禮의 '예禮란 절대적인 통찰력을 지닌 사람들의 마음을 초월한 내면의 빛과 같은 것으로 이해해볼 수 있을 것입니다.

단어의 창조적 이해 이런 해석을 수긍하기 위해서는 단어의 깊은 의미에 접근하는 길을 알아야 합니다. 극기복례克己復禮에서 예禮는 핵심어에 해당하며, 전통적인 개념에 속합니다. 그러므로 이 시대의 독자들이 이 단어의 문맥적 의미를 바르게 이해하기 위해서는 각별한 주의가 필요합니다.

훌륭한 독자는 이 단어를 깊이 꿰뚫어보아 그 단어가 사라질 상황까지 나아가 침묵만이 남게 해야 합니다. 우리가 명심해야 할 것은 단어에는 고정된 의미가 없고 그 나름의 분위기가 있을 뿐이라는 사실입니다.

의미는 우리 안에 감추어져 있습니다. 단어는 우리 안에 있는 의미가 밖으로 나올 수 있도록 도와주는 것일 뿐입니다. 특히 여기서 이 단어는 우리가 우리의 영혼에 감추어져 있는 의미를 밖으로 꺼낼 수 있도록 도와주는 역할을 합니다.

서양에서는 단어에 의미가 있지만, 동양에서는 단어엔 의미가 없습니다. 의미는 그것을 읽는 사람에게 있습니다. 단어는 읽는 사람이 그 자신의 내면의 의미와 마주치도록 하기 위한 수단일 뿐입니다.

단어는 우리의 내면을 자극하여 우리 내면의 의미가 꽃피어나게 합니다.

그러므로 잠시 이 단어는 잊어버리고, 내면의 의미를 기억해야 할 것입니다. 그러나 우리는 기다려야 합니다. 마음을 고정시키고, 마음을 집중할 때에만 내면의 의미가 드러날 수 있기 때문입니다.

그래서 읽는 사람은 매일 같은 것을 계속해서 읽어야 합니다. 그러나 우리가 변하고 있기 때문에 그것은 같지 않지요. 그래서 의미는 우리의 마음의 상태에 달려 있다고 할 수도 있습니다.

자기를 극복하고 예로 돌아가는 일이 하루아침에 이루어진다는 것은 잘 이해가 안 됩니다. 본질적인 깨달음이 그렇게 빨리 일어날 수 있습니까?

이것은 지속의 문제가 아닌 깊이의 문제이지요. 매 순간을 전체적으로 사는 사람들만이 진정으로 삶을 성취할 수 있습니다. 삶을 지속의 관점에서 사는 사람들은 수평적이고 표면적인 삶만을 살 뿐입니다. 그들의 삶은 진실하지 못합니다. 그 안에는 진정한 것이 없지요.

이것이 노인의 방식입니다. 노인은 언제나 안전, 무사함, 예금 잔액만을 생각합니다. 그는 언제나 두려움의 관점에서 생각합니다. 죽음이 언제나 그의 앞에 서 있기 때문이지요. 어린아이는 결코 죽음을 걱정하지 않습니다. 그의 관심은 삶입니다. 그는 지도에 없는 곳, 미지의 곳으로 가는 데 관심이 있습니다. 위험을 감수할 준비가 되어 있습니다.

위험을 감수할 준비가 되어 있는 사람들, 오직 그들만이 진정으로 살아 있는 것입니다. 그들은 오래 살지 못할지도 모릅니다. 그러나 그것은 전혀 중요하지 않습니다. 단 한 순간만이라도 진실하게, 전체적으로 살 수 있다면 그것으로 충분합니다. 단 한 순간의 전체적인 경험이 모든 영원보다도 훨씬 더 거대합니다.

위험하게 살기와 진실함 인생은 위험하게 살아야만 합니다. 진실한 삶을 사는 데 이것 외에 다른 방법은 없습니다. 위험을 통해서만 인간은 성숙할 수 있고 성장할 수 있습니다. 미지의 것을 위해 기꺼이 기존의 것을 위험에 빠뜨릴 수 있어야 합니다.

두려움 없는 경지에 이르러 자유의 맛을 본다면 미지의 세계로 들어온 것에 대해 절대로 후회하지 않을 것입니다. 인간이 최고의 삶을 누리는 최적의 상태가 무엇인지 알기 때문입니다. 인생이란 횃불이 활활 타오른다는 것이 어떤 것인지 깨달을 것입니다. 한 순간 이렇게 강렬하게 사는 것이 영원히 진부하게 사는 것보다 훨씬 더 만족스럽고 즐겁게 느껴집니다.

현대 의학에선 생명을 연장시킬 수 있는 방법을 찾는 데 광적으로 집착하고 있습니다. 그 집착은 어디선가 삶을 잃어버렸음을 단적으로 시사합니다. 우리가 삶을 산다면 한 순간만으로도 충분할 것입니다. 한 순간은 영원과 맞먹을 수 있습니다. 그것은 길이의 문제가 아니라 깊이의 문제이지요. 그것은 양의 문제가 아니라, 질의 문제입니다.

생각해 보십시오. 우리는 붓다로서 한 순간을 살고 싶습니까? 아니면 지금의 우리로서 천년을 살고 싶습니까? 한 순간만으로도 성취감을 느낄 수 있습니다. 활짝 피어날 수 있습니다. 그러나 우리는 천년을 살아도 피어나지 않을 수 있습니다. 씨앗 속에 갇힌 그대로일 수 있습니다. 이런 삶엔 어떤 가치도, 의미도, 시도 존재하지 않습니다.

진화와 변혁 거시적 관점에서 인간의 성장은 크게 두 가지로 나뉩니다. 진화와 변혁이 그것입니다. 진화는 무의식적인 것입니다. 자연현상이지요. 과학자들은 인간이 바다에서 물고기로 태어났다고 말하지요. 물고기 단계와 오늘의 인간 사이에는 수만 년이 흘러갔습니다. 인간은 온갖 종류의 동물 단계를 거쳐야 했습니다. 인간이 되기 바로 전의 단계는 원숭이, 유인원과 같은 어떤 동물이었지요.

이 모든 것들은 무의식적으로 일어났습니다. 거기에는 의도적인 노력이 전혀 없었습니다. 인간이 된 후로는 그 진화의 과정이 멈추었지요. 이는 진화의 정점에 이른 것을 의미하는 듯합니다. 왜냐하면 인간은 수천 년 동안 인간으로 머물러 있고 더 이상의 성장이 일어나지 않고 있기 때문입니다.

그것은 한 가지를 말해줍니다. 즉 자연은 자신이 할 수 있는 모든 것을 다했다는 것입니다. 이제 우리가 그것을 넘겨받아야 합니다. 진화에서 변혁으로 옮겨가야 합니다. 진화는 무의식을 뜻하고 변혁은 의식을 뜻합니다. 진화는 성장이지만 무의식적이기 때문에 수만 년의 시간이 걸립니다.

변혁 역시 성장이지만 그것은 의식적인 것이기 때문에 도약과 같습니다. 뛰어오르는 것과 같습니다. 변혁은 점진적인 것이 아닙니다. 우리는 뛰어오를 때 한 발씩 천천히 뛰어오르지 않습니다. 그것은 전적으로 우리에게 달려 있습니다. 우리가 얼마나 용감한지에 달려 있습니다. 단 한 걸음만으로 인간에서 신으로, 붓다로, 그리스도로 옮겨갈 수 있습니다. 그것은 전적으로 우리의 강렬함, 우리의 몰입, 우리의 전체성에 달려 있습니다.

인간이 자연적으로 성장할 수 있는 가능성은 더 이상 없습니다. 의식적으로, 계획적으로, 의도적으로 성장하기로 결심하지 않고서는 그는 언제까지나 인간으로 남아 있을 것입니다. 성장하기로 의식적인 결정을 내린 사람, 그가 바로 구도자입니다. 그것이 변혁의 시작입니다.

명상 속에서 변혁의 길로 나아가면서 먼저 수행하게 되는 것이 명상입니다. 명상은 처음에는 어렵지요. 인내심이 요구됩니다. 필요한 것은 단지 인내심뿐입니다. 희망을 가지고 낙천적으로 하는 것이 좋습니다. 그것은 오직 시간의 문제입니다.

그것은 마치 우리가 씨앗을 보고 있는 것과 같습니다. 우리는 씨앗을 심은 다음 날 바로 새싹이 돋을 것이라고는 생각지 않습니다. 씨앗에는 정해진 시간이 있습니다. 우리의 기대로 인해 싹이 돋는 것은 아니고 씨앗은 씨앗 자신의 어떤 법칙을 따릅니다. 씨앗은 자신의 계절을 기다릴 것입니다.

많은 사람들은 명상을 시작하고 나서 단지 며칠 후 이렇게 생각합니다. '나는 성공하지 못하고 있어.' 그것은 실패나 성공의 문제가 아닙니다. 무엇이 일어나든지 상관하지 말고 계속 밀고 나가야 합니다.

날마다 목욕을 하고 잠자리에 드는 것처럼. 목욕을 할 때 우리는 성공을 하든지 않든지, 무엇인가를 얻든지 못 얻든지 신경 쓰지 않잖습니까. 목욕은 그 자체로 좋습니다. 그것은 나름대로 고유의 가치를 가지고 있으니까요.

머지않아 명상이 내면의 목욕과 같이 될 것입니다. 내면의 불순한 욕망들이 서서히 사라지기 시작하면서 우리는 더 좋아진 것을 느낍니다. 더 중심에 가까워지고, 더 뿌리를 내리고, 더 견고해지는 것을 느낍니다. 그리고 계속 기다린다면 어느 날 갑자기 폭발이 일어나고, 번개가 내리칠 것입니다.

그 순간부터 우리는 더 이상 예전의 우리가 아니지요. 그 순간부터 우리는 명상을 할 필요가 없습니다. 무엇을 하든지, 우리는 이미 명상 속에 있습니다. 그때는 호흡이 명상이고, 걷는 것이 명상이고, 먹는 것이 명상이지요. 이제 명상은 바로 우리의 본성이 됩니다.

인내하는 법을 배워야 명상 속으로 들어가기 위해 갖추어야 할 가장 필수적인 자질 중의 하나는 인내입니다. 서둘러서는 되지 않습니다. 서두르면 서두를수록 시간이 더 오래 걸립니다. 신뢰를 가지고 영원히 기다릴 수 있다면 그것은 단 한 순간에 일어날 수도 있습니다. 즉각 일어날 수 있습니다. 그것은 전적으로 얼마나 인내심이 있느냐에 달려 있습니다.

명상을 하고 있는 동안에는 절대로 그 결과에 신경 쓰지 말 것입니다. 그것은 때가 되면 저절로 옵니다. 명상 그 자체를 즐기고 명상에 대해 탐욕을 부리지 말 것입니다. 하나의 수단이 아니라 그 자체만으로 충분한 하나의 목적으로 명상을 할 수 있다면, 그때 즉각 기적이 일어날 수 있습니다. 명상이 우리의 존재를 완전히 바꿀 수 있습니다.

우리는 인내하는 법을 배워야 합니다. 지금 인류는 그것을 완전히 잊어버렸습니다. 모두들 너무나 급하지요. 무슨 일이든지 빨리 일어나길 원하거든요. 우리는 인스턴트커피를 원합니다. 그래서 인스턴트커피를 파는 상인들이 생겨나는 것이지요.

우리의 접근법은 무한한 인내심을 가지는 것입니다. 그러면 그때 기적이 마치 인스턴트커피처럼 일어날 수 있습니다. 그러나 그 전에 먼저 요구 조건이 충족되어야 합니다. 그것은 하나의 역설입니다. 진리와 관련된 것은 무엇이든지 항상 역설적입니다.

어느 날 자기를 극복하고 예로 돌아가면, 세상 사람들이 인仁 으로 돌아갈 것이라는 말은 무슨 뜻입니까?

이는 두 가지 관점에서 이해해볼 수 있을 것입니다. 붓다는 '내가 깨달은 순간 모든 존재가 깨달았다.'고 말한 적이 있습니다. 이것은 무슨 뜻입니까? 존재는 모든 것을 사랑합니다. 존재는 무관심하지 않습니다. 그러나 존재는 우리가 무관심하다는 바로 그 한 가지 이유 때문에 무관심한 것처럼 보입니다.

존재는 단지 비추기만 할 뿐입니다. 존재는 거울입니다. 그것은 우리를 반향합니다. 우리가 존재를 향해 소리를 치면, 존재는 우리를 향해 소리칩니다. 우리가 존재에게 노래를 하면 그 노래가 되돌아옵니다. 우리가 하는 것은 무엇이든지 수천 가지 방법으로 되돌아옵니다. 왜냐하면 그것은 모든 수준에서, 존재의 모든 차원에서 되돌아오기 때문이지요.

사랑하고 있지 않기 때문에 존재가 무관심해 보입니다. 모든 것을 -강들을, 산들을, 별들을, 사람들을, 동물들을- 사랑하기 시작한다면, 우리가 깊은 사랑을 가지고 삶 속으로 들어가기 시작한다면, 그래서 우리가 따뜻해지기 시작하면 모든 존재가 따뜻해집니다. 존재는 항상 같은 동전으로 지불합니다.

우리가 의미를 창조하지 않기 때문에 존재가 무의미하게 보입니다. 우리가 무미건조하고 단조롭기 때문에 존재가 매우 무미건조하고 단조로운 것처럼 보입니다. 붓다에게는 존재가 그렇게 보이지 않습니다. 그래서 붓다는 '내가 깨달은 순간 모든 존재가 깨달았다'고 말한 것입니다.

만일 우리가 깨어난다면, 모든 불행과 모든 고통들이 너무나 불합리하고 너무나 바보 같고 너무나 어리석게 보여서 '어떻게 내가 괴로워했을까? 무엇이 괴로운가? 그렇게 오랫동안 고통스러워하다니 모든 것이 거짓인데. 거기에는 아무런 실체도 없었다. 그것은 한갓 생각이었고, 꿈이었을 뿐이다.'라며 의아해 할 것입니다.

각성이라는 등불 사랑하고 있는 사람은 존재 전체에 의해 사랑을 받고 있습니다. 존재는 모든 방향에서, 모든 차원에서 단지 우리를 반향할 뿐입니다. 우리가 아름다운 노래를 부른다면 그 노래는 천 배나 아름답게 우리에게로 다시 쏟아져 내립니다. 우리가 주는 것은 무엇이든지 되돌아오지요. 사람들이 불행한 이유는 단 한 가지입니다. 그들이 다른 사람들에게 불행을 주고 있기 때문입니다.

씨 뿌린 것은 무엇이든지 거둡니다. 그리고 당연히 우리가 단 한 알의 씨앗을 뿌릴지라도, 거두는 씨앗은 수천 개가 될 것입니다. 존재는 인색하지 않습니다. 존재는 풍성하게 베풉니다. 그러나 존재는 오직 우리가 먼저 베풀었을 때만 줄 수 있습니다. 존재는 우리가 베푼 것을 몇 갑절로 증가시킵니다.

따라서 모든 것은 근본적으로 우리에게 달렸습니다. 우리가 지복을 원한다면 모든 사람에게, 모든 것들에게 지복을 쏟아주어야 합니다. 우리가 사랑을 원한다면 먼저 사랑해야 합니다. 우리가 무엇인가를 원한다면, 원하기만 해서는 도움이 되지 않습니다. 원하는 바로 그것을 행해야 합니다. 우리가 준 것은 무엇이든지 항상 우리에게 되돌아옵니다. 천 배로 늘어나서. 그 이하로 돌아오는 법은 절대로 없습니다.

우리가 원하는 것은 무엇이든지 줄 것입니다. 그러면 우리는 텅 빈 채로 있지 않을 것입니다. 우리는 충족될 것입니다. 더할 나위 없이 충족될 것입니다. 중심에서는 명상적이 되고 바깥에서는 사랑이 될 때, 우리는 존재 전체가 변모하는 것을 보게 될 것입니다.

사실 존재는 항상 똑같지만 변하는 것은 바로 우리 자신입니다. 우리가 변하는 것을 따라 즉각 존재 전체가 우리와 함께 변합니다. 우리가 새롭게 되면 모든 것이 새롭게 보이고, 우리가 아름다운 상태에 있으면 모든 것이 아름답게 보입니다.

우리가 눈을 감고 있으면 모든 것이 어둠입니다. 눈을 뜨면 삶은 완전히 빛으로 넘칩니다. 신은 눈을 뜨고 존재를 경험하는 것입니다. 신을 부정하는 사람은 단지 자신들이 장님이라는 것을 말하고 있을 뿐입니다. 그들은 장님일 뿐만 아니라 완고하기도 합니다.

그들은 자신들이 장님이 아니라 신이 절대로 없다고 주장합니다. 눈을 계속 감고 있다면 태양이 하늘에서 찬란하게 빛나고 있을지라도 우리는 어둠 속에서 삽니다. 아주 작은 천으로 살짝 우리의 눈을 가리는 것만으로도 우리는 진리를 전혀 보지 못합니다.

그러므로 각성이라는 등불을 지니지 않는다면, 우리는 주변에 지옥을 만들게 됩니다. 어디에 가든 간에 무엇을 하든 간에, 항상 각성으로 내면에 불을 밝혀야 합니다. 그러면 동일한 길을 걸어도 그 길은 예전의 길이 아닐 것입니다. 왜냐하면 우리가 예전의 우리가 아니기 때문이지요. 우리가 의식적이면, 동일한 음식도 예전의 음식이 아닙니다. 우리가 동일하지 않기 때문이지요.

모든 게 우리 내부의 변화와 함께 변합니다. 누군가가 자신의 내면을 바꾸면, 외부도 완전히 바뀝니다. 우리가 칠흑 같은 내면의 어둠 속에서 살아가고 있다면, 세상도 칠흑같이 어두울 것입니다. 모든 것이 우리 내부의 각성 여부에 달려 있습니다. 이 각성이 유일한 변화, 유일한 혁명입니다.

마음은 명상의 부재 다른 관점에서 이해해볼 수도 있을 것입니다. 평소에 흔히 경험하는 바로 조는 사람들과 함께 있으면 그 잠의 진동이 우리에게 와 닿는 것을 느끼곤 하지요. 스승과 함께 있는 것도 비슷한 경우입니다. 다만 조금 더 어려울 뿐입니다. 잠은 하강이지만 각성은 상승이기 때문입니다.

그것은 조금 더 어려운 과제이긴 하나 깨어 있는 스승과 함께 있으면 깨어 있게 됩니다. 우리는 끊임없이 주변 사람들의 영향을 받습니다. 우리는 전혀 의식하지 못할지 모르지만, 우리의 생각과 느낌은 모두 타인에 의해 주어진 것입니다.

사랑의 경우도 마찬가지이지요. 인자한 사람의 사랑이 그의 내면에서 일어나서 다른 사람에게로 전파될 때, 그것은 마치 조용한 연못에 돌을 던지는 것과 같습니다. 돌이 떨어지면 파문이 일어나고 그 파문들은 계속해서 퍼져나가 가장 멀리 있는 제방에까지 밀려옵니다. 사랑이란 이처럼 공유하는 것입니다.

이는 또한 사공이 배에 앉아 강 위를 흘러가는 것과도 같습니다. 바람이 바른 방향으로 불 때 사공이 강 위에 배를 띄워 놓으면 바람이 데려갈 것입니다. 바람이 바른 방향으로 불 때까지 기다리기만 하면 됩니다. 아무런 노력도 필요 없습니다. 그냥 배 위에 앉아 있으면 바람이 알아서 데려다 줄 것입니다.

그러나 우리의 어리석은 마음은 정말 이럴 수 있을까 의심하곤 합니다. 마음은 논쟁적이거든요. 마음은 논쟁을 하지만 결코 어떤 결론에도 도달하지 못하지요. 가슴은 절대로 논쟁하지 않으면서도 결론을 압니다. 이것은 삶의 신비 중의 하나입니다.

마음은 매우 시끄럽고, 그 모든 소음들은 무익합니다. 가슴은 고요하지만 유익한 것들을 전해줍니다. 머리에서 가슴으로 옮겨가면 갑자기 삶이 중요성과 의미로 가득 찬, 아름다움과 향기로, 사랑과 빛으로 가득 찬 새로운 현상이 됩니다. 그리고 그 모든 것들이 하나로 결합된 것이 신성입니다.

마음은 명상의 부재입니다. 명상 속으로 들어가는 순간, 마음은 사라집니다. 마치 집안에 등불을 가져오면 어둠이 사라지는 것처럼. 그리고 오직 그때만이 우리는 자신이 완전한 환영의 세계 속에서 살아왔다는 것을 알게 됩니다. 마음은 우리가 살고 있는 세계입니다. 진실한 세계는 우리로부터 멀리 떨어져 있습니다.

마음은 우리와 실재 사이에 가로놓여 있으면서 계속 실재를 왜곡하고, 실재를 해석하고, 자신을 실재에 투영하고 있습니다. 마음은 결코 우리가 실체를 보는 것을 허락하지 않습니다. 그것이 문제입니다. 환영 속에서 사는 것은 헛되이 사는 것입니다. 거기에는 어떤 성장도, 어떤 성숙도, 어떤 풍요로움도, 어떤 이해도, 어떤 지복도, 어떤 진리도, 어떤 아름다움도 없습니다.

사랑하는 가슴만이 전체에 닿아 사랑하는 가슴만이 존재의 가슴에 닿을 수 있습니다. 마음은 얕고 피상적이지요. 마음은 지고함과 심오함을 전혀 알지 못합니다. 어리석고 항상 평범합니다. 우리에게 실체에 대한 아무런 통찰력도 주지 못합니다. 가슴이 작용할 필요가 있습니다. 그리고 사랑은 가슴이 부르는 콧노래일 뿐입니다. 가슴이 자신의 노래를 부르도록 허용해야 합니다.

아무리 마음이 그것을 비난할지라도 신경 쓰지 말 것입니다. 마음은 가슴이 노래 부르는 것을 비난할 것입니다. '이것은 당치도 않다'고 말하겠지요. 예를 들어 불행한 상황에 처하게 되었는데 노래를 부른다면, 마음은 이렇게 말할 것입니다. '이것은 옳지 않아. 이래서는

안 돼. 너는 불행해야 해. 이것이 현실이야.'

가슴이 노래하고 춤추고 기뻐할 때, 마음으로부터 개들이 계속 짖어댈 것입니다. '이것은 불합리해. 이래서는 안 돼. 이것은 부도덕해.' 마음은 우리 내면에 있는 모든 사랑을 비난하고 우리를 가슴에서 끌어내기 위해 온갖 방법을 다 동원할 것입니다. 자신의 모든 힘들이 무용지물이 될 위험에 처했기 때문이지요.

그러나 마음에 귀를 기울이지 말고 계속 노래 부르고, 계속 춤추고, 계속 찬양하면 어느 날 우리는 놀랄 것입니다. 개들이 더 이상 짖지 않습니다. 그들은 뒤로 멀리 쳐져 있습니다. 그런 일이 일어나는 날이 바로 위대한 축복의 날입니다.

그때 모든 존재가 우리에게 온갖 기쁨을 쏟아 붓기 시작합니다. 우리는 전체와 연결됩니다. 한 사람의 선지가가 됩니다. 사랑은 선견지명을 가지게 해 줍니다. 사랑은 볼 수 있는 눈을 줍니다.

어질게 행동하는 것은 전적으로 자신의 내면에서 나오는 것이며, 다른 사람과는 아무런 상관이 없다는 것은 현실과 너무 거리가 멀어서 저희들로서는 이해가 잘 안 됩니다.

우리의 존재에는 안과 밖이라는 두 가지 측면이 있지요. 표피적인 면은 대외적인 것이 될 수 있지만, 안쪽의 내밀한 부분은 결코 대외적인 것이 될 수 없습니다. 내적인 부분은 우리 본연의 얼굴이기 때문이에요. 그러나 많은 사람들이 자신의 진면목을 모른 채 온통 삶을 대외적인 것으로 만듦으로써 내면의 중심을 잃고 공허한 삶을 삽니다.

특히 대중을 상대하는 정치인이나 연예인들에게서 이런 현상을 흔히 볼 수 있지요. 그들은 대중의 의견을 제외하고는 자기 자신이 누구인지조차 알지 못해요. 모든 것을 타인의 시선에 의존하기 때문에 자기 존재에 대한 감각이 없습니다. 연예인들은 자신의 자질이나 노력보다 대중에게 얼마나 인기를 끌 수 있느냐에 따라, 그리고 정치가는 자신의 식견이나 헌신보다 여론에 얼마나 영합할 수 있느냐에 따라 성공 여부가 결정되기 때문입니다.

빛과 사랑은 동의어 모든 사회적인 성공은 타인에 의존하고 많은 부수적인 조건들에 달려 있습니다. 내가 아무리 열심히 노력한다고 해도 다른 사람들이 더 영악하고 교활하고 부도덕하게 살면 나는 경쟁에서 뒤질 수밖에 없어요. 그러나 행복은 오직 자신에게만 달려 있습니다.

가슴으로 사는 사람은 성공하든 그렇지 않든 항상 행복합니다. 가슴으로 살지 않는 사람은 성공하든 그렇지 않든 항상 불행합니다. 그래서 성공한 사람 가운데서 자살하는 일이 생기는 것이지요. 진실한 삶의 세계에서는 성공은 기준이 될 수 없고 행복이 기준이 되는 것입니다.

진리를 깨닫는 것이라든가 욕망을 극복하는 것이라든가 명상이 일어나고 어질게 되는 것 등 모든 정신적으로 가치 있는 일은 타인의 시선이나 그 어떤 타인과의 관계에서도 결코 이루어질 수 없으며, 이는 오직 자신의 가슴을 따라 살 때 자연히 일어나는 현상입니다.

깨달은 사람, 현명하고 어진 사람에게서 발견할 수 있는 가장 중요한 자질 가운데 하나는 사랑입니다. 내면의 세계에서 빛과 사랑은 동의어입니다. 이 사랑은 다른 사람과는 상관없는 것이지요. 그것은 바로 그 자신의 존재의 상태입니다. 이런 사랑은 어떤 관계가 아닙니다. 어떤 관계가 가능할 수는 있지만 그것에 한정되지 않습니다. 이런 사랑은 아무 조건도 없고 어떠한 경계도 만들지 않습니다.

특정한 대상에게만 향하는 사랑은 진정한 사랑이 아니지요. 진정한 사랑은 누구를 사랑할 것인가, 무엇을 사랑할 것인가 하는 것은 문제가 되지 않으며, 어떻게 사랑의 상태에 있는가 하는 것이 유일한 문제가 됩니다. 그 자신은 사랑이 되고 다른 모든 존재는 그의 연인이 될 수 있는 것입니다.

인간은 그가 어떤 필요에서보다도 사랑을 위해서 그가 행위를 취하기 시작할 때, 그 스스로 성숙하게 되고 어진 사람으로 성장하게 됩니다. 그때 그는 넘쳐흐르기 시작하며 그것을 남과 공유하기 시작하며, 결국 그는 그것을 남에게 베풀게 됩니다. 거기에는 자비와 축복이 어우러진 하나의 관계가 존재하게 되며, 그래서 어진 사람이 사랑하게 될 때, 인생의 가장 아름다운 현상이 나타나게 되는 것입니다.

사랑은 존재 사이의 다리 타인에 의하지 않고 자기 자신에 의해 이루어지는 것은 다른 높은 정신적인 현상들에도 해당됩니다. 가령 신의 존재 여부의 문제도 유신론자와 무신론자의 토론과는 아무 상관도 없습니다. 우리의 가슴이 사랑으로 가득 차 있지 않으면 신은 존재하지 않습니다. 사랑이 없으면 신과 우리 사이에 다리가 없습니다.

따라서 신이 존재하느냐 존재하지 않느냐는 별로 문제가 되지 않지요. 진정한 문제는 신의 존재 여부가 아니라 다리가 있느냐 없느냐 하는 것입니다. 사람들은 신에 관해 계속해서 이야기하고 있지만, 사실 이 모든 논쟁은 공허하고 쓸모없습니다.

진실한 구도자는 다리를 창조할 것입니다. 사랑은 우리와 존재하는 것 사이의 다리입니다. 신, 자연, 도, 로고스, 존재, 이들은 명칭은 다르지만 그 실재성은 동일합니다. 한 가지 확실한 것은 우리를 둘러싼 무언가가 존재한다는 것입니다. 단지 그것을 인식하지 못할 뿐이지요. 물고기들이 바다 안에 살고 있으면서 바다를 인식하지 못하듯이.

너무도 가깝고 너무도 친근한 것은 인식되지 않습니다. 우리가 무엇을 보고 인식하기 위해서는 일정한 거리가 필요합니다. 그러나 신성과 우리 사이에는 한 치의 틈도 없습니다. 물고기와 바다 사이에 어떤 간격도 없는 것과 같습니다. 신은 우리를 둘러싸고 있는 바다입니다. 신은 삶의 바다입니다.

그것은 우리가 태어나기 전에도 존재했고, 우리가 떠난 이후에도 존재할 것입니다. 그것이 무엇인지는 사랑이 우리와 실재 사이에 다리를 놓지 않는다면 알 방도가 없습니다. 사랑으로 가득 찬 가슴만이 알게 됩니다.

앎은 머리를 통해 일어나는 것이 아니라 가슴을 통해 일어납니다. 논리를 통해서가 아니라 사랑을 통해서 일어납니다. 다리는 늘 우리 내부에 있습니다. 우리는 다리며, 따라서 어떤 것과도 다리를 놓을 수 있습니다. 이것이 내면적인 삶에서의 진리입니다.

인仁은 매우 중요한 개념이면서 극히 추상적이기도 합니다. 좀 더 쉽게 말씀해주시면 좋겠습니다.

인仁은 자신을 아는 데서 나오는, 자신으로 존재하는 데서 나오는 빛이자 향기입니다. 인은 깊은 내면에서 기쁨이 넘쳐흐르는 것입니다. 그때 우리의 존재를 타인과 나누는 것 외에는 아무것도 남지 않습니다.

인은 우리가 존재하는 모든 것들과 유기적인 합일을 느꼈을 때, 내면에서 사랑 같은 것이 샘솟는 것입니다. 이 사랑은 관계가 아닙니다. 이것은 존재의 차원입니다. 우리의 마음을 초월한 우리 의식 안에 본래 갖추어져 있는 것입니다.

존재의 차원에서는 우리가 누구를 사랑할 것인가는 중요하지 않습니다. 중요한 것은 마치 우리가 숨을 쉬듯이, 하루 24시간 내내 사랑할 수 있다는 것입니다. 숨을 쉬는 데는 대상이 필요치 않지요. 마찬가지로 사랑도 대상이 필요 없습니다.

때때로 우리는 친구와 함께 숨을 쉬고, 때로는 나무 옆에서 숨을 쉬고, 또 때로는 수영장에서 수영을 하면서 숨을 쉽니다. 사랑도 마찬가지입니다. 사랑은 숨 쉬는 것만큼이나 자연스러운 내면의 현상으로, 이것이 흘러나오는 데는 어떠한 동기도 필요 없습니다. 사실 육체와 호흡의 관계처럼 영혼과 사랑도 똑같은 관계를 가지고 있습니다.

어질지 못한 사람은 어떤 동기 없이 행동할 수 없습니다. 그리고 어떤 동기를 전제로 한 행위는 무엇이든지 이기적인 행위입니다. 우리의 자아를 녹여 우리를 전체와 하나가 되도록 해줄 수 있는 것은 오직 인仁밖에 없습니다. 그리고 일단 우리 자신이 사라지면 우리는 동기 없이 무슨 일이든지 행할 수 있게 됩니다.

인이 바로 그 문이지요. 진실로 어진 상태에 있는 사람들은 자아가 사라진 자리, 모든 이기심이 사라지는 자리를 발견한 유일한 사람들입니다. 그들의 삶 전체는, 모든 사랑과 자비는 동기 없이 이루어집니다.

어진 사람의 사랑은 인간에게뿐만 아니라 모든 방향으로 흘러넘칩니다. 그는 끊임없이 솟아오르는 샘물처럼 참으로 많은 것을 갖고 있지요. 그의 샘물은 그의 존재에 더욱더 많은 사랑을 가져다주어서 그 사랑을 뿌려 주는 것 이외에는 다른 방법이 없습니다.

그는 그 사랑이 받을 만한 가치가 있는 사람에게 가든지, 아니면 가치 없는 사람에게 가든지 상관하지 않습니다. 이제 자신이 전체의 일부라는 것을 알았으므로 그의 가슴에는 연민이 일어납니다. 그는 무엇인가를 파괴하는 것은 자기 자신 안의 어떤 것을 파괴하는 것이며, 누군가를 죽이는 것은 자신의 일부분을 죽이는 것임을 압니다.

사랑은 언제나 신성하다. 우리는 흔히 신성한 사랑으로서의 인이 무엇인지 모를 뿐이라고 말합니다. 그러나 우리는 사랑조차도 모릅니다. 그것은 가장 미지의 것들 중의 하나이지요. 그것에 대한 말은 너무 많지만, 결코 그렇게 산 적은 없습니다. 우리는 우리가 그렇게 살 수 없는 것에 대해 이야기합니다.

문학, 음악, 시, 춤, 모든 것이 사랑을 축으로 해서 돌아갑니다. 만약 사랑이 실제로 존재했다면, 우리는 그것에 대해 그렇게 많은 말을 하지 않았을 것입니다. 사랑에 대해 우리가 지나치게 많은 말을 한다는 것은 사랑이 존재하지 않는다는 것을 보여줍니다. 이것은 하나의 역설입니다.

존재하지 않은 것들에 대해 말하는 것은 하나의 대용품입니다. 이야기함으로써, 언어로, 상징들로, 예술로 우리는 그것이 존재한다는 하나의 환영을 만들어냅니다. 사랑을 안 적이 없는 사람이 사랑을 알고 있는 사람보다 더 좋은 사랑의 시를 쓸지도 모릅니다. 공허가 훨씬 더 깊기 때문입니다.

그것이 채워져야만 합니다. 사랑의 자리에 무엇인가가 대신 놓여져야만 합니다. 그러나 이는 진정한 사랑이 아닙니다. 진정한 사랑

이 존재할 때는 언제든지 그것은 신성합니다. 따라서 '신성한 사랑'
이라고 말하는 것은 무의미합니다. 사랑은 언제나 신성합니다. 진정
한 사랑은 언제나 인仁과 무관하지 않습니다. 인은 시대를 초월하여
진정한 사랑의 핵심을 의미합니다.

3

정치의 이상은 무엇이며 현실은 어떠한가

季康子問政於孔子 孔子對曰 政者正也 子帥以正
계 강 자 문 정 어 공 자　공 자 대 왈　정 자 정 야　자 솔 이 정

孰敢不正
숙 감 부 정

계강자가 공자에게 정치에 대하여 물으니, 공자가 대답하였다.
"정치란 정의를 구현하는 것입니다. 당신이 정도로 다스린다면
누가 감히 정도를 걷지 않겠습니까?"

주해 ─────────────────

季康子 노나라의 수상 | **問** 묻다 | **政** 정치 | **於** 에게 | **對** 대답하다 | **者** ~라는 것 | **正** 바르다, 정의 | **子** 그대, 당신, 제2인칭대명사 | **帥** 다스리다, 이때 독음은 [솔]이다 | **以** ~으로써 | **孰** 누구 | **敢** 감히 | **不正** 바르지 않다

'정政은 정正이라'는 식으로 같은 음을 가진 한자로 정의하는 것을 성훈聲訓이라고 합니다. 정치는 정의正義를 실현하는 것이라는 의미의 이 성훈은 정치의 현실과 부합하지 않을 뿐 아니라 오히려 상반되기까지 한, 한낱 정치의 이상이거나 우리의 희망 사항일 뿐입니다.

어쩌면 '정政은 정征이라'는 반대 극의 성훈이 성립할 듯도 합니다. 현실적으로 정치는 타인을 정복하고 지배하고자 하는 욕망의 덩어리이기 때문입니다. 세상의 정치가 정도의 차이는 있으나, '정政은 정征'이 안타깝게도 진실인 것 같습니다.

정치는 언제나 존재해 왔고, 정치가도 언제나 존재해 왔습니다. 그러나 무슨 일이 일어났습니까? 언제나 이 세상은 혼란으로 가득 차 있고, 불행은 나날이 더 커져만 갑니다. 정치가들은 기껏해야 해악만을 끼치는 것으로 밝혀졌습니다. 물론 그들이 좋은 의도를 가지고 있다고 하더라도 말입니다. 그러나 의도는 전혀 중요한 것이 아닙니다. 중요한 것은 의식입니다.

정치가들은 결코 높은 의식을 가지고 있지 않습니다. 그들은 자신의 본연의 문제들에서 도망치려 하고 있지요. 자기 자신으로부터 도망칠 수 있는 가장 쉬운 방법은 세계의 문제들, 경제, 정치, 가난한 사람들에 대한 봉사, 사회 변혁과 같은 거창한 문제들에 관심을 쏟는 것입니다.

이 모든 것들은 자기 자신의 문제들에서 도망치기 위한 미묘한 전략들입니다. 그것은 위험합니다. 이들은 사실은 겁쟁이에 불과하면서도, 자신들이 뭔가 대단한 일을 하고 있는 것처럼 느끼기 때문입니다.

먼저 그 자신의 문제들을 바라보아야 합니다. 먼저 자기 존재를 변형시켜야 합니다. 오직 스스로 변화된 사람만이 다른 사람들의 변화를 이끌어낼 수 있지요. 그와 접촉하는 사람은 누구든지 그것에 영향을 받을 것입니다. 그것은 전염성이 있습니다. 그것은 불처럼, 들불처럼 번집니다. 계속 퍼져나갑니다.

그러나 스스로 깨어나지 못한 채 잠자고 있는 대중들에게 세상이 자멸로 치닫고 있다는 것을 확신시키기란 매우 어렵습니다. 그 자신을 바로 잡을 때만이 세상을 바로잡을 수 있게 됩니다.

이것이 정치에 대한 동양의 전통적인 생각입니다. 즉 지도자 자신이 바르면, 백성들의 기풍은 자연히 바르게 된다는 것입니다. 그러나 정의로운 세상은 아직 존재한 적이 없고, 어떤 국가도 정의로운 국가였던 적이 없습니다. 오직 소수의 정의로운 개인들이 드문드문 멀리 떨어진 채 있었습니다. 지구의 어딘가에 부처가, 예수가, 노자가 있었을 뿐입니다. 외로운 섬처럼.

그 외엔 일반적으로 인간성의 주류는 타인을 정복하고 지배하고자 하는 열망으로 들끓고 있습니다. 이는 어느 시대 어느 곳에나 진정 정의로운 정치 지도자는 존재하지 않았음을 의미합니다.

반대로 세상의 그 많은 소위 정치 지도자들은 그 자신 야망의 화신들입니다. 그래서 정치는 기본적으로 잘못될 수밖에 없었습니다. 야망은 잘못된 것이기 때문입니다. 이들은 탐욕 속에서 더 많은 돈, 더 큰 권세를 갖기 위해 그리고 더 많은 땅을 차지하기 위해, 비신사적인 술수를 부리고 부정직한 일을 자행합니다. 닉슨만이 그런 것이 아닙니다. 불쌍한 닉슨은 현장이 들통났을 뿐이지요.

다른 정치가들은 대단히 영리하고 교활하기 때문에 잡히지 않지요. 그들은 수백 개의 거짓 얼굴로 살면서, 다른 이에게나 그 자신에게 진실한 적은 한 순간도 없습니다. 끊임없이 거짓말을 해야 하고 사기를 쳐야 하고, 겉 다르고 속 다르게 처신해야 합니다. 그래야만 세상에서 성공할 수 있습니다. 진실은 성공에 전혀 도움이 되지 않습니다. 정직도 성실함도 아무 도움이 안 됩니다.

세상을 바로잡는 일은 분명히 사람에 달려있지, 신이나 어떤 제도나 법에 달려있는 것이 아닙니다. 그러나 사이비 정치꾼들이 창궐하는 세상에서 이는 하나의 공염불에 지나지 않습니다. 이들은 의식의 암적인 존재지요. 언제나 의식이 깨인 진정한 정치가가 출현해서 '정치는 정의를 실현하는 것'이란 명제를 입증할까요?

정의 실현과 관련하여 현자들의 관점에서 이 세상을 진단해 본다면, 현대사회의 근본적인 문제는 무엇이라 할 수 있습니까?

조금이라도 의식이 깨어서 지성적으로 본다면 우리가 직면한 오늘의 상황은 비난받을 수밖에 없습니다. 추하기 짝이 없습니다. 모든 인간적인 가치들을 거스르고 있기 때문이지요. 이를 이해하기 위해서 먼저 비유로 얘기 하나를 하는 것이 좋을 듯합니다.

늦은 밤이었습니다. 자동차를 운전하고 가던 남자가 여러 갈래 길에서 길을 잃고 말았습니다. 그가 어느 농가 앞에 차를 세우고 물었습니다. "제 차가 부산 쪽으로 가는 게 맞습니까?"

농가의 여주인이 말했습니다. "어느 쪽으로 가신다고요?" 방향을 확신하지 못한 그 남자가 다시 물었습니다. "제 차의 불빛이 부산 가는 길을 비추고 있는 것이 맞습니까?" 여자가 말했습니다. "예, 후미등은 그 쪽을 비추고 있군요."

이것이 우리가 처한 상황입니다. 빨리 달릴수록 우리는 더 혼란스러워집니다. 속도를 높일수록 혼란이 가중됩니다. 우리는 방향 감각을 잃은 채 그저 여기저기로 질주할 뿐입니다. 속도 자체가 목적이 됩니다. 빨리 달리면 마치 어딘가에 도달할 것 같은 느낌을 받습니다. 그래서 속도에 매력을 느낍니다. 이것은 일종의 노이로제 증상이지요.

과학은 모든 것을 빠르게 해치우는 데 매달리고 있습니다. 우리가 어느 쪽을 향해 가고 있는지 묻는 사람은 아무도 없습니다. 우리의 후미등이 올바른 방향을 비추고 있습니다. 우리의 삶을 들여다보십시오. 모든 것이 뒤집혀 있음을 알 수 있습니다.

가치 있는 것은 가치 없게 되었고, 가치 없는 것은 가치 있게 되었습니다. 우리는 비본질적으로 살고 있고 본질적인 것을 잊어버렸습니다. 우리는 너무 많은 지식을 가지고 있는 반면에 지성은 훼손되어 불구자가 되었습니다. 지식은 비본질적이고 지성은 본질적입니다.

지성은 삶 속에 본래 갖추어져 있습니다. 우리는 태어나면서부터 지성적입니다. 나무도 나무 나름대로 지성적입니다. 나무는 나무의 삶을 위한 지성을 충분히 가지고 있습니다. 종교에서 말하는 신의 의미도 바로 우주만상은 지성적이라는 것입니다.

모든 곳에 지성이 스며있어서 우리에게 볼 수 있는 눈이 있다면 모든 곳에서 지성을 발견할 것입니다. 우리는 새가 어리석다는 말을 들어보지 못했습니다. 바보스럽다는 동물을 본 적이 있습니까? 그런 것은 오직 인간에게나 있습니다. 인간만이 비지성적으로 되었습니다. 이것이 우리가 처한 상황입니다.

지성은 욕심이 아니지요. 지성적인 사람은 절대로 욕심이 없습니다. 욕심은 무지에서 나옵니다. 우리는 내일의 삶을 확신할 수 없기에 내일을 위해 축적합니다. 우리는 우리의 지성에 대한 확신이 없습니다. 그래서 비축하고 욕심스럽게 됩니다.

지성적인 사람은 두려움이 없고 욕심이 없습니다. 욕심과 두려움은 함께 있습니다. 지성적인 사람은 실현 가능한 것에 만족합니다. 지성적인 사람은 인생과 인생의 한계를 봅니다. 지성적인 사람은 완벽주의자가 아닙니다.

완벽주의자는 노이로제 상태에 있습니다. 현대인은 할 수 없는 것을 요구합니다. 초등학교나 대학이나 모두 인간을 점점 더 비지성적으로 만듭니다. 원시부족들이나 시골사람들에게서 묘한 지성을 발견할 것입니다. 그들은 정보는 별로 안 갖고 있지만 자못 지성적입니다.

참 교육은 사람들이 지성을 회복하여 자신의 삶을 찾도록 도와줄 것입니다. 사람들이 자기 자신일 수 있도록 도와준다면, 이 세상은 참으로 평화롭고 지성적인 세계가 될 것입니다. 지금의 세상은 모든 것이 뒤죽박죽이지요. 목수가 되고 싶었던 사람이 의사가 되고, 의사가 되고 싶었던 사람이 목수가 되었습니다.

모두가 다른 사람의 자리에서 다른 사람의 일을 하고 있지요. 그것을 보면 왜 사람들의 행동이 비지성적인지 이해될 것입니다. 우리는 모두 자기 자신의 본질에 대한 비전을 잃어버렸습니다. 그리고 우연히 존재할 뿐입니다. 그래서 무슨 일이 일어나건 결코 만족하지 못합니다.

침묵을 가까이　지성이 사라질수록 그 대용품으로 지식에 매달리게 됩니다. 오늘날 우리는 지식이 고도로 발달한 사회, 정보로 넘치는 세상에서 살고 있습니다. 이런 무절제한 지식과 정보가 막강한 힘으로 변하여 우리 주변에서 난무하고 있습니다.

지식과 정보 자체를 나무랄 수는 없지요. 그러면 무엇이 문제입니까? 예수는 말합니다. '만일 그대가 천국 말씀을 듣고 그 말을 이해하

지 못한다면, 그 즉시 악마가 마음속으로 들어와 그것을 빼앗아갈 것이다.'

오늘날의 과학은 제대로 이해함이 없이 삶에 대한 많은 신비를 알게 되었습니다. 사람들은 알게는 되었지만 이해하지는 못합니다. 원자 에너지의 비밀이 알려졌습니다. 그 즉시 악마가 들어왔습니다.

비록 그 지식은 대단히 놀랍고 신비로운 것이긴 하지만, 결국 인간세계를 엄청나게 파괴했습니다. 히로시마나 나가사키 그리고 이제는 어느 순간에 인류를 몽땅 파괴할지도 모르는 종잡을 수 없는 판국이 되어 버렸습니다.

뭔가를 얻으면 거기에 따른 힘이 생깁니다. 아는 것이 곧 힘이기 때문이지요. 지식은 힘입니다. 그런데 진정으로 이해함이 없이 그 힘을 가지고 무엇을 하겠습니까? 이해한다면 그 힘은 우리 안으로 흡수될 것입니다. 힘이 우리에게 빛을 줄 것입니다.

그 힘은 우리에게로 들어와 매우 깊은 침묵, 깊은 고요가 될 것입니다. 그 힘은 우리를 매우 겸손하고 겸허하게 변화시킬 것입니다. 그 힘이 우리의 에고를 죽여 없애기 때문이지요.

그러나 그 힘을 제대로 이해하지 못하면 그 힘은 곧바로 우리의 에고가 됩니다. 그때는 그 힘이 남을 해치려듭니다. 그때 우리는 그 힘을 가지고 남을 지배하려 들 것입니다. 그때 그 힘은 정치적인 것이 되어버립니다. 그것이 바로 악마입니다. 새로운 비밀을 진실로 이해하지 못하면 그것은 정치적인 도구가 되어버립니다. 그때 악마가 들어오지요.

이해함이 없이 알게 된 모든 것은 늘 정치인의 힘이 됩니다. 정치인들은 언제나 더 많은 힘을 찾고 있습니다. 과학자들은 자신들이 무슨 일을 하고 있는지도 모르면서 정치인들을 도와주고 있습니다. 이 세상은 힘에 근거한 세상입니다. 이는 여전히 원시적이고 야만적임을 면치 못하고 있음을 의미하지요.

깊은 기도와 명상 속에 있지 않고서는 우리가 어떤 힘을 갖든지 나쁜 목적에 보탬을 주는 꼴이 되고 맙니다. 그것이 바로 예수가 말한 뜻입니다. 그때 우리는 전보다 더 형편없는 존재가 될 것입니다. 적어도 그전에는 악마가 우리 안에 들어오지는 않았었지요.

사람들은 이런저런 잘못된 이유들을 갖고 더 많은 힘을 얻기 위해 동분서주합니다. 사실 힘이란 그다지 좋은 게 아닙니다. 지성인들은 힘을 얻으려 하기보다는 침묵을 가까이 하기 위해 노력합니다.

침묵은 힘보다는 그다지 매력적인 것이 못 됩니다. 힘 자체는 무지하지만 에고한테는 아주 매력적인 것으로 보입니다. 의식적으로 깊이 깨달은 사람들은 경고합니다. '언제든 우리에게 능력이 생길 때 그것을 경계하라. 그 능력을 함부로 사용하지 말라. 왜냐하면 그 능력을 사용하는 순간 거기에 스스로 걸려들기 때문이다.' 그렇게 되면 우리는 바른 길에서 벗어나 영영 길을 잃고 맙니다.

정치가들이 올바르게 다스린다는 것은 구체적으로 어떻게 하는 것입니까?

이는 지극히 당연한 사실에 대한 쓸데없는 질문으로, 그대의 지적 호기심이나 무지를 드러낼 뿐입니다. 먼저 당연한 사실에 대해 의견을 나누는 두 사람의 얘기를 살펴봅시다.

백만장자인 모건은 사업상의 라이벌이었던 다른 백만장자와 토론을 하고 있었습니다. 모건이 말했지요. "돈을 버는 데는 천 가지 정도의 방법이 있지만, 정직하게 돈을 버는 데는 한 가지 방법밖에 없소이다."

그의 라이벌이 놀라 질문했습니다. "그 한 가지 방법이란 무엇이오?" 모건이 말했습니다. "당신이 그런 방법으로 돈을 벌지 않았기 때문에, 나는 당신이 이 질문을 할 줄 알았소. 당신이 정직하게 돈을 버는 방법을 모르기에 당신이 이런 의문이 생긴 것이라고 나는 확신하오."

정치에 대해서도 이와 같이 말할 수 있습니다. 우리는 정치와 관련하여 올바른 질문을 할 수 없습니다. 우리가 일으키는 모든 질문들은 부적절하며, 요점을 벗어나 있습니다. 우리가 정치에 대하여 하나도 모르기 때문이지요. 우리는 정치에 대하여 틀린 질문만을 할 수 있습니다.

그리고 아이러니컬하게도 정치를 아는 사람은 설령 그것이 정치에 대한 올바른 질문일지라도 질문하지 않을 것입니다. 그는 정치를 알기에 정치에 대한 질문이 일어나지 않는 것이지요.

병은 수천 가지이나 건강은 하나이며, 더러운 것은 여러 가지 종류가 있으나 깨끗한 것은 하나입니다. 정상적인 것은 하나고 비정상적인 것은 부지기수지요. 병이나 더러운 것 등 비정상적인 것은 설명이 가능하나, 건강이나 깨끗한 것 등 정상적인 것을 정의하기는 곤란합니다.

건강이란 무엇입니까? 보통 의사에게 건강의 정의를 물어보면 건강이란 단지 질병이 없는 상태라고 말할 것입니다. 그러나 이 정의는 부정적인 관점입니다. 건강을 질병과 관련지어 정의해야 한다는 것은 불행한 일입니다.

건강은 긍정적인 것이며 긍정적인 상태입니다. 그러나 질병은 부정적인 것입니다. 건강이 우리의 본성이며, 질병은 본성에 침범한 어떤 것이지요. 그러므로 건강을 질병과 관련지어 정의하는 것은 매우 이상한 일입니다.

주인을 손님과 관련지어 정의해야 하는 것은 매우 이상한 일입니다. 건강은 우리와 공존하고 있지만 질병은 가끔 찾아오는 것입니다. 건강은 태어날 때부터 우리와 함께 있어왔지만, 질병은 이따금 찾아오는 피상적인 현상에 불과한 것입니다. 그래서 건강의 개념은 긍정적으로 정의될 필요가 있습니다. 그렇지만 우리는 어떻게 긍정적인 정의에, 본래의 건강이란 개념의 해석에 도달할 수 있을까요?

건강은 오직 한 종류만 있을 뿐입니다. 건강에는 어떤 형용사를 붙일 필요가 없지요. 누군가가 "건강이 어떠십니까?"하고 묻는다면 우리는 "아주 건강합니다."하고 말할 것입니다. 그는 '어떤 종류의 건강입니까?'하고 묻지 않습니다. 만일 그가 '어떤 종류의 건강입니까?'하고 묻는다면 우리는 당황할 것입니다. 우리는 단순히 '건강입니다. 건강은 건강일 뿐입니다.'하고 말할 것입니다.

건강에 여러 종류가 있습니까? 아닙니다. 오직 건강함이라는 한 종류만이 있습니다. 그러나 질병의 종류는 수천수만 가지나 됩니다. 진리에 대해서도 마찬가지입니다. 진리는 하나일 뿐입니다. 그러나 거짓은 무수히 많습니다. 거짓은 사람들에게 달려 있기 때문이지요.

우리는 원하는 만큼의 거짓을 만들어 낼 수 있습니다. 질병도 우리에게 달려 있습니다. 우리는 잘못된 방식으로 살아갈 수 있으며, 잘못된 음식을 먹을 수 있고, 잘못된 일을 할 수 있습니다. 그리고 우리는 새로운 질병을 만들어 낼 수도 있습니다. 그래서 계속 새로운 질병이 생깁니다. 이미 수많은 종류의 질병이 존재하지만 인간은 앞으로도 더 많은 질병을 만들어 낼 것입니다.

건강하다고 느낄 때 우리는 결코 의사를 찾아가지 않습니다. 우리는 '보름 동안 나는 건강하다고 느끼고 있다. 뭔가 잘못된 것이 틀림없다.'고 말하면서 의사를 찾아가겠습니까? 건강은 자연적인 것입니다. 심지어 건강에 대해 의식하지도 않는 것, 우리가 자신의 몸에 대해 전혀 의식하지 않는 것이 건강입니다.

아침에 셋 저녁에 넷 정치에서도 올바르지 않게 다스리는 것은 여러 종류가 있고, 그들은 설명하기 어렵지 않습니다. 그러나 올바르게 다스리는 것은 예나 이제나 한 가지이며 이는 본질적이고 자연스러운 것이어서 그 특징은 잘 간파되지 않습니다.

가령 링컨의 게티즈버그 연설의 마지막 문구인 '국민의, 국민에 의한, 국민을 위한'of the people, by the people, for the people 같은 것이 지금도 자주 인용되는 것은 이것이 모처럼 정치의 올바른 요령을 간결하고 적절하게 잘 나타내었다고 생각되기 때문입니다.

그러나 이는 민주주의라고 하는 특정한 정치 형태의 일부 특성일 뿐이며, 결코 절대적인 정의 정치의 필요충분조건을 망라한 것도 아니며, 그 자체로 반드시 명시적으로 진리를 나타낸 것이라고 할 수도 없습니다.

가령 '국민을 위한'것이 구체적으로 무엇인지는 당리당략적으로 논란의 여지가 있으며, '국민에 의한'것이 반드시 옳은 것이냐는 더욱 의문의 여지가 있을 수 있습니다. 이는 단지 민주주의의 형식적인 방식일 뿐이며, 이로 인해 민주주의는 많은 혼란을 겪지 않을 수 없기도 합니다.

이에 관해서는 조삼모사朝三暮四란 고사성어를 참고해볼 법합니다.

원숭이를 돌보는 조련사가 먹이를 아침에 세 개 저녁에 네 개 주겠다고 원숭이들에게 말했지요. 그러나 원숭이들은 아침에 넷, 저녁에 셋 줄 것을 고집하여 수적 우세로 그 뜻을 관철했습니다.

원숭이들은 저녁에 우울해질 것입니다. 저녁은 행복의 절정이어야 하며 불행이어서는 안 됩니다. 원숭이들은 현명한 배열을 선택하지 못했습니다. 현자는 결코 선택하지 않습니다. 그는 선택 없이 삽니다. 왜냐하면 그는 무엇이 일어나든지 그 전체는 똑같은 것이 되리라는 사실을 알기 때문입니다.

그러나 만일 그가 부득이 선택을 해야만 한다면 그는 아침에 세 개, 저녁에 네 개의 방식을 선택할 것입니다. 그러나 원숭이는 말합니다. '아니다. 우리는 아침에 네 개 저녁에 세 개인 경우를 선택할 것이다.' 조련사는 다수결의 원칙에 따라 동의했습니다. 그는 그것으로 아무것도 잃을 것이 없으니까요. 그러나 원숭이들은 무엇인가를 잃었습니다.

우리는 현자가 가까이 있을 때 그에게 선택하도록 해야 합니다. 우리 자신을 고집해서는 안 되지요. 우리의 마음은 원숭이의 마음처럼 단지 즉각적이고 순간적인 행복만을 찾습니다. 원숭이는 나중에 무엇이 일어날까에 대해서는 걱정하지 않습니다.

동양에서는 현자가 결정했고, 서양에서는 민주주의의 다수결 원칙이 있습니다. 이는 원숭이들이 표를 던지고 선택하는 것과 크게 다르지 않습니다. 철인정치哲人政治는 현자가 그 배열을 선택하고, 원숭이들은 양보하며 따르는 것을 의미합니다.

만일 철인정치가 적절하게 운영된다면 어떤 것도 그것을 따를 수가 없습니다. 민주주의는 반드시 혼란스럽게 되고 맙니다. 원숭이들은 자신들이 배열을 선택하기 때문에 행복합니다. 그러나 현자의 선택이 행해졌을 때가 세계는 더 행복했습니다.

옛날 동양에서 훌륭한 왕들은 언제나 중대사에 대한 마지막 결정을 내리기 위해 현자에게 자문을 구하러 가곤 했습니다. 현자들은 왕이 아니었습니다. 그들은 그것으로 해서 번민할 수 없기 때문입니다. 그들은 숲 속의 초목 사이에서 사는 거지들이었습니다.

문제가 있을 때 왕은 백성들에게 묻기 위해 선거구로 달려가지 않고, 세상의 모든 것을 포기한 사람들에게 묻기 위해 숲으로 달려간 것입니다. 그들은 전체에 대한 전망을 갖고 있으며, 그들 자신의 선택에 대해서 아무런 집착도, 강박관념도 갖고 있지 않았기 때문입니다. 그들은 특정한 것을 선택하고 싶어하는 마음이 없으며 전체를 보고 결정합니다.

높은 차원에서는 바름이 힘이다. 공자가 정치는 바름이라고 한 것은 힘으로 다스려지는 현실 정치에 반대해서 한 말로 이해됩니다. 정치의 세계에서는 본능의 차원 즉 힘이 정의입니다. 약육강식의 법칙이 지배하는 세계지요.

히틀러, 나폴레옹, 알렉산더, 이들은 인간이라기보다는 늑대였습니다. 우리가 진정으로 인간이길 원한다면 이들의 이름을 인류 역사에서 완전히 지워야 합니다. 그들의 존재는 인류에게 악몽이었습니다. 그러나 기이하게도 인류 역사를 보면 이런 사람들뿐입니다. 인류 역사는 신문 기사처럼 센세이셔널한 기록일 따름이지요.

역사는 지성의 꽃들을 언급조차 하지 않습니다. 역사책에서 지성의 꽃을 발견하기란 그야말로 하늘의 별따기지요. 이들이야말로 인류를 위해 초석을 다진 사람들입니다. 그러나 우리는 힘의 논리가 주도하는 세상만을 압니다.

이보다 높은 차원에서는 바름이 힘입니다. 인간의 지혜는 이 바름을 찾아갑니다. 창과 칼을 들고 서로를 죽일 필요가 없습니다. 힘은 바름을 밝힐 수 없지요. 무하마드 알리가 붓다와 복싱을 한다면 당연히 1라운드에서 알리가 이길 것입니다. 알리의 한 방이면 붓다는 쓰러질 테니까요.

레프리가 카운트를 하기 전에 붓다가 누워서 카운트 하고 '자, 당신이 이겼소'라고 판정할 것입니다. 그렇다고 힘이 바름을 입증하지는 못합니다. 본능의 세계나 동물의 세계에서는 힘의 논리가 좌우합니다. 그러나 지성은 이 모든 논리를 뒤집습니다. 바름이 힘입니다. 이제 지성과 논리, 이성, 토론 등으로 바름을 결정해야 합니다.

소크라테스가 법정에서 한 일이 바로 이것입니다. 그는 재판관의 질문에 얼마든지 대답할 준비를 하고 있었지요. 소크라테스는 이렇게 물었습니다. "제가 지은 죄는 무엇입니까? 조목조목 말씀해 주십시오. 그러면 제가 성실히 답해 드리겠습니다." 재판관이 말했습니다. "당신이 저지른 가장 심각한 죄목은 우리 젊은이들의 정신을 타락시킨다는 것입니다."

이에 소크라테스가 대답했습니다. "맞는 말입니다. 하지만 이것은 죄가 아닙니다. 방금 타락이라고 말씀하셨는데, 나는 이것을 창조라고 고쳐 부르고 싶습니다. 사람들의 정신을 타락시킨 것은 제가 아니라 바로 여러분입니다. 나는 그렇게 타락한 젊은이들의 정신을 바로 잡으려고 했을 뿐입니다. 만약 여러분이 옳다면 제가 했던 것처럼 학교나 아카데미를 열어 가르치십시오. 그러면 당장 누가 옳은지 알 것입니다."

지혜는 바름을 찾아간다. 당시 아테네에서 소크라테스가 학교를 열어 학생들을 가르치자, 다른 학교들은 문을 닫아야 했지요. 감히 누가 소크라테스와 경쟁 상대가 될 수 있겠습니까? 당시 학교를 운영하던 사람들이 모두 소크라테스의 제자가 되었습니다. 그는 참 스승이었습니다.

소크라테스가 물었습니다. "저로 인해 정신이 타락한 젊은이를 제 앞으로 데리고 오십시오. 여러분이 말하는 타락은 무엇을 말합니까?" 그들이 말했습니다. "당신은 신이 존재하지 않는다고 가르쳤죠?"

소크라테스가 대답했습니다. "그렇습니다. 신이 존재하지 않기 때문에 신이 존재하지 않는다고 가르쳤습니다. 내가 신의 존재에 대해 할 수 있는 일이란 아무것도 없습니다. 그러나 여러분은 신에 대한 어떤 진실도 알지 못하면서 아는 척 떠들어대고 있습니다. 젊은이들의 정신을 타락시키는 사람은 저입니까? 아니면 여러분입니까?"

마침내 재판관이 말했습니다. "어떻게 한 사람이 여러분 모두의 입을 다물게 할 수 있단 말입니까? 이제 더 이상 논할 필요는 없겠소. 투표합시다." 소크라테스가 의표를 찔렀습니다. "투표로는 누가 옳고 그른지 판단할 수 없습니다. 오히려 대중의 지성은 뛰어나지 못하기 때문에 그른 쪽에 투표할 가능성이 더 많습니다."

현실 정치는 세상을 바르게 발전시키지 못할 뿐 아니라 정치인 자신의 불미스런 행태 때문에 도리어 사회에 해악을 끼치고 있습니다. 정치인들은 어떤 사람들입니까?

이 사람들은 자기들이 보다 높은 자라고 외치고 있습니다. 그러나 그들은 보통사람들보다도 못합니다. 확실히 그들에겐 권력이 있습니다. 그러나 그들에게는 다른 사람들보다 더 고귀하다고 할 만한 것이 아무것도 없습니다. 오히려 더 비천한 속성만이 있을 뿐입니다.

히틀러가 수많은 사람들의 목숨을 앗아 갔을 때, 그는 확신을 가졌을 것입니다. '나는 대단한 사람이다. 나는 전 세계를 파괴시킬 수도 있다.' 실제로 거의 파괴시켰잖습니까? 정치가는 파괴적인 마음을 지니고 있지요. 정치가는 민족이나 국가에 관해 떠들지도 모릅니다.

그러나 정치가는 근본적으로 파괴적인 마음을 가지고 있습니다. 파괴적인 마음은 깨달을 수 없습니다. 그들은 더 동물적이며 권력과 돈, 여자에 대한 탐욕으로 가득 차 있습니다. 그럼에도 불구하고 우리는 여전히 그들을 더 고귀한 사람으로 간주합니다.

우리는 매일 위인이 사라져 가는 것을 봅니다. 그들의 권력이 사라짐과 동시에 그들의 위대성 또한 사라집니다. 그들의 위대함이란 영혼의 특성이 아니었습니다. 그것은 그들의 의식에서 나온 것이 아니었습니다. 그들의 위대함은 다만 권력의 의자에 있었습니다. 그 의자가 그들에게 위대함을 부여하고 있었던 것입니다.

어떤 대통령은 폭력적인 수단으로 군중을 협박하여 대통령의 자리를 차지했습니다. 그를 대통령으로 인정한 것은 군중들의 두려움 때문이었습니다. 그에게 쏟아진 존경은 군중의 두려움에서 비롯된 것이었습니다. 그러나 진정한 위대함은 결코 두려움에 의존하지 않습니다.

위대함은 자석과 같은 힘이지요. 그 힘은 폭력이 아니라 사랑으로 사람들을 끌어당깁니다. 진정한 위대함은 칼이 아니라 형언할 수 없는 향기를 내뿜음으로써 자신을 증명합니다. 겉으로는 대통령이지만 내면은 거지인 사람이 있는가 하면, 겉으로는 거지이지만 내면은 대통령 이상인 사람도 있습니다.

정치가들은 인류의 질병입니다. 의식의 암적인 존재입니다. 여기서 우리가 정치가들에 대해서 말할 때, 우리는 정치에 몸담고 있는 특정한 사람들을 가리키고 있지 않습니다. 모든 야심적인 사람들을 가리키고 있는 것입니다.

야망이 있을 때마다 정치가 들어옵니다. 우리가 누군가보다 앞서려고 할 때마다 정치가 들어오지요. 우리가 누군가를 지배하려고 할 때마다, 그게 우리의 아내든 남편이든 간에 정치가 들어옵니다. 정치는 감기처럼 매우 흔한 질병입니다.

정치와 종교, 정치인과 종교인 인류는 불행하게도 온갖 그릇된 정치인들의 영향력 아래 살고 있습니다. 그들은 인류를 이용하고 착취합니다. 그들은 장난감처럼 갖고 놀 수 있는 현란한 말을 구사합니다. 그러나 인간의 각성을 위해서는 아무것도 하는 것이 없습니다. 그들 자신의 의식이 각성되지 못했기 때문이지요.

이 세상의 지도자를 자처하는 정치가들은 알맹이 없이 겉모습만 요란한 자들입니다. 그들은 지식이 많을지도 모릅니다. 그러나 지혜는 많지 않습니다. 인류는 그들이 지배하고 있는 허구적인 국가에 바쳐진 제물의 신세를 면치 못하고 있습니다.

정치인들의 활동은 그 차원이 깨달음과 반대됩니다. 그들의 모든 활동이 종교를 거부합니다. 그들은 기회주의자입니다. 사실 그들은 아무런 원칙도 가지고 있지 않습니다. 원칙을 가지고 있는 체할 뿐 어떤 원칙도 없습니다. 그들이 가진 원칙들은 사람들을 속이기 위한 것입니다. 그들은 모든 종류의 원칙을 이용합니다. 그들은 에고의 여정을 밟고 있습니다. 그 여정은 더 강한 권력을 쟁취하는 방법, 타인을 지배하는 방법을 찾고 있습니다.

종교는 정확히 이와 반대되는 길을 향합니다. 종교는 에고의 여행으로 발을 내딛지 않습니다. 오히려 에고를 버려야 합니다. 그리고 권력을 추구해서도 안 됩니다. 구도자는 귀의하는 법을 배우는 것이지, 정복하는 법을 배우는 게 아닙니다. 구도자는 타인에게 신경 쓰지 않습니다. 그는 전적으로 자신에게 관심을 기울입니다.

그러나 정치인들은 바깥세상에만 관심을 기울입니다. 그들은 외향적이지요. 종교적인 사람은 내향적입니다. 그는 세간에, 세상에, 환경에 관심을 기울이지 않습니다. 그는 자신의 의식의 질에 관심을 쏟습니다. 종교적인 사람은 충족되는 방법을 알아내려고 합니다.

그러나 정치인들은 세상에 대고 자신이 대단한 사람이라는 걸 보여주려고 합니다. 그들은 충족되지 않을 것이지만 그런 척할 것입니다. 그들은 겉치레를, 위선을 선택합니다. 그들은 거짓 웃음을 지으며, 모든 사람을 속일 수 있습니다. 그들은 거짓말쟁이입니다. 그들은 자신과 세상에 대고 거짓말을 하고 있습니다. 정치인들은 오로지 권력에만 미쳐 있습니다.

정치가는 영적인 사람이 될 수 없습니다. 물론 정치가가 종교적인 사람인 것처럼 가장할 수는 있지요. 정치란 순전히 야망의 일이요, 종교란 야망을 버리는 일입니다. 종교성이란 있는 그대로 행복해하는 것입니다. 그러나 정치가는 내가 정상에 있을 때만 기뻐할 것입니다. 있는 그대로의 모습으로는 행복할 수 없습니다.

그는 속으로 이런 야심을 품고 있습니다. '나는 뛰고 달려야 한다. 필요하다면 폭력도 서슴지 않는다. 수단과 방법을 가리지 않고 나는 정상에 올라야겠다. 그래서 나의 능력을 만천하에 과시하겠다.' 그의 마음은 행동 그 자체보다는 결과에만 관심을 둡니다. 마음이 행동을 통하지 않고 얻을 수 있다면, 그때 그것은 지름길을 택할 것입니다. 그는 현명하지 않고 영리합니다.

정치인들은 너무 긴장해 있고, 그래서 다소간 이완되기를 원합니다. 그들은 너무 긴장해 있습니다. 정치란 항상 긴장으로 채워져 있으며 끊임없는 분쟁과 중상모략, 치열한 경쟁이 끊일 새 없기 때문입니다. 그래서 때로 그들은 자신들에게 약간의 평화를 줄 수 있는 명상을 요구합니다.

하지만 그들은 명상할 수 없습니다. 명상의 근본적인 기초가 야망을 버리는 것이기 때문에 야망으로 가득 차 있는 마음은 명상할 수 없습니다. 야망은 타인을 지배하고자 하는 열망을 의미하지요. 그것이 정치의 정의입니다. 그들이 타인을 지배하고자 원한다면 그들은 마음에 귀 기울여야 합니다. 마음은 폭력에 즐거워하기 때문입니다.

정치와 논쟁, 대화와 침묵 말 재주는 종교에는 중요하지 않습니다. 말 재주는 정치에는 중요하지만 종교에는 도리어 해가 됩니다. 기본적으로 중요한 것이 침묵입니다. 말은 부수적이며 침묵이 근본입니다.

말은 침묵에서 나와야 어떤 의미가 있습니다. 그러나 이 사회에서 침묵은 이익이 되지 않습니다. 말이 이익이 됩니다. 그리고 사람들이 말을 더욱 유창하게 혹은 화려하게 잘 할수록 그들은 더 많은 이익을 얻게 될 것입니다.

정치인들은 어떤 사람들입니까? 한마디로 요약한다면 그들은 말을 아주 잘 합니다. 그들은 어떻게 하면 의미심장하게 받아들여지게 말을 사용하는지 알며, 그래서 그들은 사람들에게 깊은 인상을 심어 줄 수 있습니다.

정치가들의 내면은 공허하며, 그들이 가지고 있는 권력은 다른 사람들로부터 빌려온 것입니다. 그래서 그들은 자신들의 언행이 존경받을 만한 것인가를 두고 내심 불안해하고 있습니다. 그들은 매번 말할 때마다 한 번 더 생각해야 합니다. 그들은 기자들이 사람들에 대한 그들의 영향력이 무너질 상황을 만들어 낼지도 몰라 불안해합니다. 그들이 만들어 낸 이미지는 더욱더 좋아져야만 합니다. 그것이 그들의 두려움입니다.

우리 사회 전체가 말에 능통한 사람들에 의해 지배되고 있다는 사실은 좀처럼 인식되지 못하고 있습니다. 그들은 어쩌면 아무것도 알지 못하고 있을지도 모릅니다. 그들은 현명하지 않을 수도 있습니다. 심지어 지성적이지 않을 수도 있습니다.

그러나 한 가지는 분명합니다. 그들은 언어를 다루는 방법을 잘 알고 있다는 것이지요. 그것은 하나의 게임이며, 그들은 그 게임의 방법을 배운 것입니다. 그것은 존경, 돈, 권력 등 모든 것을 가져다 줍니다.

정치가들은 말을 잘 하고 그래서 논쟁에서 이길 수는 있으나 진정한 대화를 나눌 줄은 모릅니다. 그들은 다만 충돌할 수 있을 뿐입니다. 토론 속에서 무엇인가 증명하지만 실제로는 아무 것도 증명되지 않습니다. 그들은 상대방을 침묵시킬 수 있을지 모르나, 그가 변화한 것은 아닙니다.

대화는 우정 속에서만 가능합니다. 대화 속에서는 주로 들으며, 말해야 한다 해도 상대방을 반박하기 위해서 말하는 것이 아니라 다만 찾기 위해, 탐구하기 위해서 말합니다. 상대방에게 문을 열고 그를 초대합니다.

대화할 때는 나와 너의 관계이며, 논쟁할 때 그 관계는 나와 그것의 관계입니다. 정치가들에게 상대방은 아무 중요성도 지니고 있지 않으며 단지 수단일 뿐입니다. 우정 속에서만 상대방은 중요하며 본질적인 가치를 지닌 '너'입니다.

정치인들에게서 진실함을 기대하기는 어렵습니다. 사람들은 정치가의 거짓말과 위선에 지쳤습니다. 2008년 가을 미국의 대선 당시 오바마와 클린턴의 아내 힐러리 사이의 민주당 대통령 후보 경선이 치열할 때, 클린턴은 오바마를 향해 공격을 퍼부으면서 오바마는 준비 안 된 대통령이라고 혹평했었지요.

그러나 얼마 후 오바마가 민주당 대통령 후보로 확정된 후 그를 지지하는 클린턴의 연설문 내용은 그와 반대로 '오바마는 미국을 이끌 준비가 되어 있다'는 것이었습니다. 정치인들의 말에서 진실함을 기대하는 것은 순진하거나 어리석은 일일 것입니다.

정치가는 종교인이 될 수 없다고 말씀하셨습니다. 그런데 달라이라마 같은 분은 진실한 종교인이면서 세계적으로 존경받는 티베트의 정치적 지도자가 아닙니까?

정치와 종교가 양립할 수 없다는 것은 절대적 진리이며, 이는 달라이라마나 그 누구에게도 예외가 될 수 없습니다. 한 사람이 종교적인 동시에 정치적일 수는 없습니다. 만일 어떤 사람이 진실로 정치적이라면 그의 종교는 가짜일 것입니다. 그리고 만일 그가 진실로 종교적이라면 그는 정치에 대해 조금도 걱정하지 않을 것입니다. 그에게 정치는 기껏해야 가식에 불과할 뿐입니다.

정치는 야욕, 경쟁, 시기 등을 요구합니다. 정치에는 모든 독소들이 요구되는 반면, 종교는 모든 독소를 떨쳐 버리라고 말합니다. 종교에는 정화가 요구됩니다. 예수가 우리는 두 스승을 섬길 수 없다고 말할 때 그는 내적인 것과 외적인 것을 동시에 섬길 수 없다는 것을 의미합니다.

라즈니쉬가 남긴 다음 메시지는 우리가 달라이라마를 좀 더 바르게 이해하는 데 도움이 될 것입니다.

두 스승을 섬길 수 없다. 나는 달라이라마에게 말하고 싶다. "다른 곳으로 갈 생각 말라. 당신은 세상 어디에도 머무를 곳을 찾지 못할 것이다. 왜냐하면 아무도 가장 큰 나라인 중국과 맞서려고 하지 않을 것이기 때문이다. 바로 2년 전, 미국조차도 중국을 자극하고 싶지 않다는 이유로 당신의 불과 3주짜리 여행 비자를 거절했다.

나는 붓다를 사랑해 왔다. 그리고 나는 붓다를 사랑하는 사람들을 사랑해 왔다. 나는 당신을 깊이 사랑하고 존중한다. 나는 당신에게 제안한다. 이 나라를 떠나지 말라. 단지 티베트 최고의 지도자, 정치적인 지도자가 되려는 그 욕망만 떨쳐 버려라. 사실 정치적 지도자가 되겠다는 포부는 종교적인 사람에게는 맞지 않는 것이다.

단지 그 생각을 떨쳐 버려라. 평범한 명상가가 되라. 붓다를 사랑하는 자가 되라. 그러면 중국은 당신을 요구하지 않을 것이다. 또 다시 티베트의 지도자가 되겠다는 그 끊임없는 욕망 때문에 중국은 당신을 요구하고 있는 것이다. 너무나 많은 강물이 갠지스 강을 흘러갔다. 적어도 당신의 생애에서는 그것은 이루어지지 않을 것이다.

나는 근본적으로 당신의 욕망이 잘못이라고 주장한다. 티베트는 당신의 손을 떠났다. 당신은 단념해야 했다. 권력에 대한 당신의 욕망은 정치적인 욕망이다. 그것은 명상가로 생각되는 사람에게는 부끄러운 일이다. 오직 명상가로 남는다면 아무도 당신을 괴롭히지 않을 것이다. 또 다시 티베트를 당신의 통치 하에 두고자 하는 욕망 때문에 당신 안에서 문제가 일어나는 것이다.

모두 잊어라. 그런 욕망을 갖는다는 것은 추한 일이다. 참으로 비난받을 만한 일이다. 이 세상에 대해 어떤 욕망도 갖지 말라는 것은 고타마 붓다의 유일한 메시지였다. 다른 세상이, 신비의 세상의 문이 열리려 하는데, 당신은 환영에 불과한 권력을 구하고 있다.

그것은 당신 자신이 명상가가 아니라는 것을 보여줄 뿐이다. 나는 당신이 어디로도 가지 않았으면 한다. 달라이라마, 당신은 다람살라에 아름다운 거처가 있다. 내면으로 들어가라. 지금은 외부 세계가 줄 수 있는 것보다 훨씬 더 소중한 내면세계가 있다는 것을 당신이 증명할 때다.

당신이 이것을 증명할 수 없다면, 누가 이것을 증명할 것이라고 생각하는가? 나이는 들어가고 있지만 당신은 성장하고 있지 못하다. 이 세상에 속하지 않는 왕국을 찾아 안으로 들어가라."

오늘날 정치 지도자들이 제일 중요하게 생각하는 것은 어떻게 경제를 일으키느냐 하는 것입니다. 이것을 정의 구현과 관련해 말씀해 주십시오.

경제 문제는 생존을 위해서는 그 누구도 무관심할 수 없습니다. 그래서 한 집안의 가장이나 한 나라의 대통령이나 경제에 관심을 갖는 것은 지극히 당연합니다. 다만 관심을 갖되 어느 정도로 갖느냐가 문제겠지요.

오늘날 생존경쟁이 치열해지면서 사회가 온통 경제 문제로 골치를 앓고, 그것이 전부인 양 요란을 떠는 것은 우리 사회의 성숙하지 못한 모습을 드러내는 것입니다. 경제는 어디까지나 생존을 위한 방편일 뿐 결코 삶의 목적은 아닙니다. 우리가 손가락에 지나친 관심을 두면 목적 자체를 잊어버릴 수 있습니다. 손가락으로 달을 가리킬 때, 목적은 달이지 손가락이 아니지 않습니까.

경제 문제는 무엇보다도 균형감각을 가지고 중용의 도를 지켜야 할 것입니다. 경제에서 다다익선多多益善이란 심히 탐욕스럽고 위험하기까지 합니다. 경제력이 지나치게 커지면 불행하게 되고 비정상적인 문제에 빠져들게 되기 때문이지요.

진정으로 이해함이 없이 그 힘을 갖고 무엇을 하겠습니까? 그때 그 힘은 곧바로 그들의 에고를 부추겨 온갖 불건전한 행태로 나타날 것입니다. 그러나 성숙하지 못한 사람들은 이런 힘의 매력 때문에 부가 행복을 줄 것이라고 믿고 필사적으로 추구합니다.

그래서 선진국을 비롯해 여러 나라가 지나치게 경제 성장과 개발을 추구한 후유증으로 우리는 지금 심각한 환경의 오염과 온난화 문제에 봉착하였으며, 이제 설상가상으로 거의 모든 나머지 나라들 또한 환경 문제는 아랑곳하지 않고 저들과 같은 풍요로운 삶을 누리기 위해 성장과 개발에 뛰어들기 시작했습니다.

여기서 인류는 잠시 숨을 고르고, 경제 동물로 추락하고 있는 자신을 돌아볼 필요가 있습니다. 그리고 옛날 성현들의 지혜에 귀를 기울여, 균형 감각을 되찾고 평정심을 유지하도록 노력해야 할 것입니다. 그래서 삶의 필수적인 것만을 적당히 가지고도 기꺼이 행복할 수 있다면, 우리 인류는 영육 간에 건강을 되찾게 될 것입니다.

그리고 지구도 더 이상 파괴되는 것을 멈추고 서서히 본래의 모습으로 돌아가기 시작할 것입니다. 우리가 유념해야 할 것은 지구와 그 자원은 우리 세대만을 위한 것이 아니며, 우리의 후대 모두의 삶과 행복, 안녕을 위해 잘 보존되어야 할 것이라는 사실입니다. 근시안적으로 우리의 과욕만 챙기지 말고, 먼 안목으로 우리 후손들의 생존에 대해서도 배려하는 마음이 있어야 할 것입니다.

구도에서 지향하는 무소유란 것도 아무것도 갖지 않는다는 것이 아니라 불필요한 것을 갖지 않는다는 뜻이지요. 창고에 필요치 않은 재물이 쌓여 있을 정도로 부자인 사람이 없다면, 적당한 가난은 재물에 관한 한 확실히 평등을 가져올 수 있습니다.

그때 가난과 부유함은 동시에 사라질 것입니다. 가난과 부유함은 항상 공존하는 것입니다. 세상 한편에 엄청난 부자가 있으면 다른 한편엔 아무것도 가진 것이 없는 거지가 있을 수밖에 없지요.

삶의 축제에 참여할 수 있도록 적당한 가난을 예찬하는 것이 결코 빈곤을 퇴치하지 말라는 것은 아닙니다. 지나친 가난과 굶주림 그리고 불행은 반드시 사라져야 하며 그러기 위해서는 열심히 일하되, 다만 살기에 충분한 것 그 이상이 아니라 살기에 충분할 만큼만 일해야 한다는 것입니다.

그러나 지금 우리는 인생을 온통 힘겨운 근무로 전락시키고 있지요. 그럼으로써 재물을 많이 모을지는 모르나 내적으로는 너무나 빈곤한 삶을 살 수밖에 없습니다. 빈곤이 사라져야 하는 근본적인 이유는 사람들이 삶의 축제에 참여할 수 있도록 하기 위해서입니다. 가난한 사람으로 남아 있는 한 그들이 삶의 축제에 참여하는 것은 힘들지요.

사람들에게 물질적인 필요들이 채워지지 않는다면, 그들은 삶의 보다 높은 차원을 향한 비전을 가질 수 없습니다. 가난을 몰아낸다는 것은 단순히 가난한 사람에게 의식주를 주는 것을 의미하지 않습니다. 그것은 필요하긴 하지만, 그것이 다는 아니라는 것이지요. 빵은 오직 배를 채울 수 있을 뿐입니다. 영적인 삶을 충족시키기 위해서는 즐거움과 축제의 환경이 절실히 필요합니다.

붓다는 인간의 탐욕적인 삶을 경계하기 위해서 벌처럼 살라고 말합니다. 벌은 꽃의 아름다움과 향기를 해치지 않을 정도로 한 송이 꽃에서 조금씩만 꿀을 취합니다. 꽃은 벌이 왔다 갔는지도 모릅니다. 벌은 춤추고 노래하고 축제를 즐기면서 이 꽃에서 저 꽃으로 이동합니다.

이것이 벌의 아름답고 즐겁고 지혜로운 삶이지요. 우리도 이처럼 소유에만 급급하지 말고 오직 필요한 만큼만 요구하고 소박하고 즐겁게 산다면, 우리의 삶은 참으로 아름답고 위대한 것이 될 것입니다. 우리가 이렇게 살게 되는 날 진정한 경제 정의는 저절로 꽃필 것입니다.

그러나 인간은 도처에서 무절제한 경제 성장을 추진하면서 지구를 만신창이로 망쳐놓고, 기껏 기업 풍토의 건전성과 거래의 공정성 정도를 가지고 경제 정의라 부르짖고 있습니다. 지금 정치인들과 경제인들이 추진하고 있는 무분별한 경제 개발과 성장은 인류를 파멸의 길로 몰고 갈 것입니다.

모든 것을 다 가져도 아무것도 가지지 못하고 오늘날 모든 사람들이 마음 전체가 유물론으로 가득 차 물질을 존재의 전부로 여기고, 삶을 경제 지향적인 시각으로만 보는 것이 큰 문제입니다. 현대인의 삶은 유희는 없고 오직 일로만 이루어져 있습니다. 물질주의 사회는 공허한 인간을 낳지요.

내면이 공허하고 생기가 없는 인간은 제대로 살아보지도 못하고 죽습니다. 인간은 장삿속으로만 살아갈 수는 없습니다. 그런데 오늘날은 안타깝게도 모든 것이, 심지어는 가장 신성한 것마저 장삿속으로 이루어져 있습니다. 바깥에 있는 것은 그 안에 풍부함이 없으면 무의미한 것이 되고 맙니다. 그리고 바깥에 있는 부富는 안에 있는 빈약함을 강조하는 것에 불과합니다.

지평선은 아주 가깝게 보입니다. 그러나 앞으로 다가가면 지평선은 같은 보조로 뒤로 물러납니다. 그래서 지평선과 우리의 거리는 항상 일정하지요. 사실 하늘과 땅이 만나는 지점은 없습니다. 지평선은 신기루일 뿐 실체가 아닙니다.

욕망의 성취 또한 마찬가지입니다. 욕망의 성취는 우리를 유인하면서 아주 가까운 곳에 있지만 눈에만 그렇게 보일 뿐입니다. 우리는 계속 전진하면서 평생을 낭비합니다. 그리하여 우리는 태어날 때와 마찬가지로 어리석은 상태에서 죽습니다. 우리는 모든 것을 가져도 아무것도 가지지 못할 것입니다. 세상의 모든 것을 손에 넣어도 불만은 전보다 더 심해질 것입니다.

우리는 수많은 일들을 에고 때문에 합니다. 우리는 커다란 집을 갖고 싶어합니다. 어쩌면 지금의 집도 참으로 편할지 모른지만 더 커다란 궁궐 같은 저택을 갖고 싶어합니다. 그 저택은 우리를 위한 것이 아니라 우리의 에고를 위한 것입니다.

지금 우리는 경제적으로 부족하지 않을지라도 많은 재산을 모으고 싶어합니다. 재산은 우리를 위한 것이 아니라 우리의 에고를 위한 것입니다. 아직도 최고의 부자가 되지 못하였는데 어떻게 쉴 수 있다는 말입니까?

우리가 세상 최고의 부자가 되었다고 칩시다. 그런 다음에는 무엇을 할 것입니까? 우리는 더욱 불행해질 뿐입니다. 부자가 되기 위하여 우리는 끊임없이 투쟁합니다. 하지만 투쟁에서 오는 것은 불행뿐입니다. 우리의 불행은 우리가 투쟁하고 있음을 의미하는 것입니다.

행복한 사람의 속옷 언제인가 어느 곳에 한 왕이 살았지요. 그 왕은 원하는 모든 것을 가지고 있었습니다. 부와 힘과 그리고 건강까지. 그는 왕비를 사랑했으며 왕자를 사랑했습니다. 그러나 그는 행복하지 못했습니다. 왕은 왕좌에 앉는 것이 슬프고 싫었습니다.

이는 당연한 일입니다. 우리는 이 세상을 더 많이 가질수록 행복을 잃습니다. 가지면 가질수록 우리의 에고는 더 강해질 터이므로. 거기에 불행이 있습니다. 그 왕은 아주 불행해 했습니다. 그는 '나는 반드시 행복을 가져야 하겠다.'고 결심했습니다.

왕의 전의가 호출되었습니다. 왕은 말했지요. "나는 행복을 원한다. 나를 행복하게 만들라. 그러면 나는 그대에게 굉장한 부를 주겠다. 그러나 만일 나를 행복하게 만들어 주지 못한다면 그대의 머리를 내게 바쳐야 할 것이다."

전의는 당황했습니다. 어떻게 할 것인가? 어떻게 행복하게 만들 수 있는가? 누구도 그 방법을 아는 사람이 없습니다. 아무도 행복하게 만들 수 있었던 사람은 없었습니다. 왕은 몹시 흥분해 있었으며 그를 정말로 죽일지도 몰랐습니다.

전의는 말했습니다. "시간이 걸리겠습니다. 전하. 경전들을 뒤져보도록 내일 아침까지 말미를 주십시오." 그리하여 그는 밤새도록 생각하였습니다. 아침이 되어서야 마침내 그는 한 가지 결론을 얻을 수 있었습니다. 그는 왕에게 가서 말하였습니다. "아주 간단한 문제입니다."

책들을 뒤져보았지만 어디에도 행복에 대해서는 언급되어 있지 않았습니다. 그 문제는 어려웠습니다. 그러나 그는 한 가지 묘안을 생각해 낼 수 있었던 것입니다. 그는 말했습니다. "전하의 위엄이 바로 행복을 막는 문제입니다. 전하께서는 행복한 사람을 찾아내서 그 행복한 사람의 속옷을 입으셔야 합니다. 그러면 전하께서는 행복하게 되고, 행복이 무엇인지 알게 됩니다."

왕은 기뻤습니다. 행복한 사람의 속옷을 구해서 그것을 입는다는 것은 쉬운 일이었으니까요. 왕은 신하에게 명령했습니다. "가서 행복한 사람을 찾아 그의 속옷을 가져오라. 서둘러라." 신하는 서둘러 나갔습니다. 그는 부유한 사람에게 가서 그의 속옷을 요구했습니다.

그러나 그 사람은 말했습니다. "당신이 원하는 속옷을 내드릴 수는 있습니다. 얼마든지 드릴 수 있습니다. 그러나 나는 행복하지 않습니다. 나는 불행합니다. 이제부터라도 나 역시 행복한 사람을 찾기 위해 하인들을 보낼까 합니다."

신하는 많은 부유한 사람들을 찾아 다녔습니다. 그러나 어느 누구도 행복하다는 사람은 없었습니다. 그들은 말했습니다. "왕이 행복하게 될 수만 있다면 우리는 목숨이라도 내놓겠습니다. 우리는 우리들 모두의 생명을 바칠 수도 있지만 속옷은 안 됩니다. 우리는 전혀 행복하지 않기 때문입니다." 신하는 탄식에 빠져 있었습니다. 이제 그는 죽음을 맞이하게 될 판이었습니다.

그때 누군가 말했지요. "너무 걱정하지 마시오. 나는 행복한 사람을 알고 있습니다. 당신도 그가 부는 피리 소리를 들었을 것이오. 바로 저 강가에서 피리를 부는데 당신도 틀림없이 그 소리를 들을 수 있소." "그렇군요. 종종 저도 한밤중 피리 소리에 매혹되고는 했지요. 그렇게 아름다운 음률을 만들어내는 그는 도대체 누구인가요? 그는 어디에 있을까요?" "밤에 우리 찾아보도록 합시다."

그들은 밤에 강가로 나갔습니다. 아닌 게 아니라 한 사람이 피리를 불고 있었고 그 소리는 너무나 아름다웠습니다. 그 음률은 행복에 넘쳐 있었습니다. 신하는 말했습니다. "이제야 그 사람을 찾았다." 그들이 거기에 도착하자 그 사람은 연주를 그쳤습니다. 그가 말했습니다. "원하는 게 무엇이오?"

신하가 말했습니다. "당신은 행복하지요?" 그는 말했습니다. "나는 행복하오. 즐겁소. 그런데 당신은 무엇을 원하오?" 신하는 기쁨에 넘쳐 춤이라도 출 것 같았습니다. 그는 말했습니다. "당신의 속옷을 주셔야겠소." 그러자 그 사람은 침묵했습니다. 신하가 말했습니다. "왜 그러시오? 당신의 속옷을 주시오. 왕은 지금 당신의 속옷이 필요하단 말이오."

그는 말했습니다. "그건 불가능하오. 왜냐하면 나는 아무런 속옷도 없기 때문이오. 어둡기 때문에 당신은 지금 볼 수 없을 것이오. 나는 지금 벌거벗은 채 앉아 있고, 나는 속옷이 없소. 나는 내 목숨도 줄 수는 있지만 어떤 속옷도 줄 수가 없는 이유요." "그런데 어째서 당신이 행복하단 말이오?" 신하가 물었습니다. "어떻게 당신이 행복할 수 있소?"

그 사람은 말했습니다. "나는 모두 버렸소. 속옷까지도, 모든 것을 버렸소. 내가 모두 버리자 나는 행복하게 되었소. 실제로 나는 아무것도 가지지 않았소. 나는 나 자신조차도 가지고 있지 않아요. 내가 이 피리를 불고 있는 것이 아니라 신이 나를 통해서 불고 있는 거요. 나는 비존재요. 나는 무無이며, 누구도 아니오."

오늘날 정치 지도자들의 역사적 평가는 정의 구현의 차원보다 그들이 이룬 실질적 업적 혹은 그들이 끼친 폐해에 따라 좋은 대통령 혹은 나쁜 대통령으로 분류되곤 합니다. 그런데 가령 박정희 전 대통령 같이 양쪽에 다 해당되는 이는 평가에 어려움이 따릅니다.

삶에는 좋고 나쁜 것이라는 아무런 구별이 없습니다. 선과 악의 구별은 이론에만 있습니다. 실제의 장면에서는 항상 더 큰 악과 더 작은 악 중에서 선택해야 합니다. 모든 선택은 상대적이지요. 어느 대통령이 했던 일들이 좋았느냐 아니면 나빴느냐 하는 것이 문제가 아닙니다.

문제는 만약 그가 했던 것을 하지 않았다면 그것이 좋은 결과를 가져왔을까 아니면 나쁜 결과를 가져왔을 것인가 하는 것입니다. 만약 그것이 선과 악의 단순한 선택이었다면 문제는 훨씬 더 쉬웠을 것입니다. 그러나 실제로는 그런 것이 아니지요. 삶의 실제는 항상 더 큰 악과 더 작은 악 간의 선택이니까요.

우리가 자주 언급하는 올바른 수단의 문제는 주의 깊게 고려할 만한 주제입니다. 올바른 목적은 올바른 수단 없이는 이루어질 수 없다고 말하는 것은 훌륭합니다. 그러나 이 세상에는 절대적으로 올바른 목적과 절대적으로 올바른 수단 같은 것은 없습니다.

그것은 올바른 것과 나쁜 것 사이의 문제가 아닙니다. 그것은 항상 더 나쁜 것과 덜 나쁜 것 사이의 문제이지요. 전적으로 건강하거나 전적으로 병든 사람이라는 것은 없습니다. 그것은 항상 더 아프냐 덜 아프냐의 문제입니다. 마찬가지로 삶도 흰색과 검은 색이라는 두 가지 색깔로 나뉘는 것이 아니잖아요.

삶은 흰색과 검은 색의 혼합인 회색이지요. 이 세속적인 세계에서 모든 것은 더러움과 뒤섞여 있습니다. 심지어 금도 순수하지 않습니다. 다이아몬드라고 부르는 것은 다름 아닌 오래된 석탄 이외의 아무 것도 아니에요. 목적과 수단의 순수함은 완전한 상상입니다.

어떤 길이 가장 알맞은가? 예를 들어 간디는 단식은 올바른 목적을 위한 올바른 수단이라고 생각했습니다. 그러나 올바른 수단으로 단식을 절대 받아들일 수 없습니다. 사람들을 죽이려는 위협이 나쁘다면 어떻게 자신을 죽이려는 위협이 옳을 수 있겠습니까?

내가 당신에게 총구를 겨누면서 내가 말하는 것을 받아들이도록 강제하는 것이 나쁘다면, 내가 나에게 총을 겨누면서 내가 말하는 것을 당신이 받아들이도록 강요한다면, 어떻게 그것이 옳겠습니까? 단순히 총구의 방향을 돌린다고 해서 나쁜 것이 나쁜 것이기를 그치는 것이 아니지요.

마음은 틀에 박힌 어떤 양식을 따르려 할 것입니다. 우리는 반복에 너무 익숙해 있으므로 같은 일을 계속하여 되풀이하려 합니다. 이제 그 악순환으로부터 빠져 나와야 합니다. 지금까지 우리는 표류하고 있었습니다.

그리고 어떤 것이 옳은 길인가 묻지 말 것입니다. 모든 길은 옳지 않으면 틀리게 되어 있습니다. 어떤 것이 옳은 길인가 하는 것은 결정해야 할 문제가 아닙니다. 오직 하나 결정해야 할 것은 어떤 길이 우리에게 알맞은가 하는 일뿐입니다.

4

어리석은 자는 사회의 노예이다

子曰 君子 和而不同 小人 同而不和
자 왈 군 자 화 이 부 동 소 인 동 이 불 화

공자가 말하였다. "군자는 화합하되 부화뇌동하지 않고, 소인
은 부화뇌동하되 화합하지 않는다.

주해

君子 인품이 어질며 깨달음이 높은 훌륭한 사람 | **和** 화합하다 | **而** 앞뒤 구
절을 연결해주는 말, 여기서는 영어의 but과 같이 대립적 관계다. | **不** 아니
하다 | **同** 같게 하다, 여기서는 부화뇌동을 의미하다. 부화뇌동附和雷同이란
줏대 없이 남의 의견에 따라 움직인다는 뜻이다. | **小人** 군자와 대조적으로,
인품이 어질지 못하며 깨달음이 높지 않은 어리석은 사람

인간은 목동이 없는 가축의 떼입니다. 누구나 같은 것을 바라며 모든 사람이 다 똑같습니다. 시대에 따라 어떤 헤어스타일이 유행하고, 수많은 사람들이 똑같은 헤어스타일이 되는 것을 흔히 봅니다. 돌연 어떤 패션이 유행하면 수많은 사람들이 같은 옷을 입습니다. 디자이너는 끊임없이 새로운 유행을 창조해 냅니다.

그러나 사실 그것들은 전혀 새로운 것이 아닙니다. 포장과 색상만 새것으로 바뀔 뿐이지요. 모든 유행의 평균 수명은 3년 정도라고 합니다. 3년이 지나면 사람들은 싫증을 느끼기 시작하며 새로운 것을 원하지요. 이것은 행복이 아닙니다. 이것은 행복을 구하려는 절망적인 몸부림일 뿐입니다.

누가 사람들과 조금만 다르게 살아도 사람들은 그를 의심합니다. 그러나 군중의 일부가 되면 그는 정상인으로 받아들여집니다. 군중들이 비정상일 수도 있습니다. 그러나 그것은 문제가 안 됩니다. 우리는 누구나 군중의 일부가 되어야 하며 그들의 행동 방식대로 행동해야 합니다.

예외는 허용되지 않습니다. 개인의 독자성은 용납되지 않습니다. 어리석은 자는 항상 무의식적 욕망의 노예, 사회의 노예, 유행의 노예로 남습니다. 이웃 사람이 차를 사면 나 또한 차를 사야 합니다.

우리가 이런 방식으로 살아간다면 점점 자신의 개성은 사라질 것입니다. 그래서 마침내 영혼을 잃게 될 것이며 진정한 개인이 될 수 없을 것입니다. 그러나 우리는 이보다 훨씬 아름답게 살 수 있습니다. 단순한 모방이나 반복이 아니라 개인 고유의 삶을 살 수 있습니다. 그때 삶의 한 순간 한 순간은 보석처럼 빛날 것입니다.

진정한 화합이란 모두가 자신의 개성에 따라 살면서도 함께 어울리며 조화를 이루는 하나의 오케스트라일 때 울려 퍼지는 음악입니다. 오케스트라는 서로 다른 여러 악기들이 각기 제 색깔을 내면서 입체적으로 하나의 곡을 아름답게 표현합니다.

우리가 현실 세계에서 다른 사람들과 함께 살면서 진정한 사회, 진정한 공동체, 진정한 가정을 이루며 그 속에서 인간답게 살기 위해서는 서로를 규제하려 하지 않고, 지배하려고 하지도 않으며, 서로를 이용하거나 억압하려 하지도 않고, 존재 전체가 기쁨에 넘쳐 사는 삶이 되어야 합니다.

지구촌 시대 이제 세계는 하나의 지구촌일 뿐입니다. 지구는 마을만큼 작아졌습니다. 마을보다 더 작아졌다고 볼 수도 있지요. 지금은 과거에 한 마을에서 다른 마을로 걸어가는 것보다 한 나라에서 다른 나라로 날아가는 것이 더 쉬울 수도 있으니까요.

그럼에도 불구하고 지구 어디에선가는 늘 갈등과 마찰이 끊이지 않고 있습니다. 오늘날 우리 모두는 지구촌에 살면서 서로의 운명이나 문제를 공유하고 있습니다. 세계 어느 한 구석에서 일어나는 일도 인류 전체의 관심사가 됩니다. 적어도 그렇게 받아들이는 자세가 국경을 뛰어넘는 연대감을 만들어 갑니다.

그런 연대감 없이는 국제사회의 평화도 안정도 있을 수 없습니다. 그래서 가정과 국가의 화합 차원을 넘어 세계의 화합과 평화의 문제가 초미의 관심사로 대두된 시대에 우리는 살고 있습니다.

이런 상황에서 우리가 자신을 특정한 집단의 일원이라고 주장하는 것은 자신을 그 밖의 사람들에 대립되는 것으로 이해하는 것입니다. 나아가 자신을 한국인 혹은 일본인이라고 생각하는 것은 자기 자신을 인류와 대립되는 것으로 생각하는 것입니다. 친구가 아니라 적의 관점으로 생각하는 것이지요.

우리 자신을 단지 인간으로 생각할 수는 없을까요? 진정으로 지구촌 시대에 걸맞은 지성인은 자신을 단순히 인간 존재로 생각해볼 수 있을 것입니다. 우리의 지성이 좀 더 성숙해지면 이념적, 종교적, 인종적 갈등 같은 모든 구분은 사라지고 우리는 자신을 오직 존재로만 생각할 것입니다.

존재는 모든 것을 친구로 생각합니다. 그때 우리는 누구와도 친구로 지낼 수 있을 뿐 아니라 심지어 나무와 산과 강과 새와 동물들, 이런 것들과도 친구로 지낼 수 있습니다.

이제 진실로 지구촌 시대를 맞아 옛 마을의 순박한 사람들처럼 모두가 화합하고 화목하게 지내기 위해서 우리는 안목이 더 커지고 더 높아져야 합니다. 그러나 우리는 마냥 좁은 터널 속에서 살아가고 있습니다. 왜 좁고 어두운 구멍 속을 기어가고 있습니까?

우리는 위대한 이념 체계 안에서 살고 있다고 생각합니다. 우리는 위대한 이념 체계 안에서 살고 있는 것이 아닙니다. 위대한 이념 체계란 없습니다. 관념은 인간 존재를 담을 만큼 위대하지 않습니다. 존재성은 어떤 관념으로도 담을 수 없기 때문이지요.

깨달은 사람은 자본주의자도 공산주의자도 아닙니다. 그러한 것들은 모두 독이고 편견입니다. 오랜 세월을 내려오며 우리는 이러한 편견들로 최면당해 왔습니다. 참된 화합은 어떤 이념으로부터도 자유로운 것이지요. 아무 이념도 따르지 않고 단순하게 살 수는 없습니까? 이념이 꼭 필요합니까?

그것은 우리가 비지성적으로 사는 것을 돕는 데나 필요합니다. 그것은 우리가 자신의 대답을 찾을 필요 없이 이미 주어진 대답을 얻는 데 필요한 것입니다. 참된 지성은 어떤 이념에도 매달리지 않을 것입니다. 그는 어떤 상황이 벌어져도 그것에 감응할 수 있을 만큼 자신이 지성적이라는 것을 압니다.

만일 우리가 좁고 어두운 이념의 터널에서 빠져나올 수 있다면, 놀랍게도 내면에서 새로운 지혜가 솟아나올 것입니다. 이 새로운 지혜는 우리가 터무니없는 것들 때문에 숨 막혀 하지 않도록 만들어줄 것입니다. 우리가 과거와 그 기억들을 버릴 수 있는, 갈등과 온갖 종류의 상처를 버릴 수 있는 능력을 만들어 줄 것입니다.

만약 우리 안에 지성이 있다면 필요한 모든 것을 스스로 할 수 있을 것입니다. 그러나 인류는 아직 이런 지성이 드러날 준비가 되어있지 않습니다. 만일 이 세상에 내면의 실현이 깊어지면, 그땐 사랑과 지성이 꽃피기 시작할 것입니다. 그때 우리는 그날그날, 순간순간을 참으로 평화롭고 조화롭게 살면서 늘 깨어있는 상태로 존재할 것입니다.

그러나 지금 우리는 지구 도처에서 혹은 사회 곳곳에서 내 편 네 편을 갈라 싸우는 등 사람들의 통합 수준이 물질문명에 비해 훨씬 낮은 것이 현실인 상황에서 이는 한낱 이상에 불과할 뿐입니다. 소인들은 화합하지 못하고 부화뇌동할 뿐이며, 군자라야 진실로 화합하고 화목하게 지낼 수 있다는 공자의 말은 이런 측면에서 오늘의 우리에게는 절실히 되새겨볼 명제입니다.

깨달은 사람은 원만한 대인관계를 위해서 어떻게 화목하게 살았으며, 그러면서도 어리석은 군중에 동화되지 않고 자신의 세계를 지켰는지 알 수 있으면 훨씬 이해가 쉬울 것 같습니다.

20세기의 대표적인 성인 가운데 한 사람인 구제프는 얼굴을 바꾸는 데 명수였습니다. 아무도 그의 진짜 얼굴을 알지 못합니다. 그는 누구에게도 자기의 진짜 얼굴을 보이지 않았습니다. 그는 언제나 연기를 했으며, 그것은 도움이 되었습니다. 그는 다른 사람을 고려하여 그에게 필요한 얼굴을 보여 주었습니다. 그가 필요로 하지 않는 얼굴은 결코 보이지 않았습니다.

그에게 올바른 행동이란 다른 사람들과 화목하게 지내는 것을 의미합니다. 그러기 위해서 그는 다른 사람을 바꿀 수 없으며, 기껏해야 그 자신만을 바꿀 수 있을 뿐이라고 생각했습니다. 끊임없이 다른 사람과의 싸움을 피하기 위해선 얼굴이 도움이 되는 것을 그는 깊이 이해하고 있었습니다.

그는 불필요한 싸움은 피해야 한다고 생각했지요. 왜냐하면 불필요한 싸움은 에너지를 낭비하게 하기 때문입니다. 에너지를 보존하여 내면의 작업에 쓰도록 하는 것이 좋습니다. 그 작업은 너무나 중요하기 때문에 자신의 모든 에너지를 필요로 합니다. 그러니 불필요한 일들에 에너지를 낭비해서는 안 된다는 것이었지요. 우리의 에너지는 한정된 것입니다.

그는 바깥 세상에 대해선 배우처럼 행동하되 다른 사람을 속이고 있다고 생각하지는 않았습니다. 아이들에게 장난감 총을 주면 아이를 속이는 것이 된다고 생각하지 않습니다. 아이는 장난감을 원하니까요. 반대로 아이에게 진짜 총을 주는 것이 어리석고 위험한 것이지요.

그러니 다른 사람이 필요로 하는 것을 보고, 그 필요로 하는 것을 주어야 한다는 것입니다. 그는 언제나 자신을 고려하는 대신 다른 사람을 고려해서 행동했습니다. 다른 사람을 지켜보고 연구하고 관찰하였지요. 그리고 그에게 도움이 되고 자신에게는 불필요한 문제가 생기지 않는 방식으로 행동했습니다.

가위와 바늘 어떤 사람이 성인에게 황금 가위를 하나 선물로 주었습니다. 성인이 말했지요. "가위를 도로 가져가라. 나의 존재는 자를 수도, 분석할 수도, 나눌 수도 없는 것이다. 오히려 바늘과 실을 가져오라. 왜냐하면 통합이 나의 목표이기 때문이다. 나는 사물들을 결합시키고 싶다. 이 귀한 가위는 매우 값비싼 것인지 모르지만 나에겐 맞지 않는다."

이성은 우리에게 이성이 쓸모없다는 것을 보여주는 데만 도움이 됩니다. 논리적으로 생각하고 분석하고 논쟁하는 노력을 통해서 우리는 이성이 우리를 진리로 이끌어주지 못한다는 것을 알게 될 것입니다. 이것을 깨달으면 우리는 이성을 내버릴 수 있고, 이성이 내버려지면 처음으로 우리는 우리 존재의 전혀 다른 중심인 가슴을 통해 움직이기 시작하게 됩니다.

가슴은 신뢰할 줄 알지요. 이성은 신뢰할 줄 모릅니다. 이성은 분석할 줄만 알지 통합할 줄은 모르지요. 이성은 자르고 나눌 수는 있지만 어떤 통일체나 조화를 만들지는 못합니다. 이성은 가위와 같고, 가위는 자르고 나눌 줄만 압니다. 가슴만이 바늘과 실처럼 나뉘어 흩어진 것을 하나로 통합할 줄 압니다.

창녀와도 살인자와도 도를 깨친 사람은 남에게서 영향을 받지 않습니다. 그러면서도 누구와도 어울릴 수 있습니다. 나쁜 사람과 가까이 있으면 그에게 물들기 쉽다는 뜻의 근묵자흑近墨者黑이란 말은 깨닫지 못한 사람들에게나 해당되는 것입니다. 예수는 창녀 막달레나와 어울렸으며, 붓다는 9백 99명의 사람을 죽인 살인자와도 어울렸습니다.

이 살인자는 1천 명의 사람을 죽이겠다고 공언했으며, 그 마지막

한 사람이 붓다였지요. 붓다는 다른 마을로 가기 위해서 길을 가고 있었습니다. 그때 앙굴리말라가 소리쳤습니다. "멈추어라." 붓다가 말했습니다. "훌륭하다. 내가 사람들에게 말해온 것이 바로 그것이다. 멈추어라. 그러나 듣는 사람이 없다." 앙굴리말라는 순간 어리둥절해졌습니다.

붓다는 앙굴리말라를 향해서 걸어갔습니다. 앙굴리말라가 다시 소리쳤습니다. "멈추어라. 너는 아직 내가 누군지 모르는 것 같은데, 내가 바로 그 유명한 앙굴리말라이다. 나는 1천 명의 사람을 죽이기로 맹세했다. 그리고 이제 한 명만 더 죽이면 그 맹세가 실현된다. 가까이 오면 너를 죽이겠다. 하지만 네가 다른 사람들과 달라 보이니까, 지금 도망치면 너만은 살려 주겠다."

붓다가 말했습니다. "그런 말 하지 말라. 나는 평생 동안 도망쳐본 적이 없다. 그리고 멈춘 것으로 말하면 나는 이미 40년 전에 완전히 멈추어 섰다고 할 수 있다. 그 이후 내 안에 움직이는 자는 없다. 또 나를 죽이는 것으로 말하자면 그것은 네 마음대로 할 수 있다. 모든 태어난 자는 죽기 마련이다. 그러나 나를 죽이기 전에 한 가지 부탁을 들어주기 바란다. 그것은 힘든 것도 아니다."

앙굴리말라가 말했습니다. "좋다. 그것이 무엇인가? 빨리 말하라." 붓다가 말했습니다. "저 나뭇잎을 두 개만 따와라." 앙굴리말라가 나뭇잎을 두 개 따가지고 왔습니다. 붓다가 말했습니다. "그것을 다시 제 자리에 갖다 붙여라." 앙굴리말라는 그렇게 말하는 붓다의 모습에서 무어라 말할 수 없는 신비한 기운을 느꼈습니다.

붓다가 말했습니다. "그대의 힘은 파괴할 줄만 알 뿐이다. 그러나 위대한 것은 통합하는 것이다. 그것이 나의 도이다." 그 순간 앙굴리말라는 그의 발아래 무릎을 꿇었습니다. 그리고는 그의 제자가 되기를 원했습니다. 앙굴리말라는 붓다를 바꿀 수 없었지만 붓다는 그를 바꾸었습니다. 창녀 막달레나는 예수를 바꿀 수 없었지만 예수는 그 여인을 변화시켰습니다.

도둑과 라즈니쉬의 교유 전에 어디선가 인용한 얘기를 여기서 다시 한번 인용하는 것이 좋을 듯합니다. 독자의 이해를 위해서 필요하다면 황금 같이 귀한 자료는 굳이 되풀이해 제시하는 것을 꺼릴 이유가 없다고 생각합니다. 중요한 것은 독자에 대한 배려이며, 이 글의 문맥에서 이는 못지않은 중요성을 지니며, 새로운 향기를 풍길 것입니다.

어린 시절, 라즈니쉬가 살던 마을에는 유명한 도둑이 살고 있었습니다. 그는 감옥을 제 집 드나들 듯이 하는 상습범이었지요. 그는 인생의 거의 절반을 감옥에서 보낸 사람이었습니다. 그는 감옥에서 출감할 때면 즉시 라즈니쉬에게로 달려오곤 했습니다. 그의 아버지와 선생님은 매우 걱정스러워하며 그가 위험인물이며, 그와 우정을 나누는 것은 좋은 일이 아니라고 충고했습니다.

그는 그들에게 말했습니다. "아버지와 선생님이 두려워하는 사랑은 양날을 가진 칼이에요. 나의 사랑이 그를 변화시킬지, 아니면 그의 사랑이 나를 변화시킬지는 시간이 말해 줄 거예요. 문제는 누가 더 많이 사랑하느냐 하는 것이지요." 그들이 말했습니다. "너를 설득하기란 매우 힘들다는 것을 잘 알고 있다. 그러나 우리는 그가 상습적인 범죄자이며 그 버릇을 고치기 힘들다는 것을 네게 말해 두고 싶다."

그가 말했습니다. "누가 그를 변화시키겠다고 했나요? 제가 언제 그의 버릇을 뜯어고치겠다고 했어요? 나는 그런 것과 상관없이 그냥 그가 좋아요. 나는 그의 도둑질이나 형무소 생활에 대해서 한 마디도 물은 적이 없어요. 나는 그런 것에는 관심이 없어요. 그것은 그의 일이니까요. 그렇지만 그는 아름다운 사람이에요. 그는 매우 성실하고 신뢰할 만한 사람이에요."

그들이 말했습니다. "너는 그가 너를 망칠 때까지 우리의 말을 듣지 않을 작정이구나." 그가 말했습니다. "그가 되든 내가 되든 둘 중의 하나는 변하겠지요. 그러니 기회를 주세요."

어느 날 그자가 라즈니쉬에게 말했습니다. "너는 나의 도둑질에 대해서 한 마디도 묻지 않는구나." 그가 말했습니다. "그것은 당신의 삶의 방식이잖아요. 당신 삶의 주인은 바로 당신이에요. 당신이 삶의 방식으로 도둑질을 선택했다면, 그것은 내가 간섭할 문제가 아니에요."

그자가 말했습니다. "너는 내가 감옥에 갔었다는 사실에 대해서도 말한 적이 없다. 마을 사람들 중에 어느 누구도 나와 친구가 되려고 하지 않는다. 그것은 위험한 일이기 때문이지. 나와 함께 서 있거나 이야기하는 것이 경찰의 눈에 띄기라도 하면 문제가 생길지 모르거든."

라즈니쉬가 말했습니다. "그 점에 대해서는 염려하지 마세요. 나는 기꺼이 문제에 빠질 거예요. 문제에 빠지는 나의 방식과 당신의 방식은 다르겠지요. 하지만 문제는 누구에게나 있는 거예요. 그러니 그 점은 걱정하지 마세요. 나는 당신을 사랑하고 믿으니까요." 그의 눈에서는 눈물이 흘렀습니다.

그가 말했습니다. "내가 여러 번 도둑질을 그만둘 수 있었던 것은 순전히 너 때문이다. 감옥 안에서 나는 오로지 너만을 생각한다. 나는 밖에 있는 누군가가 나를 기억하고 있다는 사실을 잊을 수 없다. 그렇지 않다면 바깥세상은 내게 존재하지 않는 것이나 다름없다. 곧 나는 출옥할 것이고, 다시는 도둑질을 하지 않을 것이다."

라즈니쉬가 말했습니다. "그건 당신에게 달린 문제예요. 내가 당신 행동을 방해한다고는 생각하지 마세요. 나는 자유를 줄 수 없는 사랑은 사랑이 아니라고 생각해요. 만일 사랑이 연인과 친구의 삶에 간섭하기를 일삼는다면, 그것은 사랑이 아니에요. 나는 단지 당신을 있는 그대로 사랑할 뿐이에요. 당신은 나의 사랑 때문에 자신을 변화시키려고 해서는 안 돼요."

서서히 그는 도둑질을 그만두었습니다. 사람들은 깜짝 놀랐습니다. 그가 라즈니쉬를 도둑으로 만들 것이라고 목청을 높였던 라즈니쉬의 선생님은, 2년이 지나도록 그가 도둑질을 하지 않고 감옥에도 가지 않자 너무나 놀라워했습니다.

그 선생님은 그를 불러서 말했습니다. "미안하다. 아마 나는 사랑의 엄청난 힘을 모르는가 보다." 사랑은 연금술이 될 수 있습니다. 우리가 누군가를 사랑한다면 그 사랑은 다른 사람을 변화시킵니다.

깨달은이는 어떤 사람과도 마찰 없이 잘 지낼 수 있다고 하는데, 그는 과연 어떤 인생관 혹은 세계관을 가지고 사는지 궁금합니다. 그리고 우리도 이런 경지를 이해하고 잠시라도 체험해 볼 수는 없을까요?

깨닫지 못한 사람들이 분리의 관점에서 세상을 보는 것과 달리 깨달은이는 통합의 관점에서 세상을 이해합니다. 사람들이 분리라는 관점에서 벗어나지 못하는 한 불행 속에 있을 수밖에 없습니다. 그러나 사실 어떤 사람도 홀로 떨어져 존재하는 섬이 아님을 그는 알고 있습니다. 전체로부터 분리된 존재로 자신을 생각하는 것은 단지 착각일 뿐입니다.

거기에서 모든 착각이 시작됩니다. 우리는 광대한 대륙의 일부분이며 섬이 아니지요. 그러나 모든 사람들은 자신의 둘레에 울타리를 쌓아 거대한 벽을 만들고 있습니다. 우리 자신을 보호하기 위해 되도록 높은 벽을 쌓고 그 뒤로 자신을 숨긴 채 언제까지나 작은 존재로 남아 있으려고 합니다.

깨달은이는 존재계를 하나의 유기체로 이해합니다. 그의 눈에는 사람들이 서로 연결되어 있을 뿐 아니라 나무들과도 연결되어 있습니다. 사람들만이 서로 함께 호흡할 뿐만 아니라 온 우주가 서로 함께 숨 쉬고 있습니다. 우주는 깊은 조화 속에 있습니다. 오직 인간만이 조화의 언어를 잊어버렸습니다.

깨달은 사람이란 이 잊어버린 언어를 드물게 다시 상기시키는 데 성공한 사람입니다. 그는 없는 조화를 만들어내는 게 아닙니다. 조화가 우리의 실체입니다. 그러나 대부분의 사람들은 자신의 실체를 잊어버렸습니다. 어쩌면 그런 조화가 너무나 당연해서 잊어버리는지도 모르겠습니다.

한 화가가 그린 다양한 그림 물고기에 관한 우화가 있습니다. 어느 철학적인 물고기가 다른 물고기에게 물었습니다. "나는 바다에 대하여 들은 바가 많소. 바다는 대체 어디 있소?" 물고기는 바다 속에서 태어났고, 바다 속에서 자랐으며, 바다를 벗어난 적이 없지요. 그래서 그 물고기는 자신과 떨어져 있는 객체로서의 바다를 본 적이 없었던 것입니다.

나이 든 물고기가 바다를 찾는 물고기에게 말했습니다. "우리는 지금 바다 속에 있다." 젊은 물고기가 대들었습니다. "이건 물이에요. 어떻게 물을 바다라고 할 수 있습니까?" 물고기는 어부에 붙잡혀 바다 밖으로 나올 때라야 비로소 바다의 존재를 지각하게 됩니다. 그때 비로소 자신이 평생 바다 속에 있었음을, 바다가 자신의 삶이었음을, 바다 밖에서는 살 수 없음을 깨닫습니다.

그러나 인간의 경우는 어렵습니다. 우리를 존재계 밖으로 데려갈 수 없기 때문입니다. 존재계에는 한계가 없습니다. 밖으로 빠져나와서 "아, 저기가 존재계구나."라고 말할 수 있는 경계가 없습니다. 어디를 가든 그것은 존재계의 일부입니다. 우리는 모두 같이 호흡하고 있습니다. 우리는 전체 오케스트라의 악기들입니다.

이를 이해하려면 깊은 체험을 해야 합니다. 잡다한 생각들을 떨쳐 버리고 깊은 침묵 속에 침잠함으로써 무심의 상태로 들어가야 합니다. 사람들의 생각은 제각기 다릅니다. 그래서 그들은 생각 속에서 다른 사람들과 분리되어 있습니다. 그러나 생각을 멈추면 사람들을 나누고 있는 장벽들이 무너져 내립니다.

둘의 침묵은 결코 둘이 아닙니다. 둘의 침묵은 하나입니다. 사랑과 침묵, 지복, 환희, 신성 등 삶의 귀중한 가치를 깨달을 때, 우리는 무한한 하나 됨을 깨닫습니다. 무한한 하나 됨 속에서는 우리 모두가 하나의 실체에서 나온 다양한 존재들입니다. 하나의 가수가 부르는 다양한 노래들이며, 하나의 화가가 그리는 다양한 그림들입니다.

자신이 타인과 분리되어 있다고 생각하는 것은 우리의 무의식일 뿐입니다. 모든 사람은 섬으로 나뉘어 있는 존재가 아니라 광대한 대륙의 부분들이지요. 물론 각기 다양한 현상으로 나타나 있지만, 그렇게 보인다고 우리가 분리되어 있는 것은 아닙니다. 다양성은 삶을 풍요롭게 만드는 데 도움을 줄 뿐입니다.

우리가 하나임을 깨달을 때, 우리는 사랑으로 넘칠 것입니다. 생명에 대한 경외심으로 넘쳐흐를 것입니다. 이때 우리는 기독교와 불교 등을 뛰어넘어 참다운 종교인이 될 것입니다. 순수하고 진실한 종교인이 될 것입니다.

종교를 의미하는 'religion'이란 영어 단어는 의미심장하지요. 이는 무지로 갈라진 사람들을 묶어주어 분리되어 있지 않은 상태로 해 준다는 의미의 어근에서 나왔습니다. 그렇게 의식이 하나로 깨어날 때 우리는 나무조차도 해칠 수 없습니다.

그때 우리의 사랑은 억지로 행하는 사랑이 아니라 있는 그대로 저절로 흘러넘치는 사랑이 될 것입니다. 계율이 된 사랑은 가짜 사랑입니다. 억지로 배운 비폭력은 가짜 비폭력입니다. 이들이 인위적인 노력 없이 흘러넘칠 때 더없이 진실한 것이 됩니다.

사랑은 신에 가장 근접해 있습니다. 사랑 속에서 그대는 다른 존재와 조율을 맞추기 때문입니다. 사랑 속에서 그대는 더 이상 독주 악기가 아닙니다. 두 사람 사이에서 작은 교향곡이 만들어집니다. 그대는 더 이상 홀로이지 않습니다. 그대는 그대보다 더 큰 존재의 일부분이 됩니다. 그리고 그것은 범위를 넓혀가며 결국엔 전 존재가 그대의 가족이 됩니다.

그것이 예수가 '나의 아버지인 신이여'라고 말한 의미입니다. 신은 나의 아버지이며 나는 그의 아들이고 계승자입니다. 그는 나의 과거요, 나는 그의 미래입니다. 이것이 아들의 의미지요. 동일한 강이 흐르는 것입니다.

그대가 감수성을 넓혀 그대의 가족이 확장될 때, 전 존재가 그대의 집이 되는 순간이 옵니다. 지금 당장은, 그대의 집조차 그대의 집이 아닙니다. 그대의 집에서조차 그대는 편치가 않습니다.

머리에서 가슴으로 사랑이 작용하기 위해서는 머리가 아니라 가슴이 필요합니다. 사랑은 가슴의 기능입니다. 우리는 머리를 갖고 세상 속에서 살아갑니다. 그리고 충만한 사랑을 느낄 때에만 가슴으로 내려갑니다. 그러나 일상생활 속에서는 결코 가슴으로 내려가지 못합니다.

오직 깨달은이만이 쉽게 머리와 가슴 사이를 오르내리지요. 마하비라는 움직이거나 걸을 때 개미 한 마리도 죽이지 않으려고 조심했습니다. 그가 개미에 관심을 가졌던 것이 아닙니다. 다만 그는 머리에서 가슴으로 내려왔을 뿐입니다. 그래서 모든 생명체를 사랑으로 대하게 되었던 것입니다.

그대가 맺고 있는 관계들이 더 많은 사랑에 기초할수록 가슴의 센터가 더 활발하게 작용할 것입니다. 그러면 그대는 세상을 전혀 다른 눈으로 보게 될 것입니다. 가슴에는 나름대로 세상을 보는 고유한 시각이 있기 때문입니다.

마음은 결코 그런 식으로 세상을 볼 수 없습니다. 그것은 마음에게 있어서 절대 불가능한 일이지요. 마음은 오직 분석할 뿐입니다. 마음은 나누고 구분합니다. 마음은 분열을 능사로 여깁니다. 그러나 가슴은 통합합니다. 오직 가슴만이 통일성을 줄 수 있습니다.

가슴을 통해 세상을 보면 우주 전체가 하나의 단일체로 보입니다. 반면에 마음을 통해서 보면 세상 전체가 원자로 쪼개어집니다. 통일성은 사라지고 오직 수많은 원자가 있을 뿐입니다. 가슴은 통합의 경험을 선사합니다. 모든 것을 한데 묶어 연결시킵니다. 그 통합 가운데 궁극적인 것이 신입니다. 가슴을 통해서 보면 우주 전체가 하나로 보입니다. 그 하나가 곧 신입니다.

화합을 위해서는 더욱더 사랑으로 충만해져야 합니다. 사랑으로 충만해진다는 말은 그대가 맺고 있는 모든 관계에 질적 변화를 일으키킨다는 뜻입니다. 모든 관계의 밑바닥에 사랑이라는 토대를 세우십시오. 모든 관계를 사랑에 기초한 것으로 만드십시오.

그대의 부인이나 아이들, 친구와의 관계뿐만 아니라 살아있는 모든 생명체와의 관계를 더 많은 사랑으로 채우십시오. 이것이 마하비라와 붓다가 비폭력을 가르친 이유입니다. 그것은 다만 생명체를 사랑으로 대하는 태도를 고양시키기 위한 것이었습니다.

가슴은 평화의 원천입니다. 따라서 그대는 아무것도 만들어낼 필요가 없습니다. 다만 항상 거기에 존재하는 원천에 도달하기만 하면 됩니다. 그러면 평화의 빛이 그대의 눈에서 발산됩니다. 그리고 그대를 대하는 사람들의 태도 또한 다름을 느낄 것입니다. 모든 관계에 있어서 가슴으로 사는 사람은 무엇인가 공헌하고 있습니다.

사람들은 그가 평화로 충만한 것을 미처 자각하지 못할지도 모릅니다. 그러나 그가 평화로 흘러넘치면 모든 사람이 그를 달리 대하게 될 것입니다. 그리고 그들 또한 더 많은 사랑과 친절함으로 가득 찰 것이며, 더 개방적이고 친밀해질 것입니다.

여기엔 자력과 같은 힘이 작용합니다. 그가 평화로우면 사람들이 그에게 더 가까이 다가옵니다. 그러나 그가 혼란스러운 상태이면 모든 사람이 그를 멀리 할 것입니다. 그가 평화로우면 모든 사람이 그와 더 가까워지기를 원합니다. 그의 평화가 방출되고 있기 때문입니다.

그 주변에 평화가 진동하고 있습니다. 평화로운 분위기가 그 주변을 감싸고 있습니다. 그래서 그 주변에 가까이 오는 사람은 누구든지 나무 그늘을 찾아드는 것처럼 더 가까이 다가서고 싶은 느낌을 받습니다. 그들은 나무 그늘 아래 들어가 편안히 쉬고 싶어합니다.

우리가 다른 사람들과 화목하게 지내기 위해서는 자칫 줏대가 약해지고 겉과 속이 다르게 행동하게 되기 쉬운데, 이렇게 하면서도 화목하게 사는 것이 좋습니까?

가면을 쓰는 것보다 정직하게 사는 것이 물론 좋지요. 정직한 것 자체는 좋은 것이니까요. 모든 사람은 자기 자신에 진실하고 정직해야 합니다. 그러나 나 혼자 여기 있는 것이 아니며, 많은 사람들과 관계를 맺고 있지요.

그래서 나의 진실함과 정직함으로 인해 다른 사람들에게 상처를 입혀서는 안 됩니다. 게임의 규칙을 지켜야 합니다. 모든 관계는 게임과 같습니다. 게임을 위해서 필요하면 가면도 쓸 줄 알아야 합니다. 가면을 쓰고 연기하되, 가면과 동일시하지만 않으면 될 것입니다.

우리는 진리를 사랑해서가 아니라 다른 사람에게 상처를 입히기 위해 진리를 말할 수 있습니다. 우리는 진리를 무기로 사용할 수 있습니다. 그러나 진리를 무기로 사용한다면 그것은 진리가 아닙니다. 그것은 거짓말보다 더 나쁜 것입니다. 때때로 거짓말을 통해 다른 사람을 도울 수도 있고, 거짓말을 통해 관계가 더 좋아질 때도 있습니다.

그때는 거짓말 하는 것을 굳이 나쁘다고 할 수 없습니다. 능숙한 배우가 되고, 게임의 규칙을 지키는 것이 필요할 때가 있습니다. 그럼으로써 불필요하게 다른 사람들에게 상처를 입히지 않는 것이 좋습니다. 그러나 항상 기억하고 있어야 합니다. 가면은 내 원래의 얼굴이 아니라는 것을. 언제라도 가면을 벗을 수 있어야 합니다.

가면에 잘못된 것은 아무것도 없습니다. 삶을 너무 심각하게 받아들일 필요가 없습니다. 연극을 하는 사람들이 가면을 쓰고 즐거워하고 관객들도 즐거워하듯이, 왜 실제 삶에서도 가면을 즐기지 않습니까? 삶은 하나의 연극입니다.

그리고 삶에서 올바른 행동이란 다른 사람들을 고려하는 것입니다. 거짓말이 다른 사람들과의 관계에서 도움이 되고 유용하다고 생각되면 가면을 쓰고, 내면에서는 이것은 우리가 연기하고 있는 게임에 지나지 않는다는 것을, 이것은 진실이 아니라는 것을 늘 깨닫고 있으면 됩니다.

바깥 세상에 대해선 배우처럼 행동하되 다른 사람을 속이고 있다고 생각할 필요가 없습니다. 아이에게 장난감 총을 주었다고 해서 우리가 아이를 속이는 것은 아닙니다. 아이는 진짜 총이 필요치 않습니다. 다른 사람을 지켜보고, 그에게 도움이 되고 우리에게는 불필요한 문제가 생기지 않는 방식으로 행동하는 것, 이것이 바로 올바른 행동의 의미입니다.

불필요한 적을 만들지 않고 그러나 지나치게 도덕적인 마음으로 무장되어 있는 사람은 정직함이 다른 사람들에게 해가 되는 상황에서도 정직할 것입니다. 그는 융통성이 없으며, 사물을 들여다보는 눈이 없으며, 진리에 응할 수 없습니다.

그는 계산기와 같습니다. 삶의 상황은 매 순간 변하는데 그의 원칙은 경직되어 있습니다. 그에게 원칙은 진실보다 더 중요합니다. 그는 결코 자연스럽지 못합니다. 그는 과거를 통해서 삽니다. 그는 인격을 가지고 있고, 그것을 지키며 심각하게 그리고 힘겹게 삶을 살아갑니다.

올바른 행동이란 우리의 행동에 대해 언제나 기뻐하고 행복해하는 것을 뜻합니다. 우아하고 부드러우며 남에게 전혀 해를 입히지 않는 것을 뜻합니다. 올바른 행동은 우리의 성장을 돕고, 불필요한 문제들이나 위기들을 피하는 데 도움을 줍니다. 우리는 불필요하게 많은 문젯거리들을 만들어 냅니다. 그리고 그 문젯거리들로 인해, 또 그것들을 해결하느라 시간과 에너지를 써 버립니다.

사소한 문제 하나가 우리의 삶을 전부 파괴해버릴 수도 있습니다. 올바른 행동은 다른 사람들과 싸우지 않고 이 세상을 살아가는 것을 뜻합니다. 불필요한 적을 만들지 않고 이 세상을 살아가는 것을 뜻합니다. 우리의 행동 방식이 바로 우정을 만듭니다. 그것이 우리에게 유익합니다.

대부분의 사람들은 다른 사람들과 진정한 화합을 이루지 못한 채 갈등 속에서 살아가고 있습니다. 이의 근본적 원인은 무엇이며, 이를 극복하려면 어떻게 해야 합니까?

인간만 빼고 존재계는 모두 화합을 이룬 채 지복에 휩싸여 있습니다. 인간만이 지복에서 빠져나와 길을 헤맵니다. 인간이 길을 잃고 헤매는 것은 의식이 있기 때문입니다. 의식에는 두 가지가 있습니다. 첫째 의식은 순수 의식입니다. 순수 의식은 우리 안에 빛을 가져옵니다. 그 빛은 너무나 밝아서 태양마저도 그 빛을 잃을 정도입니다.

붓다는 "무심의 경지에 도달하면 내면에서 수천 개의 태양이 떠오르고 영원한 빛만 존재한다"고 말했습니다. 그것은 순수하고 오염되지 않은 기쁨입니다. 그것은 순전한 지복입니다. 그 장려함은 필설로 형용할 수 없을 정도입니다.

둘째 의식이 우리가 느끼는 자의식입니다. 자의식을 느낄 때 우리는 추락합니다. 존재계와 분리된 개별자가 됩니다. 일정한 틀 속에 들어간 섬이 됩니다. 그 섬은 일종의 감옥입니다. 이 감옥은 우리를 마비시키고 불구로 만듭니다. 자의식은 속박이고 의식은 자유입니다.

그래서 붓다는 자아를 놓고 의식이 되라고 가르칩니다. 인간은 자의식에 사로잡혀 있습니다. 그래서 길을 잃어버렸습니다. 그것이 인간의 원죄입니다. 기독교의 원죄 이야기는 지식 나무의 열매를 따 먹었기 때문에 인간이 타락하게 되었다고 합니다. 지식 나무의 열매를 먹어서 자의식이 생겼다는 것입니다.

지식이 많을수록 우리의 에고는 강해집니다. 지식인이 되면 신뢰와 사랑, 경이 등은 모두 사라집니다. 우리는 지식이 풍부한 사람이 되라고 배웁니다. 순수한 사람이 되라고, 존재의 경이에 눈뜬 사람이 되라고는 배우지 않습니다.

우리는 꽃 이름들을 배우지, 꽃과 더불어 춤추는 법을 배우지 않으며, 산 이름과 나무 이름을 배우지 산과 소통하고 나무와 소통하는 법을 배우지 않습니다. 존재계와 파장 맞추는 법을 배우지 않습니다. 존재계와 조화를 이루지 못하고 어떻게 행복할 수 있습니까? 존재계와 조화를 이루지 못하면, 인간은 고통과 불행 속에서 살아야 합니다.

의식의 세계와 자의식의 세계 의식은 건강이고 자의식은 질병입니다. 자의식은 그 무엇이 막히거나 얽힌 것입니다. 의식의 강물이 자연스럽게 흐르지 않는 것입니다. 이것은 이물질이 의식의 강물 속으로 들어왔기 때문입니다. 자의식은 막혀서 얼어붙은 것입니다. 이것은 연못에 고인 물과 같습니다. 연못에 고인 물은 흐르지 못하기 때문에 서서히 메말라 가다가 결국은 사라집니다.

의식에는 '나'라는 관념이나 에고의 관념이 없습니다. 자신이 존재와 분리되어 있다는 생각마저도 없습니다. 거기에는 아무런 장벽도, 아무런 경계도 없습니다. 의식은 존재와 하나가 되어 있습니다. 개인과 전체 사이에 아무런 갈등도 일어나지 않습니다. 개인은 전체로 흐르고 전체는 개인으로 흐릅니다.

이것은 마치 호흡하는 것과 같습니다. 그대가 숨을 들이쉴 때는 전체가 그대에게 들어오고, 숨을 내쉴 때는 그대가 전체 속으로 들어갑니다. 이것은 끊임없는 흐름이요 나눔입니다. 전체가 끊임없이 그대 속으로 들어가고, 그대가 끊임없이 전체 속으로 들어가는 것입니다. 그리하여 균형과 조화가 끊임없이 지속되지요.

자의식으로 사는 사람은 내면의 무엇인가가 잘못되었습니다. 그는 받아들이기만 할 뿐 결코 남에게 주지 않습니다. 그는 모으기만 할 뿐 나누는 법을 알지 못합니다. 그는 끊임없이 자신의 주위에 누구도 침범할 수 없는 경계를 만듭니다.

항상 '출입금지'라는 표지판을 걸고 다닙니다. 삶을 나누지 못하기 때문에 그는 서서히 죽어갑니다. 자기라는 것은 이름만 살아 있을 뿐 죽은 것입니다. 반면에 의식은 무한히 넘치는 생명입니다. 의식에는 어떤 경계도 없습니다.

그러나 보통 사람들은 자의식을 가지고 삽니다. 자의식이란 곧 무의식을 뜻합니다. 자의식이 무의식이라는 말은 역설적입니다. 자의식이란 사실 진실한 자기 의식이 없음을 뜻합니다. 진실한 자기가 없고 보잘것없는 자기만 있어 고통스러움을 의식하게 되는 날, 이는 자연히 사라지고, 우리는 참 나를 보게 됩니다.

참 나가 곧 지고의 자아이며 우주의 자아입니다. 참 나는 곧 무아를 말합니다. 왜 무아입니까? 왜냐하면 참 나는 그대의 자아일 뿐 아니라 궁극의 자아이기 때문입니다. 모든 존재의 자아이기 때문이지요. 우리는 보잘것없는 자기를 잃고 존재의 중심에 도달합니다.

그러면 갑자기 무한한 존재가 됩니다. 갑자기 우리를 옥죄던 모든 경계가 녹아들고 무한한 에너지가 우리에게 내려오기 시작합니다. 우리는 통로가 됩니다. 어떤 장애도 없는 투명한 통로가 됩니다.

자의식은 갈등과 투쟁과 충돌의 세계입니다. 존재계와 싸우는 사람은 자의식을 지닌 사람입니다. 그런 사람은 항상 패배합니다. 그래서 좌절의 삶을 살아갑니다. 본인이 스스로 처음부터 그런 운명을 만든 것이지요.

어느 누구도 존재와 싸워서는 삶을 제대로 살 수 없습니다. 그의 삶은 실패할 수밖에 없습니다. 그대는 신과 함께 해야만 성공할 수 있습니다. 신과 싸워서는 결코 성공할 수 없습니다. 그대는 전체와 더불어 성공할 수 있습니다. 그러므로 그대가 깊은 좌절과 실의에 빠졌을 때는, 자신이 스스로 그런 고통을 만들었음을 기억하십시오.

에고를 내려놓으라. 진정한 변화는 그대가 존재와의 투쟁을 쉴 때 일어나기 시작합니다. 이것이 바로 위대한 스승들이 말하는 '에고를 내려놓으라.'의 뜻입니다. 이는 곧 투쟁을 내려놓으라는 말입니다. 에고를 내려놓으라는 말은 다소 추상적이지요. 그러므로 투쟁을 내려놓으라는 말을 기억하십시오.

에고라는 말은 관념적입니다. 에고란 무엇이며 어디에 있습니까? 우리에게 에고란 말이 친숙한 듯하지만 사실은 뚜렷하지 않고 모호합니다. 그래서 투쟁이란 말로 대치하는 것이 좋습니다. 왜냐하면 에고는 투쟁심의 산물이기 때문입니다.

사람들은 자연을 정복하려 하고, 이것저것을 정복하려고 합니다.

어떻게 우리가 자연을 정복한단 말입니까? 우리는 자연의 일부지요. 어떻게 부분이 전체를 정복할 수 있단 말입니까? 우리는 전체와 하나가 되거나 아니면 전체와 싸우거나 할 수 있지요.

전체와의 싸움이 불행을 낳습니다. 하지만 전체와의 하나 됨은 지복을 낳습니다. 전체와의 하나 됨은 깊은 침묵과 기쁨, 희열을 낳습니다. 그러나 전체와의 갈등은 걱정과 번민, 스트레스, 긴장을 낳을 뿐입니다.

에고는 우리가 자기 주변에 만들어놓은 긴장입니다. 왜 인간은 계속해서 자아를 만드는 것일까요? 그건 바로 참 나를 모르기 때문이지요. 인간은 자아가 없으면 살기 힘들어합니다. 그래서 대용물인 가짜 나라도 만들어야 하는 것입니다. 이것은 모두 우리가 참 나를 모르는 데서 기인합니다.

참 나는 머리로는 절대 알 수 없습니다. 참 나는 머리 너머의 신비입니다. 참 나는 너무 광대해서 정의할 수도 없으며, 너무 신비해서 그 중심으로 꿰뚫고 들어갈 수도 없습니다. 참 나는 전체의 자아지요. 그렇기 때문에 인간의 머리는 그 광대한 신비의 세계를 생각할 수도 포착할 수도 없는 것입니다.

무덤에 회칠을 한다. 의식을 바꿈으로써 그대의 성격은 자동적으로 변화됩니다. 그러나 성격을 바꾼다고 해서 그대의 의식이 변화되는 것은 아닙니다. 그대의 성격을 바꾸면 그대의 의식은 억압받고 이원성을 낳게 됩니다. 그대의 의식이 하나의 유형으로 남아 있고 그대의 성격도 다른 유형으로 남아 있지만, 둘 사이는 연결되어 있지 않습니다.

그대는 두 사람 혹은 그 이상의 인물이 됩니다. 그대는 다중 성격이 되고 군중이 됩니다. 휴식을 취하기보다는, 깊은 침묵에 잠기기보다는, 평화를 경험하기보다는, 그대는 더 신경질적이 되고 더 소란스러워집니다. 일체의 내적 조화를 상실하는 것이지요. 이런 일이 도덕주의자에게 일어납니다. 그들은 단순히 외부 세계로부터 계속 일시적인 짜맞추기만을 하고 있습니다.

그들은 겉 치레를 하는 사람들입니다. 예수는 이런 무리들을 '무덤에 회칠을 한다'고 표현했습니다. 내부에는 냄새 나는 시체가 있는데, 외부로는 회칠을 하고 있는 것입니다. 외부에서 보면 그 무덤이 아름답게 보입니다. 그대는 무덤에 장미를 갖다놓을 수도 있고, 무덤가에 꽃을 키울 수도 있습니다. 하지만 아무리 아름답게 꾸미더라도 그 내부는 무덤일 뿐입니다.

바로 이것이 인간의 상황입니다. 이 모든 일은 우리가 성격을 너무 과도하게 믿기 때문에 일어납니다. 세상의 99퍼센트의 사람들은 행동주의자들입니다. 그들은 파블로프 학파에 속하는 사람들로서 모두 행동주의를 신봉합니다. 그들 모두는 우리의 행동은 변할 수 있으며, 그때는 우리도 바뀐다고 믿습니다. 왜냐하면 우리는 단지 우리의 행동일 뿐이기 때문입니다. 이것이 사회가 지금까지 살아온 방식입니다.

성격의 품위는 명상으로부터 의식을 근본적으로 바꾸기 위해서는 또한 근본적인 방법이 요구됩니다. 그리고 이제까지 확인된 것으로 명상 이상의 근본적 방법은 없습니다. 명상을 통해서 우리는 자신의 성격에 관한 한 어떤 것도 훈련하고 있지 않지만 우리의 통찰력은 성장합니다.

우리는 사물을 있는 그대로 보기 시작하며, 그때 자연스럽게 삶 전체는 새로운 빛 또는 비전속에서 변형됩니다. 더 이상 낡은 방식으로는 행동할 수 없게 됩니다. 이제는 명상을 통해서 우리가 분리되어 있지 않다는 사실을 알기 때문에 어느 누구도 속일 수 없습니다.

우리는 폭력적일 수 없으며, 남에게 상처 주는 것을 즐길 수 없습니다. 이제는 그대가 다른 사람의 일부이듯 다른 사람도 그대의 일부라는 사실을 알기 때문입니다. 우리는 하나의 유기적 우주의 일부며, 전혀 분리된 존재들이 아닙니다. 이때는 물론 성격의 품위를 갖출 것이며, 그 품위는 온전함을 통해서 나올 것입니다.

명상이 진정한 성격의 원천이어야 합니다. 우리의 전 에너지를 명상 속에 쏟아 부을 때 그로부터 성격이 발생합니다. 그것은 우리에 의해 조작된 것이 아니라 자발적으로 나온 것입니다. 성격이 자연발생적일 때 그 자체의 아름다움을 지니며, 그것이 하나의 기쁨입니다.

많은 사람이 다른 사람들의 행동을 따라 하며 그들과 비슷하게 사는 까닭은 무엇이며, 어떻게 하면 이런 군중심리에서 벗어나 자신의 삶을 즐길 수 있습니까?

모든 사람이 똑같이 생각합니다. 이것이 군중입니다. 사람들은 군중에 속해 있고 이렇게 많은 사람이 잘못될 리가 없다고 생각하지요. 그러나 다른 사람들 또한 마찬가지로 생각합니다. 모든 사람이 똑같이 생각합니다.

혼자 남을 때는 수많은 의심이 일어납니다. '나는 어디로 가고 있는가? 혹 잘못된 길로 가고 있는 것은 아닐까?' 이런 의심과 더불어 어둠에 휩싸입니다. 그러나 대답해 줄 사람은 아무도 없습니다. 그래서 사람들은 군중 속에 있기를 좋아합니다. 거기에는 우리에게 충고를 해 줄 수 있는 사람이 항상 곁에 있기 때문입니다.

군중 속에서 우리는 포근함을 느낍니다. 군중에 둘러싸여 있을 때 우리는 이런 식으로 생각하지요. '내가 하고 있는 일은 옳다. 다른 사람들 또한 나와 똑같이 하고 있지 않은가?' 사회는 우리가 다른 사람들과 비슷하게 행동하기를 기대하고, 단체에서 빠져나오는 사람을 용납하지 않습니다. 다르게 행동하는 순간 우리는 낯선 이가 됩니다. 사람들이 두려워하는 타인이 되는 것입니다.

그래서 사람들은 계속해서 어떤 무리 속에 끼기를 원합니다. 다수가 함께 있으면 사람들은 기분이 좋아집니다. 많은 숫자는 사람들에게 옳다는 생각을 심어줍니다. 수백만 명의 사람들이 같이 있으면 잘못될 일은 없다고 생각합니다. 그러나 홀로 떨어져 있게 되면 의심이 솟아납니다. 내 주위에는 아무도 없습니다. 그럴 때 내가 옳다는 것을 어떻게 증명할 것입니까?

이것이 '수의 정치학'입니다. 수의 정치학에서는 소속된 사람이 많을수록 그 단체가 가고 있는 길은 그만큼 옳을 가능성이 많다고 간주되고, 그래서 더욱 많은 사람들이 모여들면 그만큼 큰 영향력을 행사할 수 있습니다. 그래서 정치 단체나 종교 단체, 교육 단체 등 모든 단체가 수의 정치학을 무시할 수 없는 것입니다.

집에 갈 때는 홀로 가야 한다. 세상에서 가장 위대한 용기란 다른 사람을 모방하지 않는 것, 어떠한 대가를 치르든 진정으로 자신의 삶을 사는 것이지요. 그대 자신의 삶을 살기 위해서 목숨을 잃게 될 위험이 따를지라도 그것은 그만한 가치가 있습니다. 그것이 바로 영혼이 태어나는 길이기 때문입니다.

실수를 할지라도 그대 자신의 삶을 사는 것이 다른 사람을 따라서 옳게 되는 것보다 더 낫습니다. 그 자신의 결정에 따라 잘못된 사람은 조만간 자신의 실수로부터 배우게 될 것이기 때문입니다. 실수함으로써 성장할 수 있습니다. 그리고 실수를 저지르는 가장 좋은 방법은 자기 생각대로 창의적으로 해보는 것입니다.

개인적으로 독특하게 살기 위해서는 굉장한 용기가 필요합니다. '온 세계가 나에게 등을 돌려도 상관없어. 문제는 내 경험의 근거가 확실한 것인가이지. 나는 숫자에는 관심이 없어. 얼마나 많은 사람들이 내 주위에 있는지 아예 살펴보지도 않아.

내가 주의 깊게 보는 것은 내 행동이 타당한가 타당하지 않은가 하는 것이다. 내가 하는 말이 다른 사람들의 말을 그저 앵무새처럼 되풀이하고 있는 것인지, 아니면 진짜 나만의 경험에서 나왔는지 지켜볼 뿐이다.

그것이 내 경험에서 나오면, 내 피와 뼈와 골수에서 나오면, 세상이 나에게서 등을 돌리고 그들끼리 한 패가 될지라도 여전히 나는 옳고 그들은 옳지 않아. 다른 사람의 의견에 따라 좌지우지되는 사람만이 다른 사람의 지지를 필요로 할 뿐이야.' 이렇게 말할 수 있는 사람이야말로 진정으로 우리 사회의 소금과 같은 존재입니다.

그러나 사회는 다른 이의 지지를 원하는 사람들로 가득 차 있습니다. 이런 방식으로 사회는 기능을 수행하며, 이런 이유로 우리를 다수 속에 가두어 놓습니다. 다른 사람이 슬프면 그대도 같이 슬퍼해야 하고, 다른 사람이 불행하면 같이 불행해야 합니다. 그들이 어떻게 되건 그대도 그렇게 되어야 합니다. 차이는 용납되지 않습니다. 차이를 보인다는 것은 결국 개인이라는 독특한 존재로 되어가고 있다는 뜻입니다. 사회는 이런 존재를 두려워합니다.

개인이 된다는 것은 무리에서 벗어나 독립적인 존재가 된다는 뜻입니다. 이런 사람은 무리에 전혀 신경 쓰지 않습니다. 그 사람에겐 신, 사원, 성직자, 이 모든 것들은 무의미할 뿐입니다. 이제 그는 무리에서 벗어나 자신의 존재를 찾았습니다. 사는 것, 죽는 것, 축하하고 노래하고 춤추는 것에 대해 자신만의 방식을 찾았습니다. 그는 집에 도착한 것입니다. 무리와 있으면 누구도 집에 이를 수 없습니다. 집에 갈 때는 홀로 가야 합니다.

하지만 어디에서 해방되겠다는 생각은 버리십시오. 그 대신 무엇을 위해 자유로워질 것인가를 생각하십시오. 이 두 생각은 별 차이 없는 것 같지만, 그 차이는 대단히 크지요. 그러므로 무엇으로부터 해방될 것인가가 아닌, 무엇을 위해 자유로워질 것인가를 생각하십시오.

신을 위해, 진리를 위해 자유인이 되십시오. 그러나 군중으로부터, 교회로부터, 이런저런 것으로부터 벗어나고 싶다고 생각하지는 마십시오. 그런 생각을 갖고 있으면 하루 이틀 정도는 벗어날 수 있습니다. 그러나 영원한 자유는 얻지 못합니다. 이런 생각 자체가 일종의 억압으로 작용할 수 있지요.

왜 군중을 두려워합니까? 그대와 군중 사이에 무엇인가 끄는 힘이 존재합니까? 그대가 군중에 대해 매력을 느끼는 것은 어느 누구도 아닌 바로 그대 자신입니다. 그러므로 어디를 가든 항상 군중은 그대의 지배권을 쥐고 있습니다.

군중에서 벗어나는 길 군중이라는 개념에 기초하여 생각하지 마십시오. 사실을 있는 그대로 보십시오. 오직 그대라는 고유한 존재의 입장에서 생각하십시오. 지금 군중에 대한 생각을 떨쳐버리십시오. 군중에서 벗어나겠다고 발버둥칠수록 그대는 군중으로부터 벗어날 수 없습니다. 군중으로부터 해방되겠다고 생각해도 소용없습니다. 그저 그 생각을 던져 버리십시오.

문제가 되는 쪽은 군중이 아닙니다. 바로 그대가 문제지요. 그대를 잡아끄는 것은 군중이 아닙니다. 그대가 이끌릴 뿐이지요. 누가 그대를 끄는 것이 아닙니다. 그대의 깨어있지 못한 의식이 이런 작용을 하는 것입니다.

다른 사람에게 책임을 전가하지 마십시오. 책임을 전가하면 절대 자유를 얻을 수 없습니다. 깊은 내면에서는 모든 것이 그대의 책임입니다. 군중에게 모든 책임을 돌리고 적대시할 필요가 없습니다. 군중들도 불쌍한 존재들입니다. 그러므로 너무 적대감을 갖지 마십시오.

그대가 협조하지 않으면 군중은 아무것도 할 수 없습니다. 그대의 협조가 문제가 됩니다. 지금 당장 군중에게 어떤 협조도 하지 마십시오. 조금의 협조라도 내보이면 그대는 곤란에 처할 것입니다.

그대는 본질을 꿰뚫어보아야 합니다. 그대가 뛰어든 싸움은 이미 그대가 질 싸움입니다. 지도록 예정된 싸움을 하고 있는 셈입니다. 이 점을 깨달아야 합니다. 싸우려고 할수록 군중에게 힘을 더해줍니다. 그러나 협조를 하지 않는다면 군중은 아무 힘도 쓸 수 없습니다. 결국 그대가 얼마나 예민하게 깨어 있느냐의 문제입니다.

군중과의 관계에서 어떤 일이 생기든 책임은 다 그대에게 있습니다. 다른 사람은 아무 관계없습니다. 그대가 간절히 원했기 때문에 그 일이 일어난 것입니다. 어떤 사람이 그대를 이용했다면 그대가 원했기 때문에 그런 일이 일어났습니다.

그대가 갇히길 원했기 때문에 어떤 사람이 그대를 가두었습니다. 그대가 갇히기를 원하는 데는 어떤 이유가 있을 것입니다. 아마 그대는 안전을 원했을 것입니다. 지위와 계층을 막론하고 모든 사람은 갇히면 안전하기에, 어떤 위험도 없기에, 감옥을 열렬히 바랍니다.

만일 그대가 이런 감옥에 갇혔다면 벽과 씨름하지 마십시오. 대신 내면을 들여다보십시오. 안전을 갈망하는 그대의 마음을 살펴보고 군중들이 그대를 어떻게 조작하는지도 살펴보십시오. 그대는 군중들에게 무엇인가를 바라고 있습니다. 그대를 인정해줄 것과 책임져 줄 것을 그리고 그대에게 명예와 존경을 보내줄 것을 요구하고 있습니다.

이런 요구가 있으면 거기에 상응하는 대가가 있습니다. 군중은 이렇게 생각합니다. '그래, 존경해주지. 그 대가로 당신의 자유를 우리에게 줘.' 간단한 흥정이 아닙니까? 그러나 군중이 그대를 어떻게 하려는 것이 아닙니다. 근본적인 책임은 그대에게 있습니다. 그러므로 이런 삶에서 벗어나십시오.

남을 따라 하는 것이 나쁘다는 것은 본받을 만한 가치가 없는 사람들을 타성적으로 모방하는 것을 뜻하는 것일 듯하며, 위대한 스승을 본받는 의미에서 그를 따라하는 것은 좋은 것이 아닙니까?

기독교 신자들은 성경을 사랑하고, 불교 신자들은 불경을 사랑합니다. 그러나 경전을 사랑하는 것만으로는 도움이 되지 않습니다. 그들은 성경을 사랑하지만 예수가 되지 못합니다. 그들은 반야심경을 사랑하고 날마다 몇 번씩이고 독송합니다. 반야심경은 짧은 경전이기 때문에 몇 분이면 독송할 수 있습니다. 그러나 이 경전 자체가 되지 못합니다. 붓다가 되십시오. 책을 사랑하는 것은 도움이 안 됩니다. 오직 그 자체가 되는 것만이 도움을 줍니다.

그러나 명심하십시오. 정확히 그가 되라는 말은 아닙니다. 신은 세상에 똑같은 성인들이 존재하는 것을 원치 않습니다. 그것은 단조롭고 지루하며 추한 일입니다. 우리는 각각 자신만의 방식대로 단 한 명의 현인이 되어야 합니다. 결코 다른 사람을 모방하지 마십시오.

그것은 자살 행위지요. 그렇게 되면 우리는 삶을 즐길 수 없게 될 것입니다. 우리는 항상 복사본일 뿐 결코 원본이 되지 못합니다. 그런데 진선미眞善美, 해탈, 명상, 사랑 등 가치 있는 것들은 원본에게만 일어납니다. 결코 복사본에는 일어나지 않습니다.

그러므로 그들과 똑같은 사람이 되려고 하지 마십시오. 그것은 위험한 일입니다. 단순히 그들을 흉내 내기 시작하면 우리는 문제에 빠질 것입니다. 그런데 사람들은 그런 일을 시도하고 있지요. 하지만 신은 반복을 허용하지 않습니다. 신은 복사본 같은 사람들을 받아들이지 않습니다. 원본만을 사랑합니다.

신은 고타마 붓다를 사랑했지요. 그러나 그 사랑은 끝났습니다. 이제 고타마 붓다와 같은 사람은 필요 없습니다. 그것은 더 이상 사랑의 관계가 아닐 것입니다. 그것은 전에 보았던 영화를 다시 보는 것과 같지요. 신은 그렇게 둔하고 멍청하지 않습니다. 어느 누구도 다른 사람과 똑같이 반복되는 것을 허용하지 않습니다.

예수는 단 한번 존재했으며, 고타마 붓다도 단 한번 존재했습니다. 우리 또한 단 한번 존재하지요. 우리 각자는 단 한 명입니다. 그대와 같은 사람은 아무도 없습니다. 오직 그대만이 그대입니다.

이것이 삶에 대한 존중이며, 진정한 자기 존중입니다. 그들에게서 배우십시오. 그러나 절대로 그들을 모방하지는 마십시오. 그들의 분위기와 맛을 배우고 그 안으로 깊이 들어가십시오. 그들과 어울리십시오. 그러나 그대만의 길을 가십시오. 그대 자신이 되십시오.

홀로 가는 길 물론 스승들은 도움이 됩니다. 그들은 길을 암시하지요. 그러나 그들에게 매달리지 마십시오. 추종은 집착입니다. 그것은 이해가 아니라 두려움에서 나온 것입니다. 추종자가 된 사람은 길을 잃습니다. 일단 추종자가 되면 한 가지 사실은 분명합니다. 우리는 더 이상 아무것도 탐구하지 않을 것입니다.

구도의 길은 철저하게 개인적인 것이며 위험으로 가득 차 있습니다. 그대는 홀로 나아가야 합니다. 이것이 구도의 아름다움입니다. 깊은 홀로 있음을 통해서만 신이 그대 안으로 들어옵니다. 신이 그대 앞에 모습을 드러냅니다. 깊은 홀로 있음 안에서는 지성의 불꽃이 환한 빛을 발합니다. 침묵과 지복이 그대를 감쌉니다. 홀로 있음 안에서 그대의 눈이 뜨입니다. 그대의 존재가 열립니다. 구도의 길은 개인적인 것입니다.

진정한 스승은 제자가 그에게 가까이 오는 것은 허용하되, 그에게 매달리는 것은 허락하지 않습니다. 그는 제자에게 그를 이해할 수 있는 온갖 가능성은 허용하지만 그를 믿는 것은 허용하지 않을 것입니다. 이것은 미묘하지만 실로 엄청난 차이가 있습니다. 항상 깨어 있으십시오. 제자의 마음은 스승에게 모든 책임을 전가하려는 경향이 있습니다.

구도의 길은 우리가 누구를 따라야 할 그런 것이 아닙니다. 어느 누구의 길도 우리와는 아무런 관계가 없습니다. 붓다도 길을 걸었으나, 그것은 우리의 길이 될 수 없습니다. 우리는 붓다가 아니므로. 우리는 각자 유일한 개인입니다. 우리는 오로지 자신의 길을 걸음으로써, 자신의 삶을 살아냄으로써, 그 길을 발견할 수 있습니다. 길은 찾아야 하는 것입니다. 길은 있지만 그러나 그것은 길 없는 길이지요.

기독교, 불교 등 모든 종교는 고속도로지요. 도道는 개인을 존중합니다. 군중, 사회와는 무관합니다. 자유를 존중하고 맹종과는 무관합니다. 관습적이 아니고 반항적입니다. 도는 무질서 카오스의 특성을 갖습니다. 도는 우리 존재 안에서 일어납니다.

그것은 신선합니다. 처녀입니다. 묵은 것이 아닙니다. 참된 질서는 외부에서 일어나지 않습니다. 우리 존재의 저 깊은 곳에서 일어납니다. 그대 자신의 신을 찾을 때까지 그대는 전혀 길 위에 있는 것이 아닙니다. 인간이 만든 제도, 이데올로기는 진리일 수 없습니다.

5

세상 전체가 지나치게 분주하다

子曰 君子泰而不驕 小人驕而不泰
자 왈 군 자 태 이 불 교 소 인 교 이 불 태

공자가 말하였다. "군자는 태연하되 교만하지 않고, 소인은 교
만하되 태연하지 못하다."

君子 인품이 어질며 깨달음이 높은 훌륭한 사람 | **泰** 태연하다 | **不** 아니다 |
驕 교만하다 | **小人** 군자와 대조적으로, 인품이 어질지 못하며 깨달음이 높
지 않은 어리석은 사람

요즘 사람들은 지위 고하를 막론하고 항상 불안한 상태에서 태연하게 있지를 못합니다. 남의 동향에 민감하고 여론이나 소문에 신경을 곤두세우고, 상사의 마음이나 동료의 평판에 예민한 반응을 보이면서, 심지어 밥을 먹는 동안에도 태연하지 못합니다.

현대인은 태연한 심성과 느긋한 삶의 방식을 전부 잃어버렸습니다. 그래서 항상 마음은 급하고, 모든 것이 인스턴트 커피처럼 즉시 해결되기를 원합니다. 사회는 비교를 가르치고 경쟁을 부추깁니다. 성장의 열망은 곧 돈을 많이 버는 것이라고, 최고가 되는 것이라고 부추깁니다.

그래서 우리는 자기 분야에서 최고가 되어야 한다는 강박관념에 사로잡혀 있습니다. 요행으로 이런 경쟁에서 성공한 사람들은 그들 자신의 성취에 지나치게 자신을 가지고 자만에 차 허공에 떠 있습니다. 그러나 그들에게는 기초가 없습니다. 기반이 전혀 없지요. 그들이 지은 거대한 건물이란 어린아이가 종이로 접어 만든 집과 같습니다. 조금만 바람이 불어도 그 집은 당장에 무너집니다.

세상의 성공이란 곧 내면적인 실패를 의미합니다. 자신의 참 자아를 잃어버린다면 온 세상을 다 가진다 해도 그게 무슨 소용이겠습니까? 진정으로 깨달은 사람은 세상을 소유하는 게 아니라 자신의 존재를 소유합니다. 자신의 참 주인이 되는 것입니다.

우리가 대단하다고 여기는 소위 성공한 사람들은 결국에 가선 거지였음이 드러나곤 하지요. 돈과 명예와 권력을 좇는 사람은 거지일 수밖에 없습니다. 그는 끊임없이 구걸할 뿐 한시도 태연히 있을 수 없기 때문이지요.

욕망을 품지 않은 사람은 편안하고 자족할 줄 압니다. 그는 더 많은 것을 달라고 기도하지 않습니다. 이미 주어진 것들도 사실은 그가 요구하지 않은 것들입니다. 자기에게 주어진 것에 감사하며, 내재된 잠재력을 꽃피우면서 행복하게 살고 있는 사람은 긍지를 가지고 있습니다.

위대하다는 것은 자기가 해야 할 역할을 훌륭하게 해내는 사람입니다. 역할 자체에 가치의 상하를 따지는 것은 소인배의 시각입니다. 해야 할 일은 '나에게는 나의 삶이 있다'는 것을 깨닫고, 자신의 인생을 걸어가는 것입니다. 어떠한 사태에 처해서도 태연하게 자기의 페이스를 견지할 수 있는가 없는가에 인생의 행복과 성공이 좌우됩니다.

그러나 사람들은 이상할 정도로 지위 의식에 매여 있습니다. 지위의 사소한 차이에도 민감하게 반응합니다. 누가 먼저 계장이 되고 과장이 되는가에 온통 신경이 곤두서 있습니다. 지위의 상하를 따지지 않고 남과 비교하면서 자기를 상실함이 없이 태연하게 자기의 역할에 긍지를 가지고 몰두할 수 있는 사람이 가장 행복하고 훌륭한 사람입니다.

혹시 남이 자기를 깔보아도 태연하게 웃고 넘겨 문제 삼지 않고, 자기가 할 일을 해나갈 수 있는 사람은 심지어 존경스럽기까지 합니다. 이런 사람이야말로 진정한 군자라 할 만하지요.

장미꽃은 연꽃이 되려고 하지 않습니다. 장미꽃은 장미꽃으로 존재하는 것을 절대적인 행복으로 받아들입니다. 우리가 연꽃의 아름다움을 늘어놓으면서 부추겨도 장미꽃의 마음을 흔들어 놓을 수는 없을 것입니다. 장미는 자신의 존재에 확고하게 뿌리내리고 있습니다.

이런 까닭에 자연 속의 모든 것이 어떠한 초조함도 없이 태연하게 존재할 수 있는 것입니다. 그들은 확고한 중심을 갖고 고요히 안정되어 있습니다. 오직 인간만이 혼란 상태에 빠져 있습니다. 모든 사람이 보다 높은 사람이 되기를 열망하기 때문이지요.

군자만이 태연하고 소인은 결코 태연할 수 없다는 말씀은 특히 가슴에 와 닿습니다. 지금 우리 사회는 온통 난리법석이어서 군자다운 태연한 자세가 그립습니다. 그러나 정작 태연함의 특성과 태연하게 사는 법에 대해서 아는 바가 없습니다.

태연함의 핵심은 이완입니다. 이완이란 행위의 충동이 없음을 뜻합니다. 이완은 죽은 사람처럼 누워있는 것이 아닙니다. 이완은 행위의 충동이 사라져 에너지가 요동치지 않을 때 찾아오지요. 상황이 바뀌면 우리는 행동을 합니다. 그뿐입니다. 그러나 우리의 행위는 성급하게 구실을 찾지 않으며 스스로에게 편안합니다.

사람들은 흔히 태연해야 한다고 말합니다. 이것은 말도 안 되는 소리지요. 해야만 하는 것은 행위요 강박증입니다. 태연함이란 행위의 부재입니다. 행위를 하지 않으면 되는 것입니다. 그러나 우리는 너무 깊이 행위에 사로잡혀 있습니다. 그래서 태연함도 어떤 행위를 통해서 습득될 수 있는 것으로 생각합니다.

그러나 태연함은 본질상 습득하는 것이 불가능합니다. 태연함은 하나의 성장입니다. 그것은 삶 전체로부터 자라나는 것입니다. 태연함은 지금 우리가 처해 있는 상황을 그대로 놓아둔 채 거기에 덧붙일 수 있는 어떤 것이 아닙니다. 오직 근본적인 변형이 일어나야만 피어나는 하나의 꽃이며 성장입니다. 성장은 항상 전체로부터 옵니다.

삶 속에서 진정한 것은 행동이지 행위가 아닙니다. 행동은 내려놓아야 할 대상이 아닙니다. 행동을 내려놓는 것은 삶 자체를 내려놓는다는 것을 뜻합니다. 우리가 행동을 내려놓으면 태연하게 되는 것이 아니라 죽음이 찾아옵니다. 이것은 매우 미묘한 문제지요. 내려놓아야 할 대상은 행위이지 행동이 아닙니다. 행동은 건강한 것이요, 행위는 병든 것입니다.

태연함 속에서도 우리의 삶은 계속됩니다. 오히려 더 강렬하고 기쁨에 충만한 삶, 더 분명한 시각과 창조적인 삶을 얻습니다. 태연함 속에서 우리는 언덕 위에 서 있는 사람처럼 사방에서 일어나는 일을 보고 있습니다. 태연한 이는 행위자가 아니라 주시자입니다.

행동은 제 나름대로의 차원에서 계속 진행됩니다. 거기엔 아무 문제도 없습니다. 사소한 일이든 큰일이든 아무것이나 가능합니다. 그러나 한 가지 지켜야 할 사항이 있습니다. 그것은 그의 중심이 흔들려서는 안 된다는 것입니다. 각성과 주시는 그대로 유지되어야 합니다. 절대로 의식이 흐려지거나 동요되어서는 안 됩니다.

행동과 행위의 차이 자신이 행위를 하고 있다고 알아차릴 때는 좀 더 깨어서 지켜보십시오. 그러면 행위는 저절로 멈춥니다. 그러면 에너지가 보존되어 행동으로 자연스럽게 표출됩니다. 행동은 즉석에서 나옵니다. 행동은 미리 꾸미거나 만들어 놓은 것이 아닙니다. 행동은 미리 적당한 준비를 하고 리허설을 할 수 있는 기회를 주지 않습니다. 행동은 아침 이슬처럼 항상 새롭고 신선하지요. 행동하는 사람은 싱싱하고 활기찹니다.

매일 행위를 내려놓으십시오. 어떻게 내려놓을 수 있습니까? 우리는 내려놓음을 또 다른 강박관념으로 만들 수 있습니다. 사원의 승려들에게 이런 현상이 나타납니다. 그들은 행위를 내려놓기 위해 끊임없이 무언가를 합니다. 기도를 하고 명상을 하고, 침묵을 지키고,

이것저것 합니다. 하지만 이것 또한 다른 행위입니다. 그런 식으로는 행위를 내려놓을 수 없습니다.

행동과 행위의 차이를 이해하십시오. 우리가 행위에 사로잡히지 않도록, 마치 귀신에 사로잡히는 것처럼 행위에 사로잡히지 않도록 하십시오. 사실 행위는 귀신입니다. 행위는 과거에서 오지요. 그래서 죽어 있습니다. 하여튼 자신이 행위에 사로잡혀 들떠 있음을 알아차릴 때는 좀 더 깨어서 자신의 행위를 지켜보십시오. 어쩔 수 없이 행위를 할 수밖에 없을 때도 완전히 깨어서 하십시오.

그러나 우리가 너무 심각할 때 태연할 수 없고, 너무 경솔한 것도 태연함과는 거리가 멉니다. 정확하게 이들의 중간에 있는 것, 그것이 태연함이지요. 너무 심각한 사람은 병들어 있습니다. 마찬가지로 너무 경솔한 사람도 병들어 있습니다. 정중앙에 있는 사람만이 건강하고 정상적인 것입니다. 정 중앙에 있다는 것은 곧 균형이 잡혀 있다는 뜻입니다. 중용을 지키는 것이 현자의 길입니다.

태연함이란 너무 과도하게 움직이는 것도 아니고 너무 게으름 피우지도 않는 것, 정확하게 중간, 행위와 무위의 중간에 있는 것입니다. 어떻게 행동하고 어떻게 쉬어야 하는지를 아는 사람, 행위와 비행위 사이에서 조화를 이룰 수 있는 사람, 일을 하면서도 진정으로 휴식을 취할 수 있는 사람, 그리고 일이나 휴식에 알레르기 반응을 보이지 않는 사람, 그런 사람이 바로 태연한 것입니다.

우리 사회에서는 태연함이 훌륭한 인격의 한 특성처럼 간주되는 전통이 있습니다. 그래서 출세하면 으레 거드름을 부리며 태연한 척하는 것 같습니다. 이런 가짜 태연함의 속성은 무엇입니까?

태연한 사람이란 태연한 태도를 취하는 사람을 의미하지 않습니다. 오히려 태연한 태도를 취한다는 것은 태연함에 커다란 장애가 될 수도 있습니다. 취한다는 말은 자연히 일어났다기보다 인위적으로 실습하고 강요한 느낌이 들지요. 일종의 마스크처럼 진짜 존재가 아닌 거짓 얼굴을 의미합니다.

진정으로 태연한 자세로 살 수 있는 사람은 매우 성숙한 사람입니다. 오직 성숙한 사람만이 태연할 수 있습니다. 태연한 자세를 취하는 거의 모든 사람들은 사실상 마스크를 쓰고 있지요. 겉으로 보기에는 태연하지만, 실제로 깊이 들어가 보면 그들은 굉장히 미숙합니다. 태연한 태도를 취하고 있을 뿐, 내면은 여전히 유치함을 벗어나지 못하고 있습니다.

이러한 가면을 사람들은 인격이라고 부릅니다. 이런 인격을 극복할 때 비로소 개성이 모습을 드러낼 수 있습니다. 인격은 진열상자에 불과합니다. 전시물에 불과합니다. 사실성이 결여되어 있습니다. 개성은 우리의 실체지요. 보여주기 위한 전시물과는 다릅니다. 깊게 파고 또 파도 똑같은 맛의 물을 발견하게 되는 우물과 같습니다.

붓다는 이렇게 말했다고 전해집니다. '나의 어느 부분이든 그대는 똑같은 맛을 보게 될 것이다. 바다의 어느 부분에서 물을 마시더라도 짠맛을 느낄 수 있는 것과 같다.' 개성은 살아 있는 전체를 의미합니다.

인격은 분열되어 있습니다. 중심과 표면이 서로 다른 까닭에 만날 수가 없습니다. 만나지 못할 뿐만 아니라 그 둘은 서로 정반대되는 지점에서 끊임없이 싸움을 하고 있습니다. 가식적으로 성숙한 태도를 취해서는 안 됩니다. 이 사실을 잘 이해하십시오. 우리는 성숙하든가 미숙하든가 둘 중의 하나일 뿐입니다.

우리가 미숙하다면 그냥 미숙하면 그뿐입니다. 미숙한 상태에는 성장 잠재력이 있습니다. 우리가 유치하다면 그냥 유치하면 그뿐입니다. 유치함을 받아들이면 됩니다. 유치하다고 해서 창피해할 필요가 없습니다. 유치함은 잘못 되었다는 관념 때문에 우리는 성숙한 태도를 취하려고 노력합니다.

참된 자는 존경받지 못한다. 우리 사회에서 지체 높은 사람들은 으레 거드름을 피우면서 태연한 척 처신합니다. 그들은 내면으로는 성숙하지 못한 채 사회적 지위에 걸맞게 가면을 쓰는 위선자입니다. 그들은 개인적인 존재가 아닙니다. 그들은 사회의 상류층일 뿐입니다.

그들은 자신의 삶이 없습니다. 그저 사회의 한 부분으로 존재합니다. 그들은 자연보다는 사회를 선택합니다. 신이 만든 법을 거스르고 사람이 만든 법만 교묘하게 헤쳐 나갑니다. 그들은 개인을 희생하고 오직 사회를 선택한 자들입니다.

그러나 사회는 신경증에 걸려있습니다. 사회는 병들어 있으며 전혀 정상적이 아닙니다. 아직까지 지구상에 정상적인 사회가 존재한 적은 없습니다. 오직 아주 드물게 정상적인 몇몇 개인들만이 존재했을 뿐입니다. 사회는 비정상적입니다.

깨이지 못한 사람들의 크나큰 무리 속에서 이들 소위 상류층 사람들은 가장 영악하고 기민하게 살아온 자들입니다. 그들은 영혼이 없습니다. 물론 사회는 그들을 매우 존경합니다. 사회는 이들을 존중해야만 하지요. 그들은 사회를 위해서 자신의 삶을 희생했기 때문입니다.

참된 자는 존경할 만함에 대해서 근심하지 않습니다. 그는 사회가 말하는 것에 대해서 염려하지 않습니다. 참된 자는 반사회적입니다. 사회는 참된 사람을 이해하지 못합니다. 만일 우리가 가짜이길 원한다면 그때 사회는 매 순간마다 주시되어야만 합니다. 무엇을 어떻게 말하며, 언제 말하고 언제 말해서는 안 되는지, 어떻게 살아야 하고 어떻게 살아서는 안 되는지, 사회가 바라는 대로 따라야 합니다.

참된 자는 존경받지 못합니다. 어떻게 사회가 참된 자를 존경할 수 있겠습니까? 예수는 십자가에 못 박혔고, 소크라테스는 독배를 마셔야만 했습니다. 사회는 오직 그들이 죽었을 때만 그들을 용인하고 숭배하지요. 만일 우리가 진실로 건강하게 살기를 원한다면 결코 사회가 말하는 것에 대해서 지나치게 괴로워하지 말 것입니다.

요즘 어머니들은 어린 자녀들에 대한 관심이 지나쳐 도리어 아이들을 해치고 있습니다. 어떻게 하면 자녀들에게 좀 더 태연한 어머니가 될 수 있을까요?

거의 모든 어머니들이 자신의 아이에 대해 너무 걱정을 많이 하는 것 같습니다. 어떤 때는 그런 걱정이 아이의 마음에 긴장을 만듭니다. 걱정은 보살핌이 아닙니다. 근심은 파괴적입니다. 근심은 어머니 자신과 아이를 동시에 파괴하지요. 어머니가 자기 때문에 근심하는 모습을 보면 아이는 죄책감을 갖습니다. 그 죄책감이 이런 저런 병의 원인이 될 수도 있습니다.

관심이 없는 것은 좋지 않습니다. 그렇지만 지나친 관심 역시 좋지 않습니다. 극단적인 태도는 언제나 좋지 않은 결과를 가져오니까요. 중용을 지키는 것이 좋습니다. 어머니들은 아이를 지나치게 감싸고 돕니다. 그들은 아이를 숨 막히게 만들고 있지요.

그들의 의도는 선합니다. 그러나 그들의 행동은 올바르지 않습니다. 아이를 사랑하십시오. 그러나 아이를 놓아주십시오. 아이에게는 자신의 삶이 있어요. 가급적 아이가 자기 방식대로 살아가도록 놓아두십시오. 이끌어주려고 너무 애쓰지 마세요. 어머니가 할 수 있는 일은 사랑하는 것과 자유를 주는 것뿐입니다.

세상의 극성스러운 어머니들이여, 그대들의 관심을 거둬들이십시오. 그대들의 근심 걱정도 거두십시오. 그것은 자신의 모습과 마주치기를 피하는 하나의 방식입니다. 그대는 아이를 걱정합니다. 그래서 자신의 걱정을 잊고 스스로를 합리화시킬 수 있습니다.

또한 그대는 자기 내면에 자리 잡은 혼란에서 벗어날 수 있습니다. 수많은 사람들이 자신의 모든 문제를 아이에게 몰아넣음으로써 아이들은 희생양이 됩니다. 그들이 혼자 남아서 걱정해야 할 사람이 아무도 없다면, 그때는 자신의 문제와 마주칠 것입니다. 지금 자신의 문제와 마주하십시오. 결국은 자신의 문제를 극복해야 합니다.

아이를 어른처럼 아이가 모든 면에서 흡족하다면 그대는 무엇을 할 것입니까? 그대는 자신에게 던져질 것입니다. 그러므로 무의식중에 그대는 아이가 그대로 남아 있기를 원합니다. 물론 아이도 그것을 느끼고 있으며, 그대의 바람을 채워줄 것입니다.

그 밖의 무엇을 할 수 있겠습니까? 아이는 그대의 무의식적인 욕망을 채워줄 것이고 그대를 곁에 묶어둘 것입니다. 그러나 아이의 인생은 엉망이 되고 맙니다. 그리고 그대는 자신을 마주칠 기회를 잃게 되지요.

많은 어머니들이 아이의 주위에 묶여 살면서 시간이 없다고 말합니다. 그러나 그렇지 않습니다. 자신의 삶으로 되돌아가서 아이들에게도 혼자 있을 수 있는 시간을 주어야 합니다. 아이를 어른처럼 존중하십시오. 아이들을 자신과 동등한 존재로 인정해야 합니다.

그러니 먼저 아이에게 자유를 주십시오. 아이를 숨 막히게 하지 마십시오. 그리고 밥을 먹으라고 강요하지도 마십시오. 강요하면 아이는 거부할 것입니다. 아이들은 언제 배고픈지 잘 알고 있습니다. 배가 고프면 밥을 먹습니다. 배고프지 않다면 밥을 먹을 필요가 없겠지요. 배가 고픈데 밥을 먹지 않는 아이는 없습니다.

어쩌다 한 끼를 거르더라도 걱정할 필요가 없습니다. 한 끼를 거르도록 놓아두세요. 정말 배가 고프면 자기가 달려올 것입니다. 그런데도 많은 어머니들은 여전히 아이에게 식사를 강요하고, 그로 인해 많은 것을 망가뜨립니다. 어머니가 아이의 자연스러운 식욕을 망가뜨리면, 아이는 언제 배가 고프고 언제 배고프지 않은지를 잊게 됩니다.

동물들은 배고픔을 참지 않습니다. 배가 고프면 먹고 배고프지 않으면 먹지 않습니다. 강제로 먹으라고 하는 자는 아무도 없지요. 아이들은 동물과 같습니다. 순수한 동물입니다.

어머니와 아이가 함께 성장하는 삶　어머니가 아이의 독립심을 길러주지 않는다면, 그 아이는 평생토록 어머니의 주위를 맴돕니다. 어머니가 늙고 죽은 후에도 아들은 어머니의 치마 자락을 놓지 않습니다. 심리적으로는 여전히 어머니에게 매달려 있습니다. 그것은 병적인 것입니다.

이제 그는 어머니의 역할을 아내에게서 찾습니다. 그는 어머니 없이는 살아갈 수가 없습니다. 어머니가 되어줄 누군가가 필요합니다. 이러한 성향으로 인해 여자의 가슴이 그토록 중요한 의미를 지니게 되었지요. 화가가 가슴을 그리고, 조각가는 가슴을 조각합니다. 거대한 강박관념이 되어버렸습니다.

이는 곧 사람들이 어머니를 갈망한다는 것을 보여주는 것이 아닐까요? 젖가슴은 어머니를 상징합니다. 아이들이 어머니로부터 자유롭다면 시와 영화, 그림 속에서 더 이상 여자의 가슴이 등장하지 않을 것입니다. 여자의 가슴은 신체의 일부로 제자리를 찾게 될 것입니다.

아이들은 강해야 합니다. 그가 강해지도록 도와주십시오. 아이가 강해지면 많은 문제를 일으킬 것입니다. 아이가 약하면 문제를 일으키지 않습니다. 그러나 사람은 자신의 삶에서 강해야 합니다. 삶은 문제를 만들고, 위험하며 도전적입니다. 아이가 미련하고 생기가 없고 죽은 듯 지낸다면, 귀찮은 일은 하나도 생기지 않을 것입니다.

그러나 그것은 삶이 아니지요. 살아가는 동안 아이는 수없이 많은 문제를 일으킵니다. 어머니는 그 문제에 맞서야 합니다. 그것이 어머니지요. 그러한 문제에 맞서면서 어머니도 성장합니다. 자식에게 자유와 힘을 주면서 어머니 역시 성장합니다. 그때 어머니와 아이가 함께 성장하는 것입니다.

지금 우리 사회는 성희롱, 성추행, 성폭력의 문제가 심각한 수준에 와 있습니다. 남성들이 여성을 태연하게 대할 수 있다면 이야말로 현대의 군자라 할 것입니다. 남자들이 어떻게 하면 군자답게 태연할 수 있습니까?

한 남자가 볼일이 있어 어떤 사무실을 방문했습니다. 안내하는 사람은 아리따운 여자였습니다. 그는 그녀를 아주 탐욕스런 눈길로 바라보며 물었습니다. "화장실은 어디지요?" 그 여자가 말했습니다. "복도 끝으로 똑바로 가면 '신사용'이라는 표시가 있는 방이 있을 거예요. 그렇지만 그 표시에 개의치 말고 곧바로 들어가세요."

누가 탐욕스런 눈길로 여자를 쳐다본다면 그는 신사가 아닙니다. 사실, 그는 어느 정도 인간도 아닙니다. 눈에 탐욕이 없이 민감할 때 그 눈은 깊이를 지닙니다. 눈이 민감하지 못하고 열정에 굶주릴 뿐이라면 그 눈들은 천박합니다. 지금 우리 사회에는 흐릿하고 투명하지 못한 눈들이 들끓고 있습니다.

그래서 도처에서 성교육이 행해지고 있습니다. 그러나 거기서 다루어지는 수준은 피상적이어서 많은 문제에 답하고 있지만 정작 성 문제로 고통을 겪고 있는 이들에게는 충분한 대답이 되지 못합니다. 이들에게 충분한 답을 주지 못하는 한 그 대답은 아무리 그럴듯한 인상을 줄지라도 형식적인 것에 지나지 않습니다. 여기서 깨달은이의 근본적인 처방에 대해 살펴봅니다.

눈을 감고 피하라. 붓다가 제자들에게 말했습니다. "사문들이여, 여자들을 보지 말라." 그대는 놀라겠지만, 붓다는 그의 사문들에게 꿈속에서도 경전을 따라야 한다고 말하곤 했습니다. 꿈속에서조차 그대는 그토록 깨어 있어야 합니다.

실제로 그런 일이 일어났습니다. 붓다의 위대한 제자 중의 하나인 아난다가 다른 마을에 설법하러 가려는 중이었습니다. 그가 붓다에게 물었지요. "바그완, 만약 길에서 여자를 만나면 제가 어떻게 처신해야 합니까?" 붓다가 말했습니다. "여자를 보아서는 안 된다. 눈을 감고 피해라." 눈은 타인과의 첫 접촉이기 때문입니다.

여자를 보거나 남자를 볼 때 그대는 눈으로 타인의 몸을 접촉합니다. 눈은 그 자체의 촉각을 가지고 있습니다. 다른 사람을 빤히 보지 못하도록 하는 것은 그 때문이지요. 만약 그대가 빤히 쳐다본다면, 그것은 교양이 없고 예절이 없다는 것을 보여 줍니다. 거기에는 일정한 시간제한이 있습니다. 3초는 볼 수 있습니다. 그것은 허용됩니다. 하지만 더 이상 쳐다보는 것은 그대가 교양 없고 비신사적이라는 것을 뜻합니다.

만약 그대가 한 여자를 3초 정도 바라본다면 그것은 괜찮습니다. 그 이상 넘어서면 여자는 불편함을 느낄 것입니다. 그리고 그대가 계속 응시하면 그녀는 경찰을 부르거나 소리치든지 비명을 지르든지 어떤 조치를 취할 것입니다. 이렇게 응시하는 것은 단순히 보는 것이 아니기 때문입니다.

눈은 감촉합니다. 감촉할 뿐만이 아니라, 눈으로 타인의 몸을 꿰뚫고 들어갈 수 있습니다. 눈은 칼처럼 작용할 수 있습니다. 또 눈은 호색적일 수 있습니다. 그때 사람들은 그대가 그 여자나 남자를 탐욕의 대상으로 격하시킨다고 느낍니다. 이것은 모욕적인 일입니다. 눈을 마치 성 기관처럼 사용하고 있기 때문이지요.

뚫어지게 쳐다보지 말라. "여자를 보아서는 안 된다." 붓다가 말하는 것은 여자를 뚫어지게 쳐다보지 말라는 것입니다. 길을 걸을 때 가끔은 여자를 봐야 할 때가 있을 것입니다. 하지만 그게 포인트는 아닙니다. 그대는 보려고 애쓰면 안 됩니다. 고의적으로 여자를 보려고 해서는 안 됩니다. 그냥 지나치십시오. 붓다는 그의 제자들에게 이렇게 말하곤 했습니다.

"그대는 정말로 세 자 이상을 보아서는 안 된다. 딱 세 자 앞에 눈길을 두어야 한다. 더 이상은 무익하고 무용하며 에너지의 낭비이다. 그저 조용히 세 자 앞을 보면서 걸어라. 그것이면 충분하다."

그리고 뚫어지게 쳐다보지 마십시오. 뚫어지게 쳐다보는 것은 마음 깊숙이 탐욕이 들끓고 있다는 표시이기 때문입니다. 한번 어떤 것을 보기 시작하면 곧 욕망이 일어납니다. 보지 않으면 욕망은 일어나지 않습니다.

그대는 길을 걷고 있습니다. 그대는 다이아몬드를 생각하지 않았습니다. 아마 여러 해 동안 그것을 생각하지 않았을 것입니다. 그런데 별안간 길가에서 그대를 기다리고 있는 다이아몬드를 발견합니다. 별안간 그것이 그대의 눈을 사로잡습니다. 욕망이 일어납니다.

주위를 살핍니다. 혹 누가 보는 사람은 없는가? 그대는 도둑이 됩니다. 다이아몬드를 생각하지도 않았고 그런 욕망은 전혀 없었습니다. 단지 눈의 접촉으로 그런 욕망이 올라왔습니다. 그것은 틀림없이 무의식 속에 있었을 것입니다. 그렇지 않다면 욕망은 일어날 수 없습니다.

붓다는 말합니다. "그대는 그대의 무의식이 성욕으로 꽉 차 있다는 것을 잘 안다. 그러니 뚫어지게 응시하지 않는 것이 좋다. 그렇지 않으면 무의식 속에 있는 것이 자꾸 꿈틀거릴 것이다. 자꾸 꿈틀거리는 그것은 강해진다. 자꾸 꿈틀거리는 그것이 멈추거나 사라지도록 하지 않을 경우엔 더욱 강하게 된다. 그리고 사문은 관계에서 벗어나려고 결심한 사람이다."

말하지 말라. 아난다가 물었습니다. "하지만 만약 여자를 봐야만 하는 상황이 생긴다면, 그때는 어떻게 하면 좋겠습니까?" 붓다가 말했습니다. "만약 그들을 봐야만 한다면 그들에게 말하기를 삼가라." 말을 하지 않는다면 이어지지 않기 때문입니다.

관계는 말하는 것과 함께 형성됩니다. 친밀한 관계는 말하는 것과 함께 형성됩니다. 여자 곁에 여러 시간 앉아 있어도 말을 하지 않는다면 다리가 생기지 않습니다. 그대는 별처럼 멀리 있습니다. 여자 곁에 앉아서, 설령 몸이 닿는다 해도 말을 하지 않는다면 다리는 존재하지 않습니다. 그대의 존재는 멀리 떨어져 있습니다.

우리는 사람들로 꽉 찬 만원 전철 안에서 서로의 몸이 닿아도 아무도 얘기를 하지 않는 것을 볼 수 있습니다. 그들은 서로 멀리 떨어져 있습니다. 그러나 한번 말을 하면 바로 거리는 사라지고 맙니다. 말은 사람들을 합치게 하지요.

그러나 만약 말을 하지 않는다면 여전히 분리되어 있어요. 그래서 남편과 아내가 침묵하고 있으면 뭔가 잘못되어 가고 있는 듯이 보입니다. 그것은 친밀함이 깨졌다는, 다리가 무너졌다는 의미입니다. 서로 웃고 말할 때, 거기엔 다리가 있고 친밀함이 있지요.

동물들은 성을 가지고 있지만 성욕적이지는 않습니다. 인간은 성에다 성욕을 보탰습니다. 성은 육체적이고 성욕은 심리적입니다. 말할 때, 그 말은 성적일 수 있습니다. 동물들은 성을 가졌지만 그것은 생리적인 현상입니다. 그들은 말하지 않습니다. 그들은 어떤 언어도 가지고 있지 않습니다.

그러나 인간은 언어를 가지고 있고, 언어는 인간의 수중에 있는 가장 강력한 도구 중의 하나입니다. 그것을 통해 전달하고 그것을 통해 연결됩니다. 말을 통해 유혹하고 말을 통해 욕을 합니다. 말을 통해 사랑을 표시하고 말을 통해 미움을 표시합니다. 말을 통해 쫓아 버리거나 끌어당깁니다. 붓다는 말이 잠재적인 힘이라는 것을 압니다.

성서에 '태초에 말씀이 있었다.'고 하지요. 그것은 그럴 수도, 그렇지 않을 수도 있을 것입니다. 그러나 모든 관계의 시초에는 말이 있습니다. 세상의 시초에는 그럴 수도 그렇지 않을 수도 있지만, 모든 관계는 말과 함께 시작됩니다. 당신은 말없이 관계를 시작할 수 있습니까? 어려울 것입니다. 매우 어려울 것입니다. 침묵은 요새와 같이 우리를 에워쌀 것입니다.

그러나 말을 하지 않으면 안 될 어떤 상황이 일어날 수도 있을 것입니다. 가령 사문이 지나가는데 사고가 일어났습니다. 수레가 도랑으로 떨어지고 거기에 탄 여자가 다치고 뼈가 부러졌습니다. 이때 사문은 어떻게 해야 합니까? 돕지 말고 그냥 가야 합니까? 아닙니다. 자비가 필요합니다.

붓다는 말합니다. "도와라. 하지만 말하지는 말라. 보되 말하지는 말라." 아난다가 물었습니다. "하지만 말을 하지 않을 수 없는 상황이 있을 수도 있습니다." 붓다가 말했습니다. "만약 그들에게 말해야만 한다면 바른 마음으로 이렇게 생각해야 한다. '나는 지금 사문이다.'"

관계 밖으로 나왔다는 것을 절대로 잊지 말라는 것입니다. 오랜 습관은 강합니다. 과거의 인력은 강합니다. 그러니 그는 탁발승이라는 것을, 사문이라는 것을, 비구라는 것을 기억하도록 주의를 집중할 것입니다.

혼탁한 세상을 진흙에도 더럽혀지지 않는 순결한 연꽃처럼 살아가야 합니다. 그래서 붓다는 말합니다. "만약 봐야 한다면, 말을 해야 한다면, 만져야 한다면, 그렇게 하라. 하지만 한 가지는 기억하라. 그대는 진흙을 초월한 연꽃처럼 남아 있어야 한다는 것을." 우리는 깨어 있어야 합니다. 각성이야말로 우리의 은신처입니다.

말할 때도 깨어 있어라. 지켜본 적이 있습니까? 그대가 깨어 있을 때면, 그대는 언제나 혼자라는 것을. 깨어 있을 때마다 그대는 세상 전체로부터 떨어져 있습니다. 그대는 어쩌면 시장 속에 있을지도 모릅니다. 그러나 시장은 사라졌습니다. 그대는 어쩌면 가게 안에, 공장 안에, 사무실 안에 있을지도 모릅니다. 만약 그대가 깨어 있다면, 돌연 그대는 혼자입니다. 혼자 현존할 때는 누구와도 함부로 뒤섞일 수 없습니다.

붓다는 말했습니다. "만약 봐야만 한다면, 말해야만 한다면, 만져야만 한다면, 그때는 현존하라. 또 그대는 탁발승이며 그대는 순수 각성이라는 것을 기억하고 유념하라." 또 그는 말합니다. "늙은 여인은 어머니처럼 생각하고, 나이 많은 여자는 누님처럼 생각하라."

인간의 심리 상태를 살펴본 적이 있습니까? 그대는 감히 어머니와 사랑을 나누는 것을 생각할 수 있습니까? 생각하는 것도 불가능합니다. 어떤 것이 돌연 모든 생각을 잘라 버립니다. 그 모든 일이 추해 보입니다. 어머니와 사랑을 나눈다고요? 아니면 누이와 사랑을 나눈다고요? 그 전체가 불가능하고 상상조차 할 수 없는 것으로 보입니다.

하지만 그대의 누이도 다른 사람의 누이와 똑같은 여자입니다. 다른 누군가는 그대의 누이와 사랑에 빠질 것입니다. 하지만 그대는 절대로 그대의 누이와 사랑에 빠지지 못할 것입니다. 누가 자기 누이와 사랑을 한단 말입니까? 그대가 누이라고 생각하는 순간 거리가 발생합니다. 그러면 성적인 접근은 불가능해집니다.

붓다는 말합니다. "각 상황을 각성을 위한 도전으로, 구도를 위해 힘써야 할 도전으로 대하라. 도를 닦는 사람들은 마른 풀을 든 사람이 불에 가까이 가는 것을 피하듯 육체적 쾌락에 빠지는 것을 반드시 피해야 한다."

태연한 것은 일견 방관하거나 나태한 것처럼 보일 수도 있을 것 같습니다. 물론 이들은 엄연히 다를 것인데 말입니다.

그래요. 이들은 전혀 다르지요. 본질적으로 다릅니다. 방관자는 둔 감합니다. 그는 삶에 참여하는 것을 두려워하는 겁쟁이지요. 그래서 그는 옆으로 빠져나와 다른 사람들의 삶을 지켜만 보고 있습니다. 이 것이 많은 사람들이 평생 동안 해온 일입니다. 그들은 영화 속에서 움직이는 인물을 구경하고 있습니다. 방관자입니다.

사람들은 몇 시간씩 텔레비전 앞에 앉아 있지요. 누군가 다른 사람이 노래를 부르고, 그들은 그냥 듣고 있을 뿐입니다. 그들은 다른 사람이 춤추는 것을 보고 있습니다. 누군가 다른 사람이 사랑하는 것을 구경만 하고 있습니다. 그들은 관객일 뿐입니다. 우리 스스로 해야 하는 것을 전문가들이 대신해 주고 있습니다.

게으른 사람 또한 진정으로 태연한 자가 될 수 없습니다. 그러나 게으름은 행동에 사로잡혀 있는 것보다는 낫습니다. 행동에 사로잡 힌 사람은 미친 자와 같습니다. 적어도 게으른 사람은 정상적인 인간 이긴 합니다. 게으른 삶과 비슷하면서 엄연히 구분되는 것으로 한가 한 삶이 있습니다.

한가한 삶은 태연한 사람이 될 수 있는 필수적인 조건입니다. 부처 는 한가한 사람이지요. 그는 어떤 것도 무의식적으로 하지 않기 때문 입니다. 그는 한가할 뿐이지 게으른 사람이 아닙니다. 그는 행동이 필요한 상황에서 단지 대응할 뿐입니다. 자신의 의식을 기다리는 사 람입니다. 자신의 본성이 어떤 노력도 하지 않고 자연스럽게 흘러나 올 때까지 기다립니다. 그는 행위 없는 행동을 하는 사람입니다.

가령 점잖은 사람이 모욕을 당하면, 평소 태연한 척하던 사람이라도 무의식적으로 벌컥 화를 냅니다. 그러나 붓다를 모욕해 보십시오. 그는 전혀 부주의하거나 경박하게 행동하지 않습니다. 결코 지각없이 반응하지 않을 것입니다. 그는 언제나 태연한 상태에서 감응할 뿐입니다. 그의 감응은 누가 그를 모욕해서가 아니라 그의 자각에서 나오는 것입니다. 감응은 기계적이 아닙니다. 이것이 감응과 반응이 다른 점입니다.

반응은 기계적입니다. 누군가가 우리의 단추를 누른다면 우리는 기계적으로 반응합니다. 우리는 자신의 기계작용 이상의 어떤 영혼을 갖지 못했습니다. 누군가가 우리를 모욕한다면 곧 굴욕감을 느낍니다. 그는 단추를 누르고 우리는 그의 통제 아래 있는 것이지요. 누군가가 우리를 부추긴다면, 우리는 행복에 넘치게 될 것입니다. 그가 다른 단추를 눌렀기 때문입니다.

우리는 그의 통제 아래 있습니다. 우리는 붓다를 부추기거나 비난할 수 있지만, 그것은 그에게 아무런 차이가 없을 것입니다. 우리가 계속해서 그의 단추를 누른다 해도 붓다는 통제되지 않습니다. 그는 결코 기계가 아닙니다.

진정으로 태연한 사람은 결코 방관적이 아닙니다. 그는 직접 참여하면서도 빈틈없이 깨어있습니다. 그는 삶에서 도망치는 자가 아닙니다. 훨씬 더 전체적이고 정열적인 삶을 살아갑니다. 그러면서도 깊은 곳에서는 지켜보는 자로 남아 있습니다. 그는 자신은 의식이라는 것을 항상 기억하고 있습니다.

이렇게 해 보십시오. 걸음을 걸으면서도 '나는 의식이다'라는 것을 기억하십시오. 그러면 그대의 내면에 새로운 풍요로움, 새로운 아름다움이 덧붙여집니다. 외부의 행위에 내적인 어떤 특성이 더해집니다. 그대는 의식의 불꽃이 되고, 행동은 전혀 다른 즐거움을 지니게 됩니다.

태연함은 행동에 반대하지 않습니다. 하지만 행동에는 각성된 의식이 동반되어야 합니다. 행동에 반대하는 사람들은 억압적으로 될 수밖에 없습니다. 온갖 억압이 그들을 병적인 상태로 몰아갈 것입니다.

태연한 것과 교만한 것은 또 어떤 관계가 있습니까? 이들은 서로 혼동될 만큼 유사하면서도 엄연히 구별될 수 있는 것입니까?

이들은 표면적으로 때로는 혼동되기도 하나 본질적으로는 전혀 다른 것입니다. 태연한 것이 교만한 것처럼 보일 수 있고, 교만한 것이 태연한 것으로 비칠 수도 있지만, 이는 단지 표면적으로만 그럴 뿐입니다. 이들은 단순히 다를 뿐만 아니라 정반대입니다.

태연한 사람이 비록 겉으로는 교만하게 비칠 수 있다 해도 그의 내면적 성숙은 결코 추호의 교만함도 허용하지 않습니다. 태연한 정도가 크면 클수록 교만하게 비칠 가능성은 더 커질지도 모릅니다. 그리고 교만한 사람은 그의 내면적 미숙으로 인해 간교하게 태연한 척 꾸밀 수는 있어도 결코 진정으로 태연할 수는 없습니다. 교만한 정도가 크면 클수록 더욱 미숙함을 드러낼 뿐입니다.

사람은 사람일 뿐 다음에 너무나 태연하여 누구라도 교만하게 받아들일 수밖에 없는 예를 들어봅니다. 이는 공자와 노자에 관련된 이야기입니다. 공자는 항상 노자와 그의 가르침에 대해서 많은 관심을 가지고 있었습니다. 어느 날 그는 노자를 만나러 가겠다고 제자들에게 말했습니다. 그는 노자보다는 나이가 많았으며, 그러므로 노자가 예의 바르게 처신해 주길 바랐습니다.

그러나 공자를 만난 노자는 그냥 앉아 있었으며, 공자를 영접하기 위해서 일어서지도 않았습니다. "어쩐 일이십니까?"하고 짤막하게 한 마디 할 뿐 선생이라고 부르지도 않았습니다. 노자는 공자에게 세속적인 관점에서 정중하게 처신하지 않았던 것입니다. 공자는 매우 화가 났습니다. 무슨 대가의 태도가 이렇단 말입니까.

공자가 말했습니다. "당신은 예의도 모릅니까?" 노자가 말했습니다. "앉는 것이 좋다고 여기면 앉으시오. 서 있는 것이 좋다고 여긴다면 서 있으시오. 내가 그것을 말해야 합니까? 그것은 당신의 삶이므로 나는 간섭하지 않아요." 공자는 충격을 받았지만, 평소의 수양을 통해 참았습니다. 그리고 잠시 후 군자의 우월성에 대해서 물었습니다.

노자는 웃으며 말했습니다. "나는 우월하거나 열등한 사람을 만난 적이 없소. 사람들은 나무들이 나무들인 것처럼 사람들일 뿐이오. 존재는 모두가 똑같소. 아무도 우월하지 않으며 열등하지 않소. 그런 나눔 따위는 모두 하찮은 것이며 쓰레기요." 이렇게 말하는 노자의 모습에 엄청난 고요가 깃들어 있었습니다. 마치 고요한 연못 같았습니다.

공자가 돌아왔을 때 한 제자가 물었습니다. "노자는 어떤 사람입니까?" 공자가 말했습니다. "그 사람 가까이 가지 마라. 그는 위험하다. 만일 그대가 호랑이를 만난다면 어떻게 해서라도 그대의 생명을 구할 수 있을 것이고, 그대가 사자를 만난다 해도 그대는 그대 자신을 구할 수 있을 것이다.

그러나 그 사람은 아주 위험하다. 그는 용과 같다. 결코 가까이 가지 마라." 공자는 노자의 가르침에 대해서 매우 우려했습니다. 그의 가르침은 달랐습니다. 그의 가르침은 진실하고 비도덕적이며 반항적이고 개인적입니다. 그는 사람이 만든 법을 믿지 않으며 오직 자연을 믿습니다. 자연에 있어서 진리는 화폐입니다.

말하면서도 침묵에 머물라. 노자는 말합니다. "당신은 삶에서 안식할 수 있다. 당신이 걷고 있는 동안에도 내면에서는 부동의 자세를 취할 수 있으므로. 당신의 깊은 내면은 부동의 상태일 수 있다. 당신은 회오리바람의 중심이 될 수 있다. 바퀴는 움직이지만 그 중추는 멈추어 있다. 바퀴는 운동하지만 그것은 움직이지 않는 어떤 것에 의해서 움직인다.

행하라. 그러나 비행위자로서 깊이 안에 머물라. 말하라. 그러나 내면 깊이 침묵에 머물라." 이것이 바로 그가 평생 살아온 태연함의 본질입니다. 진정한 성자는 언제나 겸손합니다. 단지 외부의 어떠한 규율도 자신에게 주어지는 것을 반대할 뿐입니다.

때로는 예의가 없고 교만하게 비칠 수도 있습니다. 그러나 그는 자신의 삶은 내면의 샘에서 솟아나야 한다고 생각합니다. 내면의 규율을 일깨우면 외적 도덕은 자연스럽게 따라올 것입니다. 마치 그림자가 실체를 따르듯이.

사람들은 소위 말하는 도덕들로 인해 즉 외부로부터 규율을 부여하는 것들로 인해 매우 불행하게 살고 있습니다. 규율들이 무의식의 세계에 뿌리박히면 사람들은 어떤 특별한 방식으로 행동하기 시작합니다. 그러면 그들은 로봇일 뿐입니다. 노자가 교만하게 보이는 것은 단지 그가 어떤 형식적인 삶과도 타협하지 않고 순수한 본성을 따르고 있기 때문입니다.

교만한 것은 자신이 잘나서가 아니라 자신의 못난 점을 드러내는 것일 듯합니다. 대인적인 도량을 갖기 위해서는 반드시 교만함을 바로잡아야 할 텐데, 어떻게 하면 되겠습니까?

사람들이 고생을 무릅쓰고 성공하려고 하는 이유 중의 하나는 남들에게 뻐기고 교만하게 굴면서 살고 싶기 때문입니다. 이런 소인배들에게 교만하게 처신하지 말라고 하는 것은 성공한 보람을 훼손하는 것이 될 것입니다. 이들은 외적인 성취에만 전념한 나머지 겸손하게 행동하기 위한 내면적 자질이 길러질 여지가 없었습니다. 이들에게 내면의 근본적 변화가 생기지 않는 한 교만함은 결코 극복될 수 없습니다.

예전에 이런 일이 있었습니다. 스베타케루라는 아이를 가르치기 위해 그의 아버지는 그를 깨달은 스승이 살고 있는 구루쿨로 보냈습니다. 한동안 거기서 그는 배울 수 있는 모든 것을 배웠습니다. 그는 위대한 학자가 되었고 그 명성은 전국에 퍼졌습니다. 이제 그는 더 이상 배울 것이 없어 집으로 돌아오게 되었습니다.

그가 마을로 들어섰을 때 그의 아버지는 창밖으로 그 아들이 돌아오는 것을 보았습니다. 그는 아들이 매우 자랑스럽게 걷고, 마치 다 알고 있다는 듯이 교만하게 사방을 둘러보면서 자기를 과시하며 걷고 있는 것을 보았습니다. 아버지는 슬펐습니다. 그런 모습은 정말로 알고 있는 사람의 모습이 아니었기 때문입니다.

아버지가 물었습니다. "배워야 할 것은 더 이상 없다는 사실을 이해함으로써 진실로 중요한 그것도 배웠느냐? 정말 중요한 것은 가르쳐질 수 없는 것이거늘, 그것도 배웠느냐 말이다." 아들도 슬퍼졌습니다. "배우지 못했습니다."

아버지가 말했습니다. "스승에게 되돌아가서 가르쳐질 수 없는 그것을 가르쳐 달라고 해라." 아들이 말했습니다. "그러나 그건 말이 안 됩니다. 가르쳐질 수 없는 것을 어떻게 스승님이 가르쳐 줄 수 있습니까?" 아버지가 말했습니다. "그것이 바로 스승의 기술이다. 스승에게로 돌아가라."

아들은 스승에게 돌아가 말했습니다. "아버지께서 전혀 말도 안 되는 것을 위해 저를 다시 보냈습니다. 배울 수 없는 것을 배웠을 때만 집으로 돌아오라고 하셨습니다. 그게 무엇입니까? 스승님께서는 그것에 대해 전혀 말씀하시지 않으셨습니다."

스승이 말했습니다. "묻지 않으면 그것은 말해질 수 없다. 그대는 그것에 대해 묻지 않았다. 그러나 이제 그대는 전적으로 다른 여행을 시작하고 있다. 그리고 기억하라. 그것은 가르쳐질 수 없다. 그것은 매우 오묘하다. 나는 간접적으로만 그대를 도와 줄 것이다.

이 한 가지를 행하라. 여기 있는 모든 동물들을 데려가거라. 4백 마리의 암소와 황소 그리고 다른 동물들이 있다. 아무도 찾아오지 않는 깊은 숲 속으로 가거라. 거기서 이 동물들과 함께 아무 말도 하지 말고 살아라. 말을 하지 말아야 한다. 이들은 언어를 이해하지 못한다. 침묵을 유지하라. 이 4백 마리의 동물들이 1천 마리가 되거든 돌아오너라."

한 마리 소가 된 사나이 그는 떠나서 동물과 나무와 바위와 함께 살아야 했습니다. 말도 하지 않고 인간 세상을 완전히 잊어야 했습니다. 마음은 인간이 만든 것이기 때문에 인간과 산다면 마음은 끊임없이 양분을 얻습니다. 그러나 그는 여러 해 동안 동물들과 함께 지냈습니다. 생각이 아주 없어지지는 않았으나 같은 생각들이 반복되면서 지루함을 느꼈습니다.

새로운 생각들이 나타나지 않으면 마음은 기계적으로 반복할 뿐이라는 것을 알게 되었습니다. 그러나 새로운 지식을 얻을 방법이 없었습니다. 새로운 지식을 얻으면 마음은 언제나 기뻐합니다. 잘게 나누어서 풀어야 할 문제가 다시 생겼기 때문입니다. 마음의 기계 장치는 계속해서 움직입니다.

그러나 주위에는 동물들과 새와 나무 바위와 강 개울만 있었습니다. 사람은 없었고 따라서 대화도 없었습니다. 에고적으로 될 필요가 없었지요. 동물들은 그가 얼마나 위대한 학자였는지 몰랐기 때문입니다. 동물들은 그를 존경의 눈으로 보지도 않았습니다. 점점 자만심은 사라져 갔습니다. 동물들과 함께 지내면서 거만한 자세로 걷는 것은 쓸데없는 것이고, 심지어 어리석은 것이기도 했기 때문입니다.

종종 나무 밑에 앉아서 잠을 잤습니다. 점점 그의 마음은 침묵하게 되었습니다. 몇 년이 흘러 그의 마음은 고요해져서 돌아가야 할 때를 완전히 잊어버렸습니다. 너무나 고요해져서 그런 생각조차도 들어오지 않았습니다. 그래서 스승이 말한 것을 완전히 잊어버렸습니다. 그는 동물들처럼 순간 속에 살았으며 과거는 완전히 잊었습니다. 그는 한 마리의 소가 되었습니다.

스승이 하는 일 이 이야기에 의하면, 천 마리로 늘어난 동물들이 불안함을 느끼기 시작했다고 합니다. 동물들은 그가 자기들을 아쉬람으로 데려가 주기를 기다리고 있었습니다. 그래서 어느 날 소들은 그에게 이야기를 해 주기로 했습니다.

"이제 충분히 시간이 지났습니다. 스승님이 동물들이 천 마리가 되면 돌아오라고 하셨던 것이 기억납니다. 그런데 당신은 완전히 잊어버리고 있습니다. 이제 가야 할 시간입니다. 우리는 천 마리가 다 되었습니다."

그래서 그는 동물들을 데리고 돌아왔습니다. 스승은 오두막 문 앞에서 그가 천 마리의 소를 데리고 오는 것을 보았습니다. 그리고 스승은 다른 제자들에게 말했습니다. "보라. 천한 마리의 동물이 오고 있다." 그는 너무나 고요한 존재가 되었습니다. 에고도 자의식도 없었습니다. 동물들과 하나가 되어 걸어오고 있었습니다.

스승이 그를 맞으러 왔습니다. 스승은 춤을 추며 환희에 빠져 있었습니다. 스승은 그를 껴안고 말했습니다. "이제 그대에게 말해줄 것은 아무것도 없다. 그대는 이미 그것을 알고 있다. 왜 여기에 왔는가? 이제 여기에 올 필요가 없다. 가르칠 것은 아무것도 없다. 그대는 이미 알고 있다."

그가 말했습니다. "존경을 표시하기 위해 왔습니다. 스승님의 발을 만져서 감사를 표시하기 위해 왔습니다. 그것이 일어났습니다. 스승님은 저에게 가르쳐질 수 없는 것을 가르쳐 주셨습니다." 이것이 바로 스승이 하는 일입니다. 그는 그것이 일어나는 상황을 만듭니다.

그래서 간접적인 노력과 간접적인 도움과 간접적인 안내만을 해줄 수 있습니다. 직접적인 안내를 해 주거나 마음을 교육시키는 것은 종교가 아닙니다. 신학은 될 수 있어도 종교는 아닙니다. 최고의 지식은 가르쳐질 수 없는 것입니다. 이 지식을 얻게 되면, 우리는 몸 안에 살면서도 자유롭고 태연해질 것입니다.

6

진실은 위험하고 거짓은 달콤하다

子曰 有德者 必有言 有言者 不必有德
자 왈 유 덕 자 필 유 언 유 언 자 불 필 유 덕

공자가 말하였다. "덕이 있는 사람은 반드시 말하는 바가 남다른 데가 있지만, 그런 식으로 말하는 사람이 반드시 덕이 있지는 않다."

주해

德 내면에 의식이 깨어있는 상태 | 有德 덕이 있다 | 者 ~하는 사람 | 必 반드시 | 言 말, '이곳은 인물이 많이 난 고장이다.'에서 '인물'이 여느 사람과 달리 뛰어난 인물을 가리키는 것과 같이, 여기서 '말'은 보통 말과 달리 위대한 말을 뜻한다. | 不必 반드시 ~은 아니다, 부분 부정

사람들은 누구나 말을 합니다. 그들은 끊임없이 말을 토해내지만 그 말들은 별 의미를 만들지 못합니다. 단지 소음이 되고, 피상적인 것이 될 뿐입니다. 그들은 대단히 활기에 차 있지만, 유치하고 성숙하지 못하였기 때문입니다.

순금 같은 말 한 마디 한 마디는 결코 아무에게서나 나올 수 있는 것이 아닙니다. 그래서 세상에 이런 말은 귀할 수밖에 없으며, 이런 말을 모처럼 대할 때의 감동은 그만큼 클 수밖에 없는 것입니다.

순수한 금만 있을 뿐 다른 불순물은 섞여 있지 않은 순금처럼 내면이 순수한 사람을 통해서만 음미할 만한 가치를 지닌 말이 흘러나옵니다. 그는 생각과 마음을 초월한 순수한 관조자입니다. 그 관조는 지성의 궁극이며 가장 명료한 통찰력입니다.

그는 멋진 말을 하려고 고심하지 않습니다. 이런 일은 저절로 일어납니다. 어떤 것들이 저절로 일어날 때, 그는 행위자가 아닙니다. 그는 온전히 이완되어 있습니다. 그 자신의 존재를 통해서 움직입니다. 마치 바람과 같고 구름과 같습니다. 강물처럼 유유히 움직일 뿐입니다.

그러나 우리가 행위자가 될 때 이런 일은 결코 일어나지 않습니다. 마음에 의해서 조종되기 때문이지요. 그때 우리는 말을 잘하려고 긴장합니다. 사회에서 말을 잘하는 것은 이익이 됩니다. 말을 잘하면 잘할수록 더 유익합니다.

지금 우리의 지도자들은 어떤 사람들입니까? 이 시대 우리 사회의 정치가들과 교수들 그리고 성직자들은 어떤 인물들입니까? 한 마디로 요약한다면, 그들은 말을 아주 잘합니다. 그들은 어떻게 하면 뜻 깊게 유창하게 말을 사용하는지 알며, 사람들에게 깊은 인상을 심어 주려 합니다.

우리 사회 전체가 말에 능통한 사람들에 의해 지배되고 있다는 사실은 좀처럼 인식되지 못하고 있습니다. 어쩌면 그들은 별로 아는 것이 많지 않을지도 모릅니다. 그들은 별로 현명하지 않을 수도 있습니다. 심지어 지성적이지 않을 수도 있습니다. 그러나 한 가지는 분명합니다. 그들은 언어를 능란하게 다루는 방법을 잘 알고 있다는 것입니다.

그것은 하나의 게임이며, 그들은 그 게임의 방법을 익힌 것입니다. 그러면 그것은 권위, 돈, 권력 등 모든 것을 가져다줍니다. 그래서 모든 사람들이 말을 잘하고 싶어 하는 것이며, 또 그리하여 마음이 수많은 말들과 수많은 생각으로 가득 차게 되는 것입니다.

공자의 이 말은 고대 그리스의 소포스와 소피스트의 관계를 연상하게 합니다. 소피스트도 말은 그럴 듯하게 하지만, 이들은 진정으로 지혜로운 자는 아니잖습니까?

자고로 지혜와 지식의 혼동은 보편적인 현상이었습니다. 지혜는 우리 존재의 가장 내적인 사원에서부터 일어납니다. 지혜는 결코 남에게서 빌릴 수 없습니다. 그것은 어떤 경전이나 교리 또는 지식과는 아무 관계가 없습니다. 그것은 우리 자신의 개인적이고 진실된 경험입니다. '소피아'란 그리스어는 이런 의미의 지혜를 뜻합니다. 그리고 이런 지혜를 통해서 진리를 깨달은 사람이 '소포스'입니다.

만일 우리가 다른 사람의 경험으로부터 얻은 것을 반복하기만 한다면 그것은 별가치가 없는 죽은 지식입니다. 우리는 그때 자신을 지식으로 장식할 수 있습니다. 그것을 통해서 우리의 에고를 더욱 더 강화할 수도 있습니다. 그러나 진리를 알지는 못할 것입니다.

소포스는 타락하여 소피스트라는 속물을 낳습니다. 그리고 소피아가 타락하여 나타난 것이 궤변입니다. 궤변은 단지 논쟁을 위한 논쟁일 뿐 진리와는 거리가 멉니다. 그것은 단지 논리적이고 합리적인 언어의 분석에 지나지 않을 뿐 경험이나 직관이 들어 있지 않습니다.

진리는 지혜, 사랑 우리는 계속해서 논쟁하고 추론할 수 있습니다. 그러나 그렇게 수백 년 동안 계속한다 해도 진리에 도달하지 못할 것입니다. 진리는 결코 어떤 논리적인 과정을 거친 결론이 아니기 때문입니다.

진리는 논리에 의해서 발견되는 것이 아니라 사랑에 의해서 발견되는 것입니다. 진리로 가는 길은 논리가 아니라 사랑입니다. 지혜는 사랑이지만 지식은 논리입니다. 논리가 '내가 진리로 가는 길이다. 내가 문이다.' 이렇게 고집할 때, 진리는 이 세상으로부터 사라져 버릴 것입니다.

이런 상황에서 피타고라스는 새로운 단어를 만들어야 했습니다. 그래서 만든 말이 'philosophy'철학이었습니다. 철학은 지혜를 사랑함을 의미합니다. 지식이 아닙니다. 지식은 지적이지만 지혜는 직관적입니다. 지식은 머리에 속해 있지만 지혜는 가슴에 속해 있지요. 그러므로 지혜는 논리가 아닌 사랑이며, 합리성이 아닌 지성입니다.

피타고라스는 또한 'philosopher'철학자라는 말도 만들었습니다. 철학자란 지혜의 친구라는 뜻입니다. 우리가 어떤 사람과 논쟁을 하기 시작하면 우리는 진리가 아닌 자신의 에고에 관심을 기울이게 된다는 사실을 관찰해 본 일이 있습니까? 때로는 우리 자신이 그 논쟁이 잘못되었다는 것을 발견하지만, 그 사실을 받아들이지 못합니다. 에고가 다치게 되기 때문이지요.

우리는 그것이 우리의 의견이기 때문에 옳다고 주장합니다. 그것이 진리가 아니기 때문이 아니라, 다른 사람의 의견이기 때문에 그르다고 주장합니다. 논쟁은 진리를 밝히기 위해서가 아니라 에고를 드러내기 위해서 일어납니다. 그때 그것은 궤변이란 것으로, 매우 속된 현상입니다.

그대는 한 여인을 사랑합니다. 매우 아름다운 경험이지요. 남자와 여자 사이의 사랑에는 진리의 무한한 은총과 향기가 담겨져 있습니다. 그것은 삶의 가장 믿을 수 없는 신비 중의 하나이지요. 그러나 창녀와 사랑 행위를 하는 것은 전혀 다른 것입니다. 육체적으로는 똑같을지 모르나 정신적으로는 완전히 다릅니다. 창녀는 추합니다. 그러나 연인들의 사랑은 신성합니다.

철학은 연인과 같고 궤변은 창녀와 같습니다. 궤변론자들은 창녀와 똑같이 행동합니다. 그들은 돈만 준다면 누구를 위해서도 논쟁을 할 준비가 되어 있습니다. 그대가 돈을 주면 그들은 그대를 위해서 논쟁해줍니다. 그러나 다른 사람이 더 많은 돈을 주면 그들은 또 그를 위해서 그대에게 불리한 논쟁을 할 것입니다.

존재의 혁명 지혜는 우리 존재 속에서 일어나는 하나의 혁명입니다. 그러나 지식은 쓰레기에 지나지 않습니다. 우리는 지식을 다른 사람으로부터 얻어 모을 수 있습니다. 그러나 그것은 우리를 변화시키지 않습니다. 우리는 항상 똑같이 남습니다.

물론 매우 세련될 수도 있고 아름다운 가면을 많이 얻을 수도 있습니다. 그러나 우리 자신의 얼굴은 항상 똑같이 남습니다. 지식이 아무리 축적된다 해도 우리의 존재는 항상 빈약한 상태로 남습니다. 그러나 지식은 지혜인 것처럼 가장할 수 있습니다.

가령, 만수르가 "나는 신이다"라고 말할 때 이것은 지혜입니다. 이 말은 그 자신의 존재의 핵으로부터 나온 말입니다. 이것은 그가 주장하는 것이 아니라 그를 통해서 나오는 주장입니다.

이제 사람들은 이 말을 흉내 내서 이렇게 말할 수 있습니다. "나는 신이다." 그러나 그것은 지식에 지나지 않습니다. 그들의 삶이 그 말을 뒷받침해 주지 못합니다. 그들의 존재가 그 말을 증명해 주지 못합니다. 사실 그들의 삶은 그것과 정반대가 될 것입니다.

지식과 지혜 소피스트라는 말은 겉으로만 꾸미는 사람을 뜻합니다. 겉으로는 현인인 척하지만 실제로는 그렇지 않은 사람을 뜻합니다. 그는 어쩌면 죄인일 것입니다. 그러나 그의 합리화는 매우 아름답습니다. 살인자는 이렇게 말할 수 있습니다. "내가 무엇을 할 수 있는가? 신이 나를 통해서 살인을 하려 했다."

도둑도 이렇게 말할 수 있습니다. "내가 무엇을 할 수 있겠는가? 나는 신이 시키는 대로 따라 했을 뿐이다." 그때 그들과 논쟁한다는 것은 매우 어려운 일입니다. 그들에게는 아주 교묘한 합리화가 있기 때문이지요. 이런 식으로 소포스는 타락하여 소피스트가 됩니다. 소피아라는 말에서도 똑같은 일이 일어났습니다.

지혜는 지식이 아닙니다. 그 둘은 서로 비슷하게 보입니다. 지식은 지혜인 척할 수 있습니다. 그러나 지식은 지혜와는 정반대입니다. 지식은 전적으로 다른 사람에게서 빌려온 것입니다. 이것이 바로 지식이 근본적으로 진리가 아닌 이유입니다.

지혜는 우리 안에서 일어납니다. 그것은 만발한 꽃밭에서 흘러나오는 향기입니다. 자기 이해입니다. 우리는 스스로 빛이 되어 존재의 중심에 이르게 됩니다.

이 세상에는 허다한 말들이 난무하지만, 진정 가치 있는 말은 많지 않음을 통감합니다. 깨달은 이들의 순금 같은 말이 그리운 시대에 우리는 살고 있습니다.

먼저 우리 주변에서 흔히 볼 수 있는 속된 부모들의 말과 다소간 깨달은 부모가 할 수 있는 말을 대비적으로 생각해 보는 것이 좋을 듯합니다. 이들이 하는 말은 본질적으로 다를 수밖에 없습니다.

"나의 아버지는 나를 무척 사랑하셨다. 그러나 그 사랑은 당신이 생각하는 방식대로였다. 아버지는 내가 과학대학을 가기를 원하셨다. '의사나 과학자 혹은 기술자가 되어라. 그러니 먼저 과학대학을 졸업하고 그 다음 전문가의 길을 걷도록 해라.'

물론 나는 그 제안을 거부했다. '저는 아버지의 사랑을 이해합니다. 그러나 그 사랑이 터무니없는 것이라는 사실도 알고 있습니다. 단지 아버지는 아버지 자신의 욕망을 달성하시고자 할 뿐입니다. 저는 종교와 철학 그리고 심리학을 공부하고 싶습니다.'

'그렇다면 나는 너의 학비를 보조해 주지 않을 것이다.' 이 말씀은 단지 위협일 뿐이었으며 나중에 아버지는 매우 후회하셨다. 나는 말했다. '좋습니다. 저는 아버지의 의견을 따르지 않겠습니다. 아버지께서 저를 도와주시지 않아도 좋습니다.'"

네 자신의 실수에서 배워라. 이는 라즈니쉬가 자신의 소년 시절을 회고한 대목의 한 부분입니다. 세상의 보통 부모들의 생각이나 말은 대개가 이런 식이지요. 자기중심적으로 무력한 아이에게 자신의 믿음을 강요합니다. 그러나 비록 그 수가 극히 적긴 하지만 몇몇 부모들의 말은 우리의 상상을 초월할 정도로 놀랍습니다.

이들은 매우 주의 깊고 인내심 또한 보통이 아닙니다. 그래서 아이의 지성이 싹틀 가능성이 방해가 되는 어떤 말도 하지 않도록 조심합니다. 어느 날엔가 아이 스스로 탐구하기 시작하게 될 것을 믿습니다.

이들은 결코 기성의 해답을 제공하지 않습니다. 그런 답은 아무 도움이 안 되기 때문입니다. 아이가 좀 더 지성적인 존재가 되도록 도와줍니다. 답을 안겨 주기보다는 스스로 지성을 연마하여 더 깊이 파고들 수 있는 환경을 조성해 줍니다. 그의 의문이 존재의 핵심까지 뚫고 들어가도록 그런 환경을 만들어 주려고 노력합니다.

진실로 덕이 있는 부모라면 이런 식으로 말할 것입니다. "너는 우리에게서 자유로울 필요가 있다. 우리에게 복종하지 말고 네 자신의 지혜에 귀를 기울여라. 네 자신의 실수를 저지르고 그 실수에서 삶을 배워라. 다른 사람을 따라하면서 실수를 저지르지 않는 것보다 그 편이 낫다. 다른 사람을 따라하면 아무것도 배울 수 없다."

큰 스승을 사랑한 도둑 한 걸음 더 나아가 진정으로 깨달은이는 심지어 부도덕한 행위를 하는 사람에게도 어떻게 열린 마음으로 대화에 응하면서 그를 옳은 방향으로 이끄는지 살펴보기로 합니다.

이들에게 행위는 문제가 되지 않습니다. 문제는 자각하고 있느냐 그렇지 않으냐에 있습니다. 무엇을 하느냐는 관계가 없습니다. 이런 일이 있었습니다. 위대한 스승이었던 나가르쥬나에게 일어났던 일입니다.

한번은 어떤 도둑이 찾아왔습니다. 그 도둑은 나가르쥬나를 사랑하게 되었습니다. 전에는 그처럼 무한한 은총과 높은 덕을 지닌 사람을 본 일이 없었습니다. 그가 나가르쥬나에게 물었습니다.

"나도 또한 스승님과 같이 될 수 있습니까? 한 가지 명백히 해 둘 것은 내가 도둑이라는 사실입니다. 그리고 나는 앞으로도 도둑질을 그만두지 않을 것입니다. 그러니까 도둑질을 그만둘 것을 조건으로 내걸지 말아 주십시오. 당신이 말하는 것은 무엇이든지 다 하겠습니다. 그러나 도둑질을 그만둘 수는 없습니다. 몇 번이나 고쳐 보려고 했지만 번번이 실패했단 말입니다."

나가르쥬나가 말했습니다. "왜 그렇게 두려워하는가? 그대가 도둑이라고 해서 누가 그것을 상관한단 말인가?" 도둑이 말했습니다. "그러나 수도승이나 다른 성자들을 찾아가면 그들은 항상 먼저 도둑질을 그만두라고 말합니다."

나가르쥬나는 웃으면서 말했습니다. "그렇다면 그대는 도둑들을 찾아간 것이 틀림없다. 그렇지 않다면 왜 그들이 그렇게 도둑질에 신경을 쓰겠는가? 나는 그런 일에 상관하지 않는다." 도둑은 매우 기뻐했습니다. 그래서 이렇게 말했습니다. "그렇다면 좋습니다. 저도 이제 제자가 될 수 있겠군요. 당신은 정말로 진정한 스승이십니다."

나가르쥬나는 그 도둑을 받아들였습니다. 그리고 이렇게 말했습니다. "이제 그대는 어디에 가든 그대가 하고 싶은 일을 할 수 있다. 대신 한 가지 조건이 있다. 그대는 항상 깨어 있어야 한다는 것이다. 다른 집에 들어가서 물건을 훔치고 싶다면 그렇게 하라. 그러나 완전히 깨어 있는 상태에서 그것을 하도록 하라."

도둑은 자기가 올가미에 걸려들었다는 것을 알지 못했습니다. 그는 이렇게 말했습니다. "좋습니다. 그렇게 해 보지요." 3주가 지난 뒤에 그 도둑은 다시 돌아와서 이렇게 말했습니다. "당신이 나를 속였습니다. 깨어 있게 되면 도둑질을 할 수 없습니다. 그리고 도둑질을 하면 자각이 사라져 버립니다. 이제 나는 곤경에 빠졌습니다."

나가르쥬나가 말했습니다. "그대가 도둑질을 했는지 안 했는지에 대해서는 아무 말도 하지 말라. 나는 그런 일에 관계하지 않는다. 나는 도둑이 아니기 때문이다. 이제 결정하는 일은 그대 손에 달려 있다. 그대가 자각을 원한다면 그렇게 하도록 하라. 그리고 자각을 원치 않는다면 또 그대가 알아서 하도록 하라. 결정은 그대가 할 일이다."

그가 말했습니다. "그렇지만 지금은 어렵게 되었습니다. 나는 벌써 조금씩이나마 자각의 맛을 보았습니다. 너무도 아름답더군요. 이제 나는 당신이 무어라 하든 모든 것을 버리겠습니다. 사실 어젯밤에 처음으로 왕궁에 들어갈 수 있었습니다. 그리고 드디어는 보물 궤짝을 열었습니다. 그것만 가진다면 이 세상에서 가장 돈 많은 부자가 될 수도 있었지요.

그런데 당신의 제자가 된 이상 나는 자각해야 했습니다. 내가 자각하게 되자 갑자기 모든 동기와 욕망이 다 사라지는 것이었습니다. 그 다이아몬드들이 평범한 돌로 보였습니다. 조금 있다가 자각을 잃어버리니, 그것들이 다시 보물로 보였습니다. 나는 그 자리에서 몇 번이나 자각하다 또 자각을 잃어버리다 하였습니다.

자각할 때는 나 자신이 붓다같이 되어 그것을 만질 수도 없었습니다. 그 모든 것이 어리석게만 보이더군요. 단지 돌일 뿐인데 그것을 위해서 나 자신을 잃어버리겠습니까? 그러다 다시 자각을 잃어버리면 그것들이 다시 아름답게 보였습니다. 나는 결국 그것들이 아무런 가치도 없는 것이라고 결정하게 되었습니다."

일단 자각을 알게 되면 그 어느 것도 가치 있게 보이지 않습니다. 가장 커다란 삶의 기쁨을 안 것입니다. 그때 갑자기 모든 것이 떨어져 나갑니다. 모든 것들이 어리석게 보입니다. 동기도 욕망도 더 이상 존재하지 않습니다. 꿈이 떨어져 나가는 것입니다.

신은 인간의 가장 깊은 내면에 이런 우화도 있습니다. 이 우화에는 엄청난 통찰력이 담겨 있습니다. 만일 이 우화를 이해한다면 그 향기가 우리의 영혼 속에 스며들 것입니다.

신이 세상을 창조했습니다. 그리고 나서 지상에 살았습니다. 상상해 보십시오. 그는 무수한 문제들에 부딪쳤습니다. 온갖 사람이 찾아와 온갖 불평을 털어놓았습니다. 쉬는 시간이면 온갖 사람들이 찾아와 문을 두드렸습니다. 밤이면 사람들이 몰려와 말했습니다. "이럴 수가 있습니까? 오늘은 비가 필요한데 너무 더웠어요." 곧바로 다른 사람이 찾아와 이렇게 말했습니다. "비를 내리면 안 됩니다. 비가 오면 오늘 한 일이 엉망이 되고 맙니다."

신은 거의 미칠 지경이었습니다. 저 많은 사람들, 저 많은 욕망들. 모든 사람들이 저마다의 기대와 만족을 원하나 그들의 욕망은 너무 모순투성이입니다. 농부는 비를 원하고, 옹기장이는 비가 오면 자기가 빚은 옹기가 망가질까봐 뜨거운 햇볕을 원합니다.

신은 자문관을 불러 물었습니다. "어떻게 하면 좋겠는가? 사람들이 나를 미치게 하고 있다. 그들 전부를 만족시킬 수는 없다. 언젠가는 그들이 나를 살해할지도 모른다. 나는 어디론가 숨고 싶다."

그러자 여러 의견이 나왔습니다. 누군가 말했습니다. "에베레스트로 가십시오. 그 산은 히말라야의 가장 높은 봉우리이니 절대 아무도 오르지 못할 것입니다." 신이 말했습니다. "모르는 소리. 바로 몇 초 후에 -신에게는 그것이 바로 몇 초 후이다. 신의 시간 개념은 다르다.- 에드몬드 힐러리가 텐싱과 함께 도착할 것이다. 그러면 또 다시 문제가 시작된다."

그때 다른 사람이 제의했습니다. "달로 가시면 어떨까요?" 신이 말했습니다. "달 역시 먼 곳이 아니다. 몇 초만 있으면 누군가가 달에 도착할 것이다." 이런 식으로는 문제가 풀리지 않습니다. 이건 시간만 지연시킬 뿐입니다. 그는 영구적인 해결을 원했습니다.

그때 나이든 신하가 다가와 신의 귀에 대고 뭐라고 속삭이자 신이 말했습니다. "그대가 옳다. 그렇게 하리라." 나이든 신하는 이렇게 말했던 것입니다. "인간이 절대로 가지 않는 곳이 딱 한 곳 있습니다. 인간 자신 속 깊이 숨으십시오."

그 이래로 신은 인간의 가장 깊은 내면에 숨어 왔습니다. 그곳은 과연 인간이 생각하지 못하는 곳입니다. 늙은 신하가 가르쳐준 지혜는 너무도 소중한 것으로, 그는 더없이 체험과 사려가 깊은 사람이었음에 틀림없습니다.

우리는 신에 대하여 어떤 것도 말할 수 없습니다. 신은 체험되어야 합니다. 증거도 논리적인 확실성도 없지만, 무엇인가가 존재하는 것은 분명합니다. 우리는 모두 자신 속에 무한히 아름다운 빛을 지니고 있습니다. 물론 그것은 안개와 구름들로 가려 있어서 외부에서 바라볼 때는 어떠한 빛도 보이지 않습니다.

구도란 우리를 둘러싸고 있는 이러한 어두운 구름들을 뚫고 들어가 영원한 빛이 존재하는 중심에 도달하는 것입니다. 그곳에서 삶은 기쁨의, 지복의, 엄청난 아름다움의 불꽃이 됩니다. 존재의 그러한 가장 깊은 내면의 불꽃을 체험하는 것이 신성을 체험하는 것입니다.

진정으로 덕이 높은 이들의 말하는 모습은 교만함이 없이 늘 겸손한 것을 볼 수 있습니다. 이런 모습은 어떤 마음의 상태에서 나오는 것입니까?

그들은 말할 때 내면에서 일종의 두려움을 느끼고 있습니다. 거기에는 깊은 이유가 있습니다. 그 두려움은 거짓을 말할지도 모른다는 것에 대한 두려움이 아니고, 진리를 언어로 표현하는 순간 왜곡될지도 모른다는 것에 대한 두려움입니다. 그들은 거짓은 결코 말하지 않습니다. 그러나 언어라는 매개체가 그러하듯이 언어로 무엇을 표현하든 그것의 본질은 변하게 됩니다. 마치 이런 경우와 같습니다.

흐르는 강물 안에 곧은 막대기를 넣으면 그것이 물속으로 들어가는 순간, 막대기는 더 이상 곧게 보이지 않습니다. 물이라는 매개체와 빛의 굴절이 막대기에 변화를 줍니다. 곧은 막대기는 더 이상 곧게 보이지 않습니다. 물에서 꺼내면 막대기는 곧게 됩니다. 다시 물속에 넣으면 곧지 않습니다. 막대기는 언제나 곧으나 물이라는 매개체 때문에 곧지 않은 것처럼 보입니다.

진리는 말이 없는, 침묵하는 마음 안에서 실현됩니다. 완전한 침묵 속에서 진리는 실현됩니다. 그리고 나서 진리는 언어로 표현되어야 합니다. 언어를 초월한 그것은 다시 언어화되어 전달되어야 합니다. 우리에게 그것을 전달해줄 다른 방법이 없습니다. 우리는 침묵을 이해하지 못하기 때문입니다. 우리가 침묵을 이해할 수 있으면 표현할 필요가 없어지지요.

우리가 침묵을 이해할 수 있다면 하늘의 침묵도 이해할 수 있습니다. 그 언어가 같기 때문입니다. 우리는 바위의 침묵도 이해할 수 있고, 밤의 침묵도 이해할 수 있습니다. 우리는 우주 곳곳에 가득 차 있는 침묵을 이해할 수 있습니다. 침묵은 모든 곳에 있기 때문에 우리가 침묵을 이해하기만 하면 스승들에게 갈 필요가 없습니다.

그러나 우리는 침묵을 이해하지 못합니다. 그래서 바위나 나무를 찾아가는 것이 아니라 스승을 찾아가는 것입니다. 나무는 언어로 침묵을 표현할 수 없습니다. 나무 또한 신 안에서 침묵한 채 존재하고 있습니다. 하지만 언어로 그것을 표현하지는 못합니다. 우리에게는 언어가 필요합니다. 두려움이 생기는 것은 그 때문입니다.

두려움은 바로 언어라는 매개체 때문입니다. 진리를 말로 표현하면 거짓이 됩니다. 노자는 말했습니다. '말해질 수 있는 도는 도가 아니다.' 말해질 수 있는 진리는 진리가 아니라는 것입니다. 말해지는 순간 언어의 본질 자체가 왜곡을 가져오기 때문입니다.

두 번째는 무언가가 말해지고 사람들이 그것을 듣게 되는 순간, 그들은 그것을 망쳐놓을 것입니다. 처음에는 언어라는 매개체에 의해서 망쳐집니다. 두 번째로 그것이 그들의 마음에 들어갈 때 그들의 마음은 이미 정신병원입니다. 일단 그것이 그들의 마음속으로 들어가면 거기서 어떤 의미가 나올지는 아무도 알 수 없습니다. 그것을 어떻게 해석하고 그들이 내린 판단에 따라서 그들이 어떠한 행동을 할지는 아무도 모릅니다.

다정한 친구나 겸손한 선배처럼 실제로 말을 시작하면서 덕이 있는 이들은 이 점을 분명히 합니다. '이것은 내가 알고 있는 테크닉이다. 그리고 일부는 나의 체험이다. 이제 테크닉을 말하겠다. 그리고 나의 체험을 나누어주겠다. 그러나 여러분은 나의 제자가 아니다. 단지 도움을 필요로 하는 친구들일 뿐이다.

나는 작으나마 어떤 이해를 가지고 있다. 비록 많지는 않지만 여러분에게 나누어줄 수 있다. 아마 여러분 중에서 많은 분들이 각기 다른 분야와 영역에 대해서 많은 이해를 가지고 있을 것이다. 여러분도 자신의 체험을 나누어 줌으로써 서로를 더 풍요롭게 하는 것이 좋을 것이다.'

그리고 그들은 또한 이 점도 분명히 밝혀두고자 합니다. '내가 체험을 나누어줄 때, 이는 여러분의 문제일 뿐 아니라 나의 문제이기도 하다. 내가 무엇인가를 말할 때 나는 말할 뿐 아니라 듣기도 하는 것이다.'

그들은 자신이 결코 특별한 사람이 아니라는 것을 한시도 잊지 않으려 노력합니다. 그들은 단지 몇 걸음 앞서 나간 선배로 남아 있으려 합니다. 그렇지 않으면 다른 사람을 도울 수 없을 것입니다.

이것이 인간의 약점입니다. 즉 사람들이 우러러보면 우리는 흔히 이렇게 생각합니다. '사람들이 나를 우러러보는 것을 보니 나에게 무언가 위대한 점이 있는 게 틀림없다.' 진정으로 위대한 사람은 이런 함정에 빠지지 않기 위해서 늘 경계를 게을리 하지 않습니다.

덕이 있는 이가 남다르게 말할 수 있는 까닭 가운데 하나는 과감하게 이기심을 극복할 수 있기 때문이 아닐까요?

이와 관련해서는 타고르의 이야기가 생각납니다. 타고르가 기탄잘리로 노벨 문학상을 받았을 때 그 책은 영어로 번역되었습니다. 그리고 타고르는 그 즉시로 세계적인 인물이 되었습니다. 그는 캘커타에서 살았고 캘커타 대학에서는 그에게 명예박사 학위를 수여하고자 했습니다. 하지만 타고르는 그것을 거절했습니다.

그는 거절의 이유를 이렇게 밝혔습니다. "당신들은 지금 명예박사 학위를 나에게 수여하는 것이 아니다. 당신들은 노벨상에게 명예박사 학위를 수여하고 있다. 당신들의 정신은 노예근성에 사로잡혀 있다. 내 책은 이미 인도에서 20년 전에 출간되었고, 지금 나온 번역본은 원본보다 아름답지 않다."

시는 다른 나라 말로 번역될 수 없습니다. 만약 시를 번역한다면 겨우 그 의미만 전달될 뿐 그 자체의 향기와 아름다움은 사라지고 맙니다. 그래서 예로부터 진실로 시를 사랑하는 사람은 다른 문학과 달리 시만은 원문으로 읽으려고 하는 것입니다.

지금 여기 이 순간 우리의 기본적 에너지를 밀고 나가는 근본적인 힘은 허위에서 진실에 가 닿기 위한 것입니다. 긴 여행을 위해서 인간은 에너지를 보존할 필요가 있습니다. 자신의 에너지가 자랄 수 있게 해줄 필요가 있습니다. 진실을 밝히고 영혼에 가 닿기 위해서, 인간은 무한한 힘의 저장고가 되기 위해 노력해야만 합니다.

이런 측면에서 타고르는 대단한 에너지의 소유자입니다. 삶의 진실은 에너지를 낭비하는 자들, 자신들을 약하고 의지박약하게 내버려두는 자들을 위해 있는 것이 아닙니다. 내부에서 맥 빠지고 무기력해진 자들은 이 원정을 할 수가 없습니다. 그것은 높은 곳에 오르기 위해 대단한 에너지를 필요로 합니다.

에너지의 보존은 진실한 삶에서 제일 필요한 것입니다. 그러나 지금 우리 세대는 약하고 병들어 있습니다. 그리고 이 에너지의 손실로 인해 우리는 더욱 더 약한 수준으로 빠져 들어가고 있습니다. 우리의 생명력은 모두 빠져나가고 안에 남아 있는 것은 오직 말라빠진 검불 뿐입니다. 무서운 공허밖에는 아무 것도 남아 있지 않습니다. 우리의 삶은 하나의 끊임없는 슬픈 손실의 이야기일 뿐입니다. 우리의 삶은 전혀 생산적이 아닙니다.

이지적으로 성장한 사람은 매우 드뭅니다. 대부분의 사람들은 이기적으로 만들어졌으며, 그 이기심이 그들의 에너지와 지성을 파괴합니다. 그들은 경쟁적으로 만들어졌고 다른 사람들을 시기하도록 만들어졌으며 이미 그릇된 길에 놓여졌습니다. 그들은 오직 하나만을 생각해 왔습니다. 경쟁하기와 일류이기. 그러나 삶은 일류일 것조차도 없는 것입니다. 우리가 있는 어디서든지 이 순간에 즐길 수 있습니다.

그러나 사람들은 오늘은 돈을 벌고 내일 살 것이라고 말합니다. 삶을 연기하는 것은 무지가 되는 것입니다. 지성은 오직 우리가 살고 있을 때만 옵니다. 지성은 살기의 기능입니다. 우리가 여기서 살고 있을 때 우리는 진실로 이지적이 됩니다. 우리가 삶을 연기할 때 우리 존재의 거울에 먼지가 쌓입니다. 우리가 전체적으로 이 순간을 살기 시작할 때 삶은 불타오르게 됩니다. 의식의 불타오르는 상태에서 우리는 이지적일 수가 있습니다.

그러나 우리는 삶을 질질 미루고 있지요. 내일 우리는 살기를 시도할 수 있고 이지적이 될 수 있습니다. 그러나 만일 우리가 오늘 우둔하다면 바로 거기에 내일이 오늘과 다르지 않으리라는 모든 까닭이 있는 것입니다. 내일은 오늘의 연장선에 있기 때문입니다.

집착하지 말라. 이기적인 욕망이란 무엇입니까? 불교에 따르면 이기적인 욕망이란 자아에 바탕을 두고 있는 것입니다. 일반적으로 타인과 반대되고 타인을 배려하지 않는다면, 그것을 이기적인 욕망이라고 부릅니다. 또한 어떤 것이 정당하지 않은 데도 집요하게 계속 밀고 나가며 자신의 욕망을 채운다면 사람들은 그를 이기적이라고 합니다.

하지만 붓다가 욕망은 이기적이라고 했을 때, 그가 의미하는 바는 전혀 다릅니다. 그는 욕망이 자아를 기초로 하고 있다면 그건 이기적이라고 말합니다. 가령 우리가 어떤 좋은 일을 위해 거액을 보시합니다. 병원을 짓거나 학교를 세우는 데, 혹은 가난한 사람들에게 음식을 나누어주거나 가난한 지역에 약품들을 보내는 데 보탬이 되게 한다면, 아무도 그것을 이기적인 욕망이라 하지 않을 것입니다.

하지만 만약 거기에 자아의 의도가 있다면 붓다는 그것을 이기적인 욕망이라 할 것입니다. 만일 우리가 그렇게 함으로써 공덕을 쌓는다거나 천상에서 보상을 받으리라는 생각을 한다면 그것은 이기적인 욕망입니다.

그것은 남들을 해치지는 않을 것입니다. 사실, 모두가 그것에 감사할 것입니다. 사람들은 우리를 종교적이고 덕 있는 사람, 곧 사랑과 자비와 연민이 넘치는 사람이라고 생각할 것입니다. 하지만 붓다는 욕망이 이기적인지 아닌지를 결정하는 것은 오직 그 동기에 있다고 말합니다.

만일 아무 의도도 없이 보시했다면 그것은 이기적이지 않습니다. 그러나 만일 우리가 이승에서나 저승에서 무엇인가 얻으려는 의도를 의식이나 무의식 어딘가에 감추고 있다면, 그때 그것은 이기적인 욕망입니다. 자아로부터 비롯된 것은 이기적인 욕망입니다. 에고의 일부로서 비롯된 것은 이기적인 욕망입니다.

붓다는 제자들에게 말했습니다. "명상할 때마다 각 명상 후에는 명상 속에서 얻은 것을 모두 바쳐라. 우주에게 그것을 바쳐라. 지복으로 충만하거든 우주에 그 지복을 쏟아라. 보물처럼 그것을 가지고 다니지 말아라. 행복을 느끼거든 즉시 나누어라.

그것에 집착하지 말아라. 그렇지 않으면 그대의 명상은 자아의 새로운 과정이 될 것이다. 궁극의 명상은 자아의 과정이 아니다. 궁극의 명상은 더욱더 무아로 들어가는 과정이다. 그것은 자아의 사라짐이다."

진정으로 위대한 말은 덕이 있는 사람에게서 나올 수 있는 것이라면, 삶을 통해서 덕을 쌓는 어떤 실질적인 방법이 있는지 알고 싶습니다.

세상에서 우리는 다른 사람과 함께 살고 있습니다. 아무도 홀로 살지 않습니다. 아이들은 부모와, 부모들은 친구들과, 남편은 아내와, 아내는 남편과 함께, 이렇게 모든 사람은 함께 살고 있지요. 사람은 함께 있음 속에서 존재하고 성장합니다.

그러나 우리는 함께 있음이 무엇인지 전혀 알지 못합니다. 그래서 상대방과 함께 있는 것이 행복하지 않습니다. 우리는 잘해야 상대방에 대해 참고 있는 것입니다. 이런 인간관계에서는 결코 성장하지 못합니다. 그래서 많은 사람들이 단순히 나이만 먹으면서 늙어갈 뿐 성숙하게 되지 못합니다.

피타고라스는 덕을 쌓기 위해서는 특히 덕이 있는 친구를 고르고 그의 친절한 조언에 귀를 기울이고 그의 삶을 보고 교훈을 얻으라고 말했습니다. 그러나 우정이라는 것이 이 세상으로부터 사라져 버린지 이미 오래되었습니다.

지금 우리들이 우정이라고 부르는 것은 옛 사람들이 의미했던 그런 우정이 아닙니다. 우리들의 우정은 단지 우연일 뿐입니다. 같은 사무실에서 근무하면서 친해지거나 같은 학교에 다니면서 친해지는 것, 이것은 진정한 우정이 아닙니다.

피타고라스는 말합니다. "친구를 선택하라." 아버지나 어머니 기타 혈연의 가족은 선택할 수 없습니다. 그러나 친구는 선택할 수 있습니다. 연인 또한 선택할 수 있습니다. 연인은 우정의 연장입니다. 품위 있고 덕이 넘쳐흐르는 사람을 친구로 사귀십시오.

여기에서 덕이라 함은 어떤 의로움을 의미하는 것이 아닙니다. 덕이 있는 친구란 같이 있음으로써 우리 안에서 무엇인가가 춤추기 시작하고 거대한 에너지가 흘러 우리가 높이 솟아오르게 하는 그런 친구를 의미합니다.

친구를 선택할 수 있으면 궁극적으로는 스승 또한 선택할 수 있습니다. 스승은 궁극적인 친구이기 때문입니다. 친구를 선택할 수 없다면 스승도 선택하지 못하게 됩니다. 좋은 친구를 고르십시오. 그러면 언젠가는 궁극적인 친구를 고를 수 있게 될 것입니다.

그리고 친구를 골랐으면 그의 조언을 경청하십시오. 그는 조언을 강요하지 않을 것입니다. 오직 부드럽게 속삭여줄 것입니다. 그는 소리 높여 논쟁하지도 명령하지도 않을 것입니다. 간접적으로 암시를 주고 의견을 제시할 것입니다.

이것은 궁극적인 친구 즉 스승의 경우에 있어서도 마찬가지입니다. 진정한 스승은 오직 길을 보여줄 뿐입니다. 그는 큰 소리로 외치지 않습니다. 폭력을 좋아하지 않기 때문입니다. 그는 자기의 의견을 들으라고 강요하지 않습니다. 그에게는 그대를 지배하고 싶은 욕망이 없습니다. 그는 오직 자기가 이해하고 깨달은 것을 나누고 싶을 뿐입니다. 그것을 따르고 따르지 않는 것은 전적으로 그대에게 달린 일입니다.

그리고 그의 삶을 통해서 교훈을 얻고 배우십시오. 그의 말뿐만 아니라 그가 사는 방법을 보십시오. 그의 실제 삶을 지켜보십시오. 삶 속에서 배우는 유일한 방법은 바로 이것입니다. 사람들 각자 각자가 곧 하나의 경전입니다. 그대는 그 언어를 읽는 방법을 배워야 합니다. 각각의 사람들이 다 위대한 비밀을 지니고 있지요. 그것을 들을 수 있다면, 그대는 커다란 축복을 받을 것입니다.

명상하고 사랑하며 따르라. 라즈니쉬도 다음과 같이 비슷한 취지의 말을 한 적이 있습니다. '나의 조언에 대해서 명상하고 그것을 사랑하며 따르라. 그 조언은 그대를 신성한 덕으로 인도하는 법을 알고 있다.' 그는 자신의 조언을 믿으라고 말하지 않습니다. 명상하라고 말할 뿐입니다.

그는 말합니다. "내가 말하는 모든 것에 대해서 거울이 되어라." 그는 이것들이 어떤 계명이 아니라 조언에 불과하다고 말합니다. 우리가 이것을 해야만 한다는 뜻이 아닙니다. 명령이 아니라 단지 조언일 뿐입니다. 우리의 축복을 기원하는 친구가 건네주는 도움의 손길일 뿐입니다.

'나의 조언에 대해서 명상하고 어떤 편견도 갖지 말고 조용히 듣기만 하라. 무엇이 옳고 그른지 결정하는 일을 서두르지 말라.' 이 조언이 우리 내면 깊숙이 가라앉게 하고 우리의 가슴 속으로 파고들도록 하는 것이 명상입니다.

그의 조언에 대해 우리가 명상을 할 수 있다면, 사랑은 그 스스로 일어납니다. 명상을 할 수 없다면 그때는 논리가 스스로 일어납니다. 사랑과 논리는 우리가 듣는 방법에 따라 나타나는 결과일 뿐입니다. 우리가 어떻게 듣느냐에 따라서 모든 것이 결정됩니다.

예를 들어봅시다. 우리는 그의 말을 듣고 있습니다. 그와 뜻을 같이 하는 사람들은 보통 사람들과는 완전히 다른 방법으로, 즉 완전한 침묵 속에서 명상하면서 듣습니다. 그들은 그가 그들에게 하는 말을 들이마실 뿐입니다.

그들은 그가 친구라는 사실을 압니다. 그리고 그가 말하는 것은 어떤 계명이 아니라 충고나 조언에 불과하다는 것 또한 잘 알고 있습니다. 그가 하는 말에 대해서 명상을 하면 사랑이 그들 내면에서 일어납니다.

그러나 논쟁만 즐기고, 편견과 이데올로기 그 밖의 다른 과거의 기억을 앞세워 비교하고 판단하며 비판하면서 듣는다면, 그때는 그들 내면에 논리가 일어납니다. 논리는 진정으로 듣는 것이 아니라 단지 비교하고 판단하면서 들을 때, 그리고 두려워하면서 자신을 방어하며 들을 때 일어납니다.

그러므로 내면에 무엇이 일어나느냐에 따라서 명상적으로 들었는지 그렇지 않았는지를 알 수 있습니다. 이것을 하나의 판단 기준으로 삼기 바랍니다. 우리 안에 사랑이 일어나면 올바로 들은 것이고, 논리가 일어나면 그것은 핵심을 빠뜨리고 오직 말만을 들었다는 뜻이 됩니다.

우리는 말과 말 사이에 있는 침묵을 놓쳤습니다. 오직 지적으로만 이해했을 뿐 전혀 가슴은 움직이지 않은 것이지요. 그의 조언에 대해서 명상하고 그것을 사랑하기 바랍니다. 명상이 바탕이 될 때 그때 사랑은 스스로 찾아옵니다. 사랑이 찾아올 때 그것을 따르십시오. 이것은 모방이나 믿음의 문제가 아닙니다. 우리에게 찾아온 사랑이 우리로 하여금 상황에 따라 행동할 수 있게 만듭니다.

계명은 억지로 따라야 합니다. 우리는 계명을 자신에게 강요해야 합니다. 그러나 조언은 강요되어야 할 것이 아닙니다. 우리는 그것을 듣고 사랑하여 이제는 스스로 행동하기 시작합니다. 그 행동은 사랑이 명상으로부터 자라나는 것과 같이 사랑으로부터 일어납니다. 명상이 뿌리라면 사랑은 나무이며 그 다음에 따라오는 것은 꽃과 같은 것입니다.

그 조언은 우리를 신성한 덕으로 인도하는 법을 알고 있습니다. 그때 우리는 걱정할 필요가 없습니다. 신성한 덕이 우리 안에서 신의 선물로서 일어날 것입니다. 명상하고 사랑하고 따르는 것, 이 세 가지를 스승과 함께 한다면 그것으로 충분합니다.

이 세 가지가 우리를 신성한 덕의 근원으로 이끌어줄 것입니다. 그때 사람은 외롭게 되는 것이 아니라 덕으로써 선해지며 그때 인간은 신 안에 살고 신은 그 안에 삽니다. 인간은 하나의 비어 있는 대나무가 되고, 신은 그를 통해서 노래를 하기 시작합니다.

정의가 아니라 힘에 의해 다스려지는 사회에서 바른 말을 하려면 지혜와 함께 용기가 필요할 듯합니다. 그러나 대부분의 사람들은 크고 작은 힘에 굴복하며 비굴하게 살고 있습니다. 왜 이런 타성을 갖게 되었는지, 어떻게 하면 이것을 극복할 수 있는지 궁금하고 답답합니다.

그렇습니다. 우리는 부당한 힘에 맞서 싸우며 당당히 제 소리를 내려 하기보다 그에 타협하면서 비굴하게 살고 있습니다. 이렇게 사는 것이 당장 편하고 안전하기 때문이지요. 이런 삶을 살게 된 뿌리는 매우 깊습니다. 모든 사람이 어려서부터 복종적으로 살도록 길들여져 왔습니다. 부모들은 아이를 복종적으로 만듦으로써 지성의 뿌리를 자르고 있습니다.

부모는 아이에게 '예'라고 말해야 할지 '아니오'라고 말해야 할지 생각할 기회를 주지 않습니다. 부모는 그에게 자신의 결정을 내리도록 허용하지 않습니다. 순종이라는 미명하에 부모는 아이의 자유를 빼앗습니다. 이런 아이는 나이를 먹으면서도 성장하지 못합니다. 물론 나이를 먹기는 합니다. 그러나 아무런 꽃도 피지 못하며 아무런 열매도 맺지 않습니다.

복종은 지성을 필요로 하지 않습니다. 모든 기계는 복종적입니다. 지금까지 아무도 복종하지 않는 기계가 있다고 들어본 적이 없습니다. 복종은 단순합니다. 그것은 아이에게 어떤 책임이 주는 부담을 덜어 줍니다. 책임은 그 명령이 나오는 근원에 있습니다.

불복종은 지성의 보다 고차적인 명령을 필요로 합니다. 어떤 바보도 복종적일 수 있습니다. 사실 바보만이 복종할 수 있습니다. 지성을 지닌 사람은 반드시 '왜'라고 묻기 마련입니다. '왜 내가 그렇게 해야 하는가?' 묻곤 하지요.

책임이란 게임이 아닙니다. 그것은 가장 진정한 삶의 방식들 가운데 하나입니다. 그러나 그것은 불복종을 위한 불복종이 아닙니다. 그것은 다시 바보스러운 짓이 될 것입니다. 불복종은 하나의 위대한 혁명입니다.

그것은 모든 상황에서 절대로 '아니오'만을 말하는 것을 의미하지 않습니다. 그것은 단순히 그렇게 말해야 할지, 그것이 유익할지 그렇지 않을지를 결정하는 것을 의미합니다. 그것은 우리 자신이 책임을 떠맡는 것입니다.

그것은 그 사람을 싫어하느냐 또는 명령 받는 것을 싫어하느냐 하는 문제가 아닙니다. 그 싫어함 속에서는 우리가 복종적으로 혹은 불복종적으로 행동할 수 없기 때문입니다. 그러나 우리는 이런 타성에서 아주 무의식적으로 행동합니다. 우리는 지성적으로 행동할 수 없습니다.

지성적으로 행동하도록 깨어 있어야 한다. 우리가 무엇을 하도록 명령 받을 때 우리에게는 감응할 수 있는 기회가 주어진 것입니다. 어쩌면 명령 받고 있는 것이 옳을지도 모릅니다. 그러면 그렇게 해야 할 것입니다. 그리고 우리에게 그렇게 하도록 명령한 그 사람에게 감사할 것입니다.

어쩌면 그것은 옳지 않을지도 모르겠습니다. 그러면 그것을 분명히 밝혀야 합니다. 그것이 왜 옳지 않은지 이유를 밝히고 나서 그 사람을 도와주어야 하겠지요. 그가 생각하고 있는 것은 잘못된 길로 가는 것입니다.

만약 그것이 옳다면 사랑을 가지고 그것을 해야 할 것입니다. 만약 그것이 옳지 않다면, 그러면 그보다 더한 사랑이 필요할 것입니다. 우리는 그 사람에게 어려운 말을 해야 하며, 그 사람이 이해하도록 설명해 주어야 할 것이기 때문입니다. 그것이 옳지 못하다고 말이지요.

기본적으로 이것은 지성의 문제입니다. 지성적으로 행동하도록 깨어있어야 합니다. 사람은 지성적으로 살아야 합니다. 그것이 전부입니다. 그러면 그가 무엇을 하건 그것은 그의 책임인 것입니다. 그러나 종종 위대한 지성인들조차도 지성적으로 살지 않는 일이 일어납니다.

하이데거는 히틀러의 추종자였습니다. 그런데 히틀러가 패하고 그의 폭력성이 폭로되었을 때 하이데거는 말했습니다. "나는 단순히 국가의 지도자를 따르고 있었을 뿐이다." 그러나 철학자가 국가의 지도자를 따를 일은 없습니다. 철학자의 기본적인 의무는 국가의 지도자를 지도하는 것이지, 그에 의해 지도되는 것이 아닙니다.

우리는 힘 있는 사람들 -아버지, 어머니, 선생님, 성직자-을 따르도록 양육되었습니다. 본질적으로 우리는 힘 있는 사람은 누구든 옳다고 들어 왔습니다. 힘이 정의입니다. 그리고 우리는 그것을 따라야만 합니다. 그렇게 하는 데는 아무런 지성도 필요하지 않기 때문에 그것은 간단한 일입니다. 이것이 인간이 지금까지 살아온 방식입니다.

차제에 언행일치 문제에 대해서도 생각해보고 싶습니다. 특히 각 분야의 지도급 인사들에게 언행일치란 얼마나 귀하고 얼마나 어려운지 절감합니다.

사회 지도자들이 대중 앞에서 말할 때 그들이 하는 연설 내용이란 자신도 실천하지 못하는 것이 대부분이지요. 물론 의도적으로 그들이 거짓말을 하는 것은 아닙니다. 왜 그런가 하면 대중을 상대로 연설을 하게 되면 영혼에 가까운 마음이 움직이기 때문입니다. 대중에게 연설하면서 누가 나쁜 짓을 하라고 말하겠습니까? 연설이란 그저 이야기만 하면 되는 것 아닙니까. 실행하고는 별 관계가 없습니다.

그래서 대부분의 연설자는 드높은 이상과 비전에 대해서 떠들어댑니다. 말만 잘하면 되지요. 무슨 연설을 해도 전혀 손해 볼 것이 없습니다. 그래서 힘들이지 않고 사랑과 박애, 비폭력과 진리에 대해 입에 게거품을 물면서 외쳐댑니다. 그들은 연설할 때만큼은 아주 경건한 성자가 되곤 합니다.

이 세상에는 교활한 사람들이 많습니다. 소위 성공한 사람들 가운데 특히 그런 사람들이 많이 있습니다. 그것이 마치 성공의 조건이기나 한 듯이. 그들은 거짓말쟁이이며 바보들이며, 남을 속이면서 자신도 속는 사람들입니다. 말은 위대한 것들에 대해 내뱉지만, 행동은 죄로 가득 차 있습니다. 그들은 계속해서 죄를 지으면서 위대한 일들을 실행하겠다고 결심을 합니다.

그러면 마음의 이쪽 편과 저쪽 편이 다 좋아하지요. 육체에 가까운 마음은 죄를 좋아하고 영혼에 가까운 마음은 진리를 좋아합니다. 그들은 두 개의 배로 항해하는 것을 좋아하는 것 같습니다. 하지만 그렇게 해서는 아무데도 갈 수 없습니다. 그렇게 해서 진리를 본 사람은 아무도 없습니다.

말은 경험에서 나와야 한다. 진정으로 깨달은 사람들은 경험에 깊이 뿌리내리고 있지 않은 것에 대해서는 말하지 않습니다. 자기가 알지 못하는 것에 대해서는 결코 말을 하지 않습니다. 자기가 확실히 알고 있는 것에 대해서만 말을 합니다. 그가 무슨 말을 하든지, 그는 그것을 말할 뿐만 아니라 그것을 통해 흘러갑니다. 그는 말할 뿐만 아니라 말을 통해 움직이고 있습니다. 그의 의식은 말을 매개체로 사용합니다.

그러나 많은 사람들은 말과 함께 움직이지 않은 채 말을 합니다. 사랑처럼 매우 아름다운 말도 마찬가지지요. 사람들은 계속 이렇게 말합니다. "너를 사랑해." 하지만 의미가 전혀 없습니다. 우리는 자신이 무슨 말을 하고 있는지도 모릅니다. 알고 있다면 우리는 말을 매우 조심하게 될 것입니다. 사랑과 같은 그토록 신성한 단어를 어떻게 그렇게 쉽게 말할 수 있습니까?

많은 경우 무언가를 표현하기 위해서가 아니라 무언가를 숨기기 위해서 말을 합니다. 다른 사람에게 '너를 사랑해'라고 말할 때 우리는 미움을 숨기고 있는지도 모릅니다. 이런 말은 미움을 숨기는 덮개임에 틀림없습니다.

말의 내용은 자신의 경험이어야 합니다. 다른 사람의 권위에 의해서 말해선 안 됩니다. 성경이나 불경은 무언가를 말합니다. 그러나 내가 알고 있지 못한다면 그런 것은 소용이 없습니다. 그것들은 권위가 될 수 없습니다.

생각은 보이지 않는 가운데 전달된다. 오직 나 자신의 경험만이 권위가 될 수 있습니다. 내가 알고 있다면 그것들이 나의 말의 증거가 될 수 있습니다. 그때 나는 성경도 이렇게 말한다고 말할 수 있습니다. 그러나 그것이 성경이기 때문에 옳은 것이 아닙니다. 그것이 옳은 것은 그것이 자신의 경험이기 때문입니다. 성경은 그것을 뒷받침해줄 뿐입니다.

성경에는 이런 문구가 있습니다. '어느 집에 들어가든지 먼저 말하되, 이 집이 평안할지어다 하라.' 이것은 하나의 축복, 하나의 주문입니다. 이 말은 분위기를 바꿀 수 있습니다. 그러나 이것이 말만으로 끝나서는 안 됩니다.

이 말을 가슴으로 느껴서 이 말 자체가 되어야 합니다. 평안 그 자체가 되어야 합니다. 오직 평화로운 분위기에서만 자신의 이 메시지가 전달될 수 있으니까요. 평안의 영적 파장을 만들어 평화의 느낌이 퍼져나가게 해야 합니다.

진정으로 어떤 느낌을 가지면 그 느낌은 사방으로 퍼져 나갑니다. 어떤 사람이 그대를 만나러 올 때, 조용히 자신을 안정시켜 보세요. 마음 속 깊이 그 사람을 위해 평화를 느껴보세요. "이 사람에게 평안이 깃들기를" 하고 단지 말로만 하지 말고 깊이 느껴보십시오.

그러면 갑자기 그 사람에게 변화가 오는 것을 볼 수 있습니다. 마치 어떤 보이지 않는 큰 힘이 그 사람의 존재 속으로 뚫고 들어간 것 같은 변화를 볼 수 있습니다. 그 사람은 완전히 다르게 됩니다. 생각은 우리의 눈에는 보이지 않는 가운데 전달되고 있습니다.

7

우리는 언제나 갈림길에 서 있다

子曰 君子上達 小人下達
자 왈 군 자 상 달 소 인 하 달

공자가 말하였다. "군자의 삶은 위로 올라가는 것이고, 소인의
삶은 아래로 내려가는 것이다."

君子 인품이 어질며 깨달음이 높은 훌륭한 사람 | **上** 위, 숭고한 세계 | **達** 도
달하다, 나아가다 | **小人** 군자와 대조적으로 인품이 어질지 못하며 깨달음이
높지 않은 어리석은 사람 | **下** 아래, 비천한 세계

인간은 하나의 사다리입니다. 그 속에는 많은 가능성들이 있습니다. 인간은 신보다 높이 올라갈 수 있으며, 동물 이하로 떨어질 수도 있을 정도로 굉장히 넓은 영역을 가지고 있습니다. 그러므로 그것은 존엄하면서 위험하고, 영광이면서 고통입니다.

그것은 내려가는 것이 더 쉽습니다. 내려가는 것은 아무런 노력도 필요하지 않습니다. 올라가는 것은 노력이 필요합니다. 우리가 더 높이 올라가기를 원할수록 더 많은 노력이 요구됩니다. 만약 우리가 의식의 정상에 도달하기를 원한다면 우리는 모든 것을 걸어야 할 것입니다.

인간은 자신의 존재를 당연한 것으로 여겨서는 안 됩니다. 인간은 아무런 존재도 가지고 있지 않기 때문입니다. 단지 가능성의 연속체, 전체적인 스펙트럼만 있을 뿐이지요. 이것이 인간의 아름다움이자 인간의 불행입니다.

인간은 언제나 갈림길에 서 있습니다. 순간순간 선택해야 합니다. 위로 올라가느냐 아래로 내려가느냐를, 이것이 될 것인가 저것이 될 것인가를. 산야스는 궁극의 정상에 오르겠다는 결단입니다.

인간은 본질적으로 방랑자입니다. 그러나 사람들은 방랑할 만한 용기를 갖고 있지 못합니다. 우리는 과감하게 산에 오르지 못합니다. 아마 그것이 우리가 불행한 근본적인 이유 중의 하나일 것입니다. 우리의 가장 큰 열망은 충족되지 않은 채 남아 있습니다.

우리는 평지에 묶여 있습니다. 우리가 평지에 머무는 데는 이유가 있지요. 그것은 평지가 더 안락하고 편안하기 때문입니다. 평지는 더 안전합니다. 그러나 그것은 영혼의 중심부에서 솟구치는 열망을 무시하는 것입니다. 영혼은 하늘 높이 비상하기를 열망합니다. 아무도 오른 적이 없는 산에 오르기를 원합니다.

인간은 그런 열망과 더불어 태어납니다. 우리는 그 열망을 억누를 수 있습니다. 그러나 그때 우리는 슬픔과 불행에서 벗어나지 못할 것입니다. 항상 무엇인가 빠져 있는 듯한 느낌을 떨쳐 버릴 수 없을 것입니다. 돈과 권력을 축적하고 속세에서 존경받는 인물이 될지도 모릅니다.

그러나 우리의 내면에는 무엇인가 충족되지 않은 채 남을 것입니다. 내향적인 것과 상향적인 것이 똑같은 차원이며, 외향적인 것과 하향적인 것이 똑같은 차원이기 때문이지요. 에너지가 위쪽으로 흐르는 것은 곧 안쪽으로 흐르는 것이며, 아래쪽으로 흐르는 것은 바로 바깥쪽으로 흐르는 것입니다.

모든 인간은 별에 도달하기를 원합니다. 그곳에서 무엇을 발견하느냐는 문제가 아닙니다. 문제는 거기에 도달하는 것입니다. 순례 여행은 목적이 문제가 아니라 순례의 길을 떠나는 것 자체가 축복입니다.

여행의 목적은 방랑의 길을 떠나기 위한 구실에 불과할지도 모릅니다. 목적지에 도달하는 순간, 즉시 우리는 새로운 여행을 준비할 것이기 때문입니다. 목적지는 중요하지 않습니다. 모든 목적지는 우리를 끊임없이 움직이게 하는 데 도움을 줄 뿐입니다.

먼저 소인들이 이 세상에서 높은 자리를 탐하는 양상부터 살펴보고 싶습니다. 그리고 이를 삶에서 정말 높이 올라가는 것이라고 생각하는 착각에서 깨어나는 데 도움이 될 말씀도 듣고 싶습니다.

대부분의 사람들이 다른 사람보다 높고 특별하고 거룩한 사람이 되고 싶어 합니다. 속세의 사람이냐 사원의 수도승이냐는 문제가 아닙니다. 모든 사람이 최고의 자리로 올라가기 위해 투쟁을 합니다.

그들이 싸울수록, 그들이 성공할수록 그들은 자신의 존재에서 멀어져 갑니다. 그들은 점점 더 경직되고 불안한 존재가 되기 때문이지요. 그들은 무엇보다 실패를 두려워하기 때문에 고통스럽게 살아갑니다. 설령 그들이 성공을 한다 해도 다른 사람이 그들을 끌어내릴까봐 두려워합니다. 성취의 삶을 사는 사람은 평화로울 수 없습니다.

이를 좀 더 깊이 이해하기 위해서는 정치가의 속성을 들여다보는 것이 좋을 듯합니다. 정치가가 되는 일이란 참으로 간단합니다. 국가나 정부, 행정 등에 관심을 둘 필요가 없습니다. 파워 게임만 할 줄 알면 됩니다.

남편이 아내보다 우월하려고 한다면 이것이 곧 정치지요. 아내가 남편보다 우월하려고 애쓴다면 이 또한 정치입니다. 왜 남편과 아내 사이에 이런 추한 모습이 발생합니까? 남성적인 형태의 정치와 여성적인 형태의 정치가 만나 서로 위에 서려고 하기 때문입니다.

모든 사회에서 똑같은 일이 일어납니다. 그것은 대학의 경우에도 마찬가지지요. 강사는 전임강사가 되고 싶어 하고, 전임강사는 정교수, 정교수는 학장, 학장은 총장이 되기 위해 발 벗고 뜁니다. 정상을 향해 끊임없이 권력투쟁을 합니다. 이와 같은 행태가 교육자로서 바른 일이 아님을 지적하는 사람들이 나와야 하지만, 교육자들은 교육보다 권력에 더 관심을 쏟는 듯합니다.

종교의 경우도 큰 차이가 없습니다. 신부들은 주교가 되기를 원하고, 주교가 되면 추기경이 되고 싶어 하고, 추기경이 되면 교황이 되고 싶어 합니다. 모두 권력의 사다리 위로만 올라가려고 합니다. 그리고 모두가 모두의 다리를 잡아 내립니다. 권력의 사다리 위에 있는 사람은 자신의 지위로 올라오려는 사람을 밀어냅니다.

권력의 사다리 중간에 있는 사람들도 마찬가지지요. 위에서는 밀쳐내고 아래에서는 다리를 붙잡아 끌어 내립니다. 사다리의 투쟁 밖으로 나와서 사다리에서 벌어지는 일을 지켜보면 그야말로 가관입니다. 이것이 세상 모든 곳에서 벌어지는 일입니다.

정치란 자신의 우월성을 입증하려는 노력입니다. 왜 자신의 우월성을 입증하려고 합니까? 마음속에서 열등감을 느끼기 때문입니다. 본능으로 사는 사람은 열등감을 느끼기 마련입니다. 그는 열등하기 때문입니다. 이것은 열등감이라는 감정의 문제가 아니라 사실의 문제입니다.

본능으로 사는 사람은 열등한 존재입니다. 본능으로 사는 삶은 가장 낮은 차원에서 사는 삶입니다. 우월함을 입증하기 위한 권력투쟁의 어리석음을 깨달은 사람은 권력투쟁의 세계에서 빠져나옵니다. 그는 이렇게 말합니다. "나는 나 자신이다. 나는 우월하지도 열등하지도 않다." 옆으로 비켜서서 투쟁의 세계를 지켜볼 수 있는 사람은 지성과 의식이라는 보다 높은 차원의 세상으로 들어갑니다.

사다리 꼭대기에서의 느낌 세상 사람들이 사로잡혀 있는 썩은 상황을 깨달아야 합니다. 참을성 있게 전체적인 상황을 바라보아야 합니다. 무슨 일이 일어나고 있습니까? 사다리의 꼭대기에 올라간다 해도 내게 무슨 이득이 있습니까? 사다리의 꼭대기에 홀로 매달려 있으면 바보처럼 보일 것입니다. 거기에서는 더 이상 나아갈 데가 없기 때문입니다.

정상에 오른 사람은 이제 내려올 수도 없습니다. 내려가면 사람들이 비웃을 테니까요. "왜 내려왔는가? 권력투쟁에서 패배했는가?"

아래로도 내려갈 수 없고 위로도 올라갈 수 없습니다. 그래서 하릴없이 하늘에 매달려 인생의 목적을 성취한 양 가장해야 합니다. 거기에 올라가본 사람은 압니다. 거기에는 아무것도 없다는 사실을. 그래서 인생을 허비했음을 깨닫습니다.

사람들은 의미 있는 모든 것을 계속해서 미루고 있습니다. 내일이면 그들은 쉴 수 있을 것입니다. 그러나 오늘은 부지런히 돈을 모아야 합니다. 더 많은 돈을. 오늘은 더 많은 권력을 쟁취해야 합니다. 그리고 내일 그들은 사랑할 것입니다. 오늘은 시간이 없습니다. 그러나 내일은 사랑할 수도 있고 쉴 수도 있을 것입니다.

그러나 내일은 결코 오지 않습니다. 그리고 어느 날 문득 그들은 자신들이 온갖 종류의 장치들에 눌려 신음하고 있는 것을 발견할 것입니다. 그들은 사다리의 꼭대기에 이르렀습니다. 그리고 이제 연못 속으로 뛰어드는 것 외에 달리 갈 데가 없습니다.

하지만 그들은 다른 사람들에게 말조차 할 수 없습니다. "이곳에 오려고 안달하지 말라. 여기에는 아무것도 없다." 그것은 그들을 어리석게 보이게 할 것이기 때문입니다. 또는 한 나라의 대통령이 되었는데 이렇게 생각하고 있는 것입니다. 참으로 놀라운 일이지요. '여기엔 아무것도 없다. 이 사다리의 꼭대기에 와 봤자 어딘지도 모르는 곳에 이를 뿐이다.'

그러므로 그들은 계속해서 자신들이 성취한 것처럼, 자신들이 대단한 무엇을 찾은 것처럼 짐짓 행세하는 것입니다. 그리고 마음 깊은 곳에서 그들은 공허하며 무의미한 상태에 놓여 있음을 느낍니다. 그들은 자신의 삶 전체를 낭비해 버렸습니다. 만약 그들이 그러한 압력 아래서 붕괴되어 버린다면, 사회가 책임이 있습니다. 사회가 사람들을 미쳐 버리도록 몰아붙이고 있는 것이니까요.

정의가 힘이다. 인간은 중단 없이 모든 수단을 동원하여 좀 더 높고 특별하고 대단한 존재가 되고자 노력합니다. 이 모두는 정치적인 행위입니다. 그러나 지혜로운 자는 좀 더 의미 있는 것을 찾습니다. 지혜로운 자는 추악한 삼류정치 속에서 뒹굴지 않습니다. 이에 관심을 갖는 것조차 모욕으로 생각합니다.

본능의 차원 즉 정치의 세계에서는 힘이 정의입니다. 거기는 약육강식의 법칙이 지배하는 세계입니다. 히틀러, 나폴레옹, 알렉산더, 이들은 인간이라기보다는 늑대였습니다. 우리가 진정으로 인간이길 원한다면, 이들의 이름을 인류 역사에서 완전히 지워야 합니다. 그들의 존재는 인류에게 악몽이었습니다.

그러나 기이하게도 인류 역사를 보면 이런 사람들뿐입니다. 인류 역사는 신문 기사처럼 센세이셔널한 기록일 따름입니다. 역사는 지성의 꽃들을 언급조차 하지 않습니다. 이들이야말로 인류를 위해 초석을 다진 사람들인데 말입니다. 우리는 힘의 논리가 주도하는 세상만을 압니다.

이보다 높은 차원에서는 정의가 힘입니다. 인간의 지혜는 이 정의를 찾아갑니다. 창과 칼을 들고 서로를 죽일 필요가 없습니다. 힘은 정의를 밝힐 수 없습니다. 무하마드 알리가 붓다와 복싱을 한다면 당연히 일 라운드에서 알리가 이길 것입니다. 알리의 한 방이면 붓다는 쓰러질 것입니다.

레프리가 카운트를 하기 전에 붓다가 누워서 카운트를 할 것입니다. 그리고 "자, 당신이 이겼소."라고 말해줄 것입니다. 그렇다고 힘이 정의를 입증하지는 못합니다. 본능의 세계나 동물의 세계에서는 힘의 논리가 좌우합니다. 그러나 지성은 이 모든 논리를 뒤집습니다. 정의가 힘입니다.

우리가 높은 것이라고 생각하는 것들이 어떻게 성인의 관점으로는 낮은 것이 되는지, 그리고 그들이 지향하는 진짜 높은 것은 무엇인지 알고 싶습니다.

세상의 왕, 대통령, 국회의원과 같은 사람들은 소위 높은 자들입니다. 그들은 진정으로 높은 자가 아니라 소위 높은 자들입니다. 그들은 군중에 의해 선택되었지만, 군중은 무엇이 진짜이고 무엇이 가짜인지 알지 못합니다. 군중은 눈 뜬 장님입니다.

군중은 그저 자기들을 속이는 자들을 믿고 따를 뿐입니다. 군중들에게 그럴듯한 약속을 제시할 수 있는 사람은 누구나 위인이 될 수 있습니다. 으레 정치인들은 자기들이 훌륭한 자라고 외쳐대지만, 깨달은이의 입장에서 보면 그들은 보통사람들보다도 못합니다. 확실히 그들에겐 권력이 있기는 합니다. 그들은 교활하고 잔인하며, 인류의 운명을 지배합니다.

그러나 그들에게는 다른 사람들보다 더 고귀하다고 할 만한 것이 아무것도 없습니다. 오히려 더 비천한 속성이 있을 뿐입니다. 그들은 더 동물적이며 권력과 돈, 여자에 대한 탐욕으로 가득 차 있습니다. 그럼에도 불구하고 우리는 여전히 그들을 고귀한 사람으로 착각합니다.

그러나 그들이 일단 그 지위에서 물러나면 그의 위대함이 하룻밤의 꿈처럼 순식간에 사라집니다. 부유한 사람은 그 부를 통해 자신을 대단한 사람으로 생각합니다. 그러나 그가 파산하게 되면 사라지는 것은 그의 재산만이 아니라 영혼까지 사라집니다. 그의 정체성이 한꺼번에 무너집니다. 그것은 수수깡으로 만든 집처럼 덧없는 것이어서 조금만 충격을 받아도 우수수 무너져 버립니다.

세상의 소위 높은 사람들은 공허하며 권태롭고 탈진해 있습니다. 억지로 자신을 끌고 나가고 있습니다. 책무라는 이름, 인류나 국가라는 이름으로 스스로를 부추기며 피곤한 나날을 보내고 있습니다.

그들은 무덤에 들어가야 휴식을 취할 것입니다. 그들의 삶에는 휴식이 없습니다. 휴식이 없는 삶은 삶이 아닙니다. 마치 침묵이 없는 음악처럼 그저 소음일 뿐입니다. 위대한 음악은 소리와 침묵의 결합입니다. 그 결합이 위대할수록 음악은 깊어지지요.

수평적인 삶과 수직적인 삶 인간의 삶에는 두 개의 길이 있습니다. 우리는 수평적으로 갈 수도 있고 수직적으로 갈 수도 있습니다. 수직 방향은 침묵과 지복, 환희를 담고 있고, 수평 방향은 손과 노동, 세상을 담고 있습니다. 붓다는 말했습니다. "탄생은 고통이다. 삶도 고통이고 죽음도 고통이다." 이 말은 수평선을 따라가는 삶은 끊임없이 불행이자 고통의 연속일 수밖에 없다는 뜻입니다.

춤이 되지 못하고, 기쁨이 되지 못하는 삶은 진정한 삶이 아닙니다. 만일 불행이 삶의 전부라면 자살만이 유일한 해결책이 될 것입니다. 수평선상에서 보면 삶은 고통과 괴로움, 질병과 노화일 뿐입니다. 사람들은 광활한 의식에 대해서 잊어버린 채 비좁은 육체 안에 갇혀서 아등바등합니다.

수직적 삶이란 결코 세상을 등지고 버리라는 뜻이 아닙니다. 단지 세속적인 삶이 덧없다는 것을 알면, 그것이 여태까지 가졌던 중요성이 사라지게 됩니다. 그렇다고 세상을 버리고 산속이나 절로 들어가라는 뜻이 아닙니다. 단지 어디에 있든 상관없이 내면의 삶을 살아가기 시작한다는 뜻입니다. 과거에 우리가 외향적이었다면, 이제 내향적으로 바뀌게 됩니다. 빛 한 줄기가 수평적인 삶의 어둠을 향해 수

직으로 꽂히면서 깨달음의 첫 새벽이 밝아옵니다.

수평선상에는 오직 거지만이 존재합니다. 거지들은 하나같이 더 많이 더 많이를 외치면서 몰려갑니다. 무엇으로도 그들의 동냥그릇을 채울 수 없습니다. 설사 동냥그릇이 채워지더라도 그들의 욕심은 더 많은 것, 더 높은 것을 달라고 외칩니다. 잠깐 동안 만족감을 느낄 수는 있지만 다음 순간 똑같은 절망에 사로잡혀 더 많이 더 많이를 외치게 됩니다.

풍요의 종류 풍요에는 여러 가지가 있습니다. 돈이 풍요로운 사람은 가장 낮은 차원의 사람입니다. 지혜로운 사람의 관점으로는 돈이 많은 사람은 가장 빈곤한 부자이며, 궁극적인 각성의 시각에서 보면 그는 풍요롭다고 말할 수조차 없는 사람입니다. 그는 높은 가치를 지닌 것일수록 더 무감각합니다. 그가 이해하는 언어는 단지 돈과 권력, 명성의 언어일 뿐입니다. 그는 사랑과 기쁨, 춤의 언어를 잊어버렸습니다.

원시부족 사회에는 사치품도 궁전 같은 저택도 없지만 모든 사람이 매일 밤마다 춤추며 삶을 즐겼습니다. 그들은 식량이 충분치 못하고 영양 상태도 좋지 못하지만, 그들의 정신은 높은 곳을 향해 솟구쳤습니다. 그래서 보름달이 뜨는 밤이면 밤새도록 춤추며 노래했습니다.

지혜로운 사람은 산을 오를 때 쓸데없이 돌을 지고 올라가지 않습니다. 그는 높이 올라갈수록 더욱더 가벼워져야 함을 압니다. 만일 무엇인가를 지고 있었다 해도 그는 그것을 던져버릴 것입니다. 그럼으로써 가벼운 걸음으로 산행을 즐길 것입니다.

힐러리가 처음으로 히말라야 산에 올라갔을 때, 그는 산을 오르는 도중에 모든 것을 던져 버렸습니다. 높이 올라가면 갈수록 무엇을 지고 간다는 것이 더 어렵게 느껴졌기 때문입니다. 자기 몸 하나만을 끌고 가는 것만으로도 힘겨웠습니다.

수직선상에서 사는 사람은 깨어있는 의식으로 살아가며 소유와 상관없이 그저 행복한 사람입니다. 텅 비어 있는 내면이 순수함으로 가득 차서 늘 만족하는 사람입니다. 에고가 사라지면 굉장한 환희를 느낄 수 있습니다. '나'가 사라지고 아무것도 남지 않게 되면 굉장한 지복감을 느낄 수 있습니다. 이런 상태에서 더 얻기 위한 정복 전쟁은 무의미합니다.

수직선상에서 우리는 사욕에서 멀어지는 대신 의식에 더 가까이 다가서게 됩니다. 그러면 사념과 나 사이에 거리감이 생겨나기 시작하고, 거리가 멀어질수록 사념은 마른 낙엽처럼 떨어지고 맙니다. 그때 우리는 이미 깨달음을 향한 길로 접어든 것입니다.

모든 사람이 깨달음을 얻을 수 있는 잠재력을 가지고 있습니다. 깨달음은 우리의 타고난 본성입니다. 단지 우리가 사념에 휩싸여 그 사실을 잊어버리고 있을 뿐이지요. 깨달음은 아무런 방해 요소가 없을 때 스스로 드러납니다.

진정으로 가치 있는 삶은 내면의 세계에서 탐구되어야 하며, 결코 외부의 것에만 관심을 가져서는 안 됩니다. 그것은 삶을 낭비하는 것입니다. 성인들은 자신의 중심을 느끼기 위해서 자신의 의식 속으로 깊이 들어갑니다. 그리하여 자신의 중심을 느끼기 시작하는 순간 모든 질문들에 대한 대답이 주어집니다.

모든 수수께끼가 풀리고 더 이상 어떠한 혼란도 없습니다. 모든 것이 투명하여 속속들이 볼 수 있습니다. 그리고 그 순간 존재가 자신에게 얼마나 많은 것을 주었는지, 그리하여 아무리 감사를 해도 그것이 얼마나 부족한지를 이해하게 되는 것입니다.

일상적인 삶에서 높은 것을 지향해야 하는 이유는 무엇이며, 낮은 것으로부터 높은 것으로 옮겨가기 위해서는 어떻게 해야 합니까?

우리 주위에서 많은 사람들이 산에 오르는 것을 봅니다. 그들은 왜 산에 오르는지 모르면서 막연히 산에 오르면 몸과 기분이 좋아질 것이라 생각합니다. 어떤 사람이 에드먼드 힐러리에게 물었습니다. "히말라야 산에 오르는 이유가 뭡니까?"

힐러리가 말했습니다. "산이 거기 있으니까요. 항상 도전을 주지요. 특히 저로서는 등반가의 자존심 때문에 그냥 있을 수 없었어요. 에베레스트가 거기 있는데 아무도 정복을 못했다는 사실은 수치처럼 다가왔습니다. 무엇을 찾기 위해 정상에 오른 건 아닙니다. 하지만 에베레스트를 정복했다는 사실에 정말로 행복합니다."

에베레스트는 마의 산 봉우리입니다. 많은 등산가들이 그 산에 뼈를 묻었지요. 그러나 지금도 사람들은 에베레스트에 오릅니다. 위험이 아름다운 것은 위험이 우리에게 깨어있음, 의식을 가져다주기 때문입니다.

온갖 위험을 무릅쓰고 미지의 정상을 향해 올라가고 있는 사람들은 사실은 의식을 추구하고 있는 것입니다. 구도자는 의식적으로 깨어나기 위해서 구태여 히말라야로 갈 필요가 없습니다. 우리 내면에 더 높은 정상들이 있고, 우리 내면에 훨씬 더 의미심장한 별들이 있기 때문이지요. 그것은 에베레스트로 가는 것보다 훨씬 더 흥미진진한 모험입니다.

낮은 것은 높은 것이 없을 때만 이긴다. 늘 평지에서 살듯이 편리하고 편안한 삶만 추구하지 말 것입니다. 안전과 무사함만 즐기면 언제까지고 영성의 성장은 이루어질 수 없습니다. 우리의 영성이 성장하기 위해서는 높은 곳으로 여행을 하도록 자극하는 도전들을 받아들일 필요가 있습니다.

그것은 힘들고 때로는 위험하기도 하지만 우리 속에 있는 고귀한 것을 꺼내 줄 것입니다. 그때 삶은 진정한 성취감으로 가득 차고, 완전한 만족 속에서 기쁨이 되고 축복이 됩니다. 그러므로 되도록 많은 에너지를 이런 일에 쏟아 부어야 합니다. 늘 보다 높은 단계를 생각하면서 계속 위로 나아가도록 노력해야 합니다.

이런 삶을 위해서는 항상 높은 센터를 지향하기 위해 수련해야 합니다. 우리 안에 화가 일어날 때, 반대로 자비심이 일어나게 해보기 바랍니다. 물론 어려울 것입니다. 화가 나는데 어떻게 자비로울 수 있단 말입니까? 그러나 불가능하지는 않습니다.

사실 분노와 자비는 서로 다른 두 에너지가 아닙니다. 자비가 되는 것이 분노도 되고, 분노가 되는 것이 자비도 되는 것입니다. 그러므로 분노가 일어날 때 자비를 만들어내는 이중성을 실현해 보세요. 그리고 분노와 자비의 두 봉우리 사이를 걸어보세요. 분노로부터 자비로 건너갈 수 있을 때, 우리는 분노를 극복할 것입니다.

또한 섹스가 일어날 때 사랑을 창조해보세요. 그 둘은 똑같은 에너지입니다. 섹스로부터 사랑으로 건너가십시오. 처음에는 물론 어려울 것입니다. 우리는 마찰을 일으키는 방법을 완전히 잊어버렸기 때문입니다. 슬퍼질 때 춤을 추어 보시기 바랍니다. 그러면 갑작스럽게 찾아오는 변화에 놀라게 될 것입니다.

한쪽 구석에 슬픔이 있고 그 반대편 구석에 기쁨이 있습니다. 그때 우리는 무슨 일이 일어나고 있는지 믿기 어려울 것입니다. 슬프면서도 동시에 즐거워질 때, 이 양자가 같이 있을 때, 바로 이것이 싸움이고 마찰입니다. 이 마찰을 통해서 거대한 에너지가 풀려 나옵니다. 그때 우리 안에 거대한 불길이 일어납니다. 그 불길이 추한 모든 것을 정화시킵니다. 그리고 그 불은 항상 마찰을 통해서 일어나게 됩니다.

전에 사랑도 해보고 자비스러워지기도 했습니다. 그래서 자비가 무엇인지 알고 있습니다. 그런데 지금 분노가 일어나고 있습니다. 그러나 우리 존재의 방 어느 곳에선가 자비가 잠자고 있습니다. 잠든 자비를 깨워 보십시오. 그때 우리 안에서는 거대한 마찰이 일어날 것입니다.

분노와 자비가 싸우기 시작합니다. 그리고 항상 기억하십시오. 낮은 것과 높은 것 사이에 싸움이 일어날 때, 높은 것이 이기고 낮은 것이 질 수밖에 없다는 사실을. 낮은 것은 높은 것이 부재중일 때만 이길 수 있습니다. 일단 높은 것이 있게 되면, 낮은 것은 아무 힘도 못 쓰게 됩니다.

마치 이런 경우와 같습니다. 교실에서 아이들이 장난치고 물건을 던지며 싸우다가도 선생님이 교실에 들어오면, 그 순간 모든 아이들이 책상에 조용히 앉아 책을 펴놓습니다. 그러면 교실은 갑자기 조용해집니다. 선생님은 단 한 마디도 하지 않았습니다. 그의 존재가 나타났다는 사실만으로 그런 일이 일어납니다.

우리의 자각이 깨어 있을 때 모든 욕망은 그 즉시로 정렬합니다. 그것들은 자기가 주인이라고 더 이상 주장하지 않습니다. 주인이 들어왔기 때문이지요. 그들이 서로 주인이 되려고 싸운 것은 진짜 주인이 없었기 때문입니다.

물은 수증기도 되고 얼음도 되고 우리의 에너지는 두 가지 형상을 가질 수 있습니다. 우리의 에너지는 늘 지성적인 측면과 어리석은 측면의 갈림길에 놓여 있습니다. 현명한 사람은 섹스에 반대하지 않습니다. 오직 어리석음과 무지, 어둠 그리고 기계적인 것에 반대할 뿐입니다.

섹스를 할 때 우리는 마치 로봇처럼 움직입니다. 낮은 본성으로부터 무엇인가가 우리를 사로잡아, 우리는 더 이상 우리 자신이 아닌 노예가 됩니다. 우리가 우리 존재의 주인이 될 때, 우리는 지금과 같은 세상에 살지만 완전히 다른 눈으로 보게 됩니다.

욕망은 파괴되어야 할 것이 아니라 다스려 복종시켜야 할 것입니다. 복종은 억압을 의미하지 않습니다. 그것은 우리가 깨어서 주인이 되고 욕망은 하인이 되는 것입니다. 욕망은 하인으로서는 아름답지만 주인으로서는 위험합니다. 깨어있지 못할 때 우리는 수천수만 가지의 어리석은 욕망, 분노, 섹스, 탐욕, 명예심 등의 희생물이 됩니다.

우리가 깨어 있어 욕망을 지켜보고 우리 자신에게 무엇이 일어나고 있는지 관찰할 때, 아무 의식 없이 기계적으로 행동하는 데서 탈피하여 기계적인 것으로부터 멀어져 갈 때, 우리는 주인이 됩니다. 그리고 스스로 주인이라고 부르짖었던 그 욕망들은 하인이 되고 맙니다.

분노는 의식의 가장 낮은 상태이고, 자비는 지고한 의식 상태입니다. 낮은 차원의 의식을 거부해서는 안 됩니다. 그것을 변형시켜야 합니다. 그것을 디딤돌로 사용해야 합니다. 과거에 도덕군자들은 분노에 완강히 반대하였습니다. 그래서 우리는 그것과 싸우고 그것을 파괴하려고 노력했지요.

그러나 저속한 것을 파괴할 수는 없습니다. 변형은 가능하나 파괴는 불가능합니다. 물은 수증기가 될 수도 있고 얼음이 될 수도 있습니다. 그러나 이것은 단지 변화일 뿐입니다. 물을 완전히 사라지게 할 수는 없습니다. 이제껏 아무것도 소멸되지 않았고, 아무것도 새롭게 창조되지도 않았습니다. 조합이 바뀌었을 뿐입니다.

분노는 사다리의 맨 아랫단이고, 자비는 사다리의 맨 꼭대기입니다. 그러나 둘 다 같은 사다리의 한 부분을 이룹니다. 분노가 의식적인 것이 될 때, 그것은 자비가 됩니다. 오직 더 많은 의식을 우리 존재 속으로 가져오세요. 그러면 우리는 신을 향하여 움직이기 시작합니다. 동물에서 신으로 옮겨갑니다.

숭고한 것을 지향하는 사람과 저속한 것을 꿈꾸는 사람은 내면의 상태가 본질적으로 어떻게 다르기에 상반된 현상으로 나타나는 것인지요?

인간의 행동을 유발하는 데는 두 가지 동기가 있습니다. 하나는 욕구로서 본질의 낮은 차원에서 나오고, 다른 하나는 힘으로서 본질의 높은 차원에서 발현합니다. 욕구를 원의 둘레로 본다면, 힘은 원의 중심이라고 할 수 있습니다. 우리가 낮아질수록 욕구의 법칙은 더욱 강하게 작용합니다. 그리고 의식 속으로 좀 더 높이 올라갈수록 욕구의 법칙은 점점 덜 작용하고 힘의 법칙이 더 크게 작용합니다.

욕구의 법칙은 깨어있지 못한 사람들에게 적용됩니다. 세간에 집착하면서 기계적으로 사는 사람들, 바로 그들이 욕구의 법칙에 따라 살고 있는 사람들입니다. 그리고 우리가 더 깨어 있을수록 우리는 점점 더 욕구의 법칙으로부터 벗어나 힘의 법칙 속에서 살게 됩니다.

그때 우리는 결코 욕구의 노예로 살지 않지요.

보통 사람들은 욕구에 의해서 말을 합니다. 그들은 말을 하고 싶은 충동을 이길 수 없기 때문입니다. 그들은 말을 통해서 자신의 지식을 뽐낼 수 있고, 많은 사람들을 지배할 수도 있음을 잘 압니다. 그러나 붓다가 말을 할 때, 그 말은 욕구에 의해서 나온 것이 아니라 힘에 의해서 나온 것입니다.

붓다는 침묵을 지킵니다. 거기에는 말을 하고 싶은 충동이나 어떤 집착이 없습니다. 붓다는 영원히 침묵할 수도 있습니다. 그러나 그는 도를 구하는 이들을 위해서 누구보다도 말을 많이 했습니다. 힘에 의해서 말한 것이지요.

우리들은 욕구에 의해서 사랑합니다. 이성에 이끌리고 이성을 소유하고 싶은 마음이 간절합니다. 붓다 또한 사랑합니다. 그러나 그 사랑은 우리의 사랑과는 다릅니다. 그에게는 너무도 많은 에너지가 넘쳐흘러 그것을 나누어 주어야 합니다.

너무 많은 힘이 넘쳐흐르고 있습니다. 그것은 나누어 주어야 합니다. 우리는 필요에 의해 살지만, 그는 힘에 의해 삽니다. 깨어있지 못한 사람들은 욕구의 노예로 로봇처럼 살고, 깨어있는 사람들은 자유와 힘과 무한한 기쁨 속에서 살아갑니다.

그래서 의식이 깨어있는 사람은 명상을 통해 에너지로 가득 차는 법을 익힙니다. 최대한의 에너지로 자신의 내면을 채워서 삶의 높은 봉우리에 머물려 합니다. 그래서 그에게는 온기가 있습니다. 그러나 그 온기는 열병과 같은 것이 아니라 생명의 온기입니다.

그는 뜨겁지 않고 따듯합니다. 욕망을 쫓지 않기 때문입니다. 그는 이미 매우 행복하기에 다른 행복을 추구하지 않습니다. 그는 매우 평온하며 또 편안합니다. 아무데도 갈 필요가 없습니다. 그래서 그는 달리지도 않고 무엇을 쫓아 헤매지도 않습니다.

육체는 플루트, 영혼은 노래 대부분의 사람들에게 욕구는 너무 강한 반면 힘은 너무 약하지요. 그래서 균형을 이루지 못합니다. 이 두 가지가 조화 속에 있을 때 우리도 조화 속에 있게 됩니다. 그때 우리의 육체는 욕구의 법칙을 따르고, 우리의 영혼은 힘의 법칙을 따릅니다. 마음은 욕구의 법칙을 따르고 가슴은 힘의 법칙을 따릅니다. 그때 우리는 하늘과 땅, 육체와 영혼, 가시적인 것과 비가시적인 것과의 만남이 됩니다.

인간은 이 두 가지 법칙, 즉 욕구와 힘, 속박과 자유, 땅과 하늘, 육체와 영혼 그리고 가시적인 세계와 비가시적인 세계의 만남입니다. 인간은 이 모순된 양자가 만나는 하나의 장입니다. 그것이 인간의 영광이며 동시에 불행입니다. 땅은 우리를 밑으로 끌어내리고, 하늘은 우리를 위로 불러올립니다.

그러므로 둘을 동시에 따를 수는 없습니다. 우리가 육체를 따를 때 어떤 죄의식이 일어납니다. 우리 존재 안에서 나오는 가장 깊고 조용한 소리를 듣지 않았기 때문입니다. 그리고 그 조용하고 작은 소리를 따르면, 우리가 육체에게 못할 짓을 한 것 같이 느낍니다. 그때 육체는 사랑 받지 못함을 느끼고 우리에게 반란하기 시작합니다.

그러므로 우리가 육체를 선택하면 영혼이 질식당함을 느끼고, 영혼을 선택하면 육체가 무시당함을 느낍니다. 어떤 경우에도 우리는 긴장상태에 있음을 느낍니다. 이것이 인간의 비극입니다. 그러나 이 두 가지 법칙이 겉으로는 정반대로 보이지만, 내면 깊은 곳에서는 상호보완적이라는 사실을 이해하고, 그 리듬을 이해한다면 내면에서 하나의 초월이 일어납니다.

우리는 육체를 기초로 이용하고 의식은 사원을 짓는 데 사용할 수 있습니다. 그러면 육체는 플루트가 되고 의식은 그 플루트를 흐르는 노래가 됩니다. 물질적인 악기를 통하여 정신적인 음악이 흘러나온다는 사실, 이와 똑같은 방법으로 욕구의 법칙과 힘의 법칙이 서로 조화를 이룰 수 있습니다.

낮은 것에서 높은 것으로 나아가는 데 어떤 한계나 제약이 없는지요? 만약 그렇다면 오늘날 심히 나쁜 짓을 하고 있는 많은 사람들도 희망을 가질 수 있을 것이라 생각됩니다.

세상에는 흉악한 사람도 있고 선량한 사람도 있으며, 깨달은 사람도 있고 잠자듯 살아가는 사람도 있지만, 크게는 모두 자연스러움 속의 작은 차이에 불과할 뿐입니다. 자연은 모든 것을 포함하며 자연을 벗어나는 것은 아무것도 없습니다.

삶의 가장 낮은 지점과 가장 높은 지점, 두 가지 모두 자연스러운 것의 일부입니다. 살인자와 깨달은 사람 둘 다 자연스러움 안에서 살인자는 가장 낮은 지점에 있고, 깨달은 사람은 가장 높은 지점에 있습니다.

그러나 인간으로서 그들은 같은 자연의 일부입니다. 자연스럽다는 점에서 그들은 모두 비슷합니다. 그리고 이것은 새로운 하나의 가능성을 열어 줍니다. 살인자도 깨달을 수가 있는 것입니다. 아무도 그를 가로막지 않고 있으며, 구도의 세계에서는 그를 분리된 범주 속에 넣지 않습니다.

그는 깨닫게 될 수 있습니다. 그도 자연의 일부이기 때문입니다. 어쩌면 그는 거꾸로 있었을지도 모릅니다. 자신의 자세를 바꾸기만

하면 되는 것입니다. 자연은 심오합니다. 그것은 좋은 것, 나쁜 것, 죄악, 신성 등 모든 것을 포함합니다. 그리고 그것들은 모두 자연의 일부여서, 변형이 불가능하지 않습니다.

그러나 낡은 종교들은 여러 가지 범주들을 설정하면서 불가능한 공간들을 만들어 냈습니다. 예를 들면 어떤 종교는 영원한 지옥을 믿습니다. 그것은 완전히 터무니없는 얘기입니다. 그대는 80년이라는 짧은 생애 동안 그렇게 많은 죄를 짓지 못합니다.

그 3분의 1은 밤에 잠 속에서 없어집니다. 그리고 낮의 많은 부분 또한 순진한 어린 시절에, 병을 앓는 동안에, 밥벌이를 하는 동안에, 그대의 남편과 그대의 아내와 그대의 이웃들과 어울리는 사이에 없어집니다. 그대는 그렇게 큰 죄를 저지를 정도로 그렇게 많은 시간이 없습니다.

그리고 비록 그대가 끊임없이 죄를 짓는다 할지라도, 바로 그대가 태어났을 때부터 마지막 숨을 거둘 때까지, 물 한 잔 마실 겨를조차 없이 죄를 짓는다 해도, 역시 영원한 지옥은 정당화되지 않습니다. 그러면 기껏해야 지옥에서의 80년이란 시간만으로도 충분할 것입니다. 그러나 영원한 지옥을 설정한 종교는 죄인이 변화될 수 있는 어떤 가능성도 남겨 두지 않습니다. 그것은 그의 모든 미래를 단절시켜 버립니다.

그러나 최악의 것과 최선의 것은 둘 다 똑같은 자연의 일부입니다. 하나는 가장 낮은 곳에 있을지도 모릅니다. 하나는 가장 높은 곳에 있을지도 모릅니다. 그러나 그것들은 같은 자연의 세계에 속해 있지요. 따라서 변형의 가능성을 가지고 있는 것이지요. 가장 낮은 사람은 제일 높은 꼭대기로 올라가기 시작할 수 있습니다. 그리고 그런 일은 여러 차례 일어났습니다.

강도 발미크와 성인 나르다르의 만남 힌두교도에 관한 이야기가 하나 있습니다. 라마의 삶에 관한 가장 오래 된 책은 발미크에 의해 씌어졌습니다. 발미크는 강도, 도둑, 살인자였습니다. 그것이 그의 유일한 직업이었지요.

교육받지는 못했지만 엄청난 힘을 지닌 그는 단지 도로 위에서 사람들을 기다리고 있었고, 누군가 붙잡히면 그 사람은 모든 것을 내주어야만 했습니다. 그렇지 않으면 그 사람은 그것으로 끝이었습니다. 발미크의 가족은 호사스러움 속에서 살고 있었습니다. 그는 매일 그렇게 많은 돈을 가져오고 있었던 것입니다.

어느 날 항상 자신의 에크타라(줄이 오직 하나뿐인 단순한 악기)를 가지고 다니던 나르다르라는 한 아름다운 성인이 에크타라를 연주하면서 지나가고 있었습니다. 그러자 발미크가 그의 소매를 붙잡았습니다. 그러나 그는 여전히 그 에크타라를 연주하면서 노래를 부르고 있었습니다. 발미크가 말했습니다. "너는 미친놈이냐. 아니면 뭐란 말이냐? 너는 내가 안 보이느냐, 너는 나의 칼이 안 보인단 말이냐? 네가 가진 것을 모두 내 놓으란 말이다."

나르다르가 말했습니다. "그대는 거지를 붙잡았다. 나는 오직 이 에크타라밖에 없다. 그리고 나는 그것을 쉽게 내어 주지는 않을 것이다. 왜냐하면 이것을 가지고 그대가 무엇을 하겠는가? 그러나 그대가 원한다면, 나는 이것을 내어 줄 수도 있다. 그리고 그대가 내 목숨을 원한다면 나는 그것 역시 줄 수 있다. 그러나 내가 그대에게 무언가를 주기 전에, 나는 그대에게 한 가지 질문을 하고 싶다."

발미크가 말했습니다. "질문이라고? 무슨 질문이냐?" 나르다르가 말했습니다. "당장 집에 가서 그대의 아내에게 물어 보아라. 그대는 사람을 죽이고 있다. 사람들을 강탈하고 있다. 그녀는 그 책임을 나눌 준비가 되어 있는가? 그대의 아버지에게, 그대의 어머니에게, 그대의 아들에게, 그대의 딸에게 물어 보아라. 그들은 그대가 하고 있는 그 일의 책임을 기꺼이 나누어 가지려고 하는가?"

발미크는 그런 것에 대해서는 한 번도 생각해 본 적이 없었습니다. 그는 교육받지 못한 사람이었습니다. 그가 말했습니다. "나는 그런 것에 대해 한 번도 생각해 본 적이 없다. 그들도 그 책임을 나누어 가져야 한다. 나는 그들을 위해서 이 일을 하고 있기 때문이다."

나르다르가 말했습니다. "나는 여기에 있을 것이다. 걱정하지 말라. 그대는 나를 나무에 묶어 놓고 도망치지 못하게 할 수 있다." 그는 나무에 묶였고, 발미크는 집으로 달려가서 그의 아내에게 물었습니다.

그의 아내가 말했습니다. "나는 당신의 책임과는 아무런 관련이 없어요. 당신의 아내를 먹여 살리는 것은 당신의 책임이에요. 그것을 어떻게 하든, 나는 거기에 아무 관심도 없단 말이에요." 그리고 모든 사람들의 반응도 그녀와 똑같았습니다.

그의 어머니조차 이렇게 말했습니다. "너의 늙은 아버지와 어머니를 돌보는 것은 너의 책임이다. 이제 네가 그것을 어떻게 하는가는 네가 알아서 할 일이다. 우리는 너에게 사람을 죽이고 강탈하라는 말은 하지 않았다. 네가 스스로 그렇게 하고 있는 것이다. 우리는 어떠한 너의 행동에도 책임이 없다."

그의 집안의 단 한 사람도 책임을 나눌 준비가 되어 있지 않았습니다. 그는 충격을 받았습니다. 그는 돌아가서 나르다르를 풀어 주고, 그의 발을 만지며 말했습니다. "저는 제 평생 못된 놈이었습니다. 제가 한 그 모든 일을 속죄할 일말의 가능성이라도 있습니까?"

나르다르가 말했습니다. "아무런 문제도 없다. 그대는 그 일을 그만두어라. 왜냐하면 그대는 그대의 가족들을 위해서 그 일을 하고 있지만, 그들 중 누구도 그 책임을 분담할 준비가 되어 있지 않기 때문이다. 그러면 나는 그대에게 나의 노래를 가르쳐 주겠다. 나의 노래는 아주 간단하다. 나는 단순히 라마의 이름을 반복할 뿐이다. 그것은 너무나 간단하다. 어떤 교육도 필요치 않다.

그대는 나무 아래 앉아서 반복해서 말하면 된다. '라마, 라마…' 그대가 할 수 있는 한 오랫동안, 그러면 그대는 변화될 것이다. 왜냐하면 본래 그대의 가장 내밀한 중심은 항상 순수한 채로 남아 있기 때문이다. 오염될 수 있는 것은 그것 위에 있는 겹겹의 층들일 뿐이다."
우리의 행위들은 잘 못 될 수 있으나, 우리의 의식은 언제나 순수한 채로 남아있는 것이다.

가장 낮은 것이 가장 높은 것으로 몇 달 후에 나르다르는 돌아와 보고 깜짝 놀랐습니다. 발미크가 거기 나무 아래 앉아 있었던 것입니다. 나르다르는 평생 힌두의 신인 라마의 이름을 되뇌어 왔습니다. 그러나 이런 일은 그에게 한 번도 일어난 적이 없었습니다. 발미크는 빛에 둘러싸여 있었습니다. 그냥 그의 곁에 가는 것만으로도 거대한 침묵이, 엄청난 기쁨이 느껴졌습니다.

그가 말했습니다. "오, 신이시여. 저는 평생 동안 신의 이름을 되뇌어 왔습니다. 그런데 이 사람은 살인자입니다, 강도란 말입니다. 그는 가능한 모든 죄를 다 지었습니다. 그리고 그는 저의 제자입니다. 제가 그에게 라마의 이름을 되뇌라고 가르쳤습니다. 그런데 그는 변화된 것처럼, 질적으로 변화된 것처럼 보입니다."

나르다르는 기다려야 했습니다. 그는 감히 발미크를 만지거나 방해할 수가 없었습니다. 그의 현존은 너무나 신성했습니다. 그가 눈을 뜨자 나르다르의 발을 만졌습니다. 나르다르가 말했습니다. "그대는 내 발을 만져서는 안 된다. 내가 그대의 발을 만져야 한다. 무슨 일이 일어났는가?"

기대 이상의 일이 일어난 것이었습니다. 그래서 놀람을 금치 못한 채 하던 말을 이었습니다. "몇 달 새에 그대는 새로운 사람이 되었다. 그대는 내가 그대에게 준 것 이상의 무엇을 발견했단 말인가? 왜냐하면 나는 그 만트라, '라마, 라마'를 평생 동안 사용해 왔지만, 이제 나는 마치 한 사람의 바보처럼 느껴진다. 몇 달 새에 그대는 다른 무엇을 얻은 것에 틀림없다."

그가 말했습니다. "오, 신이시여. 그것이 '라마'입니까? 저는 잊고 있었습니다." 왜냐하면 '라마, 라마'를 되풀이하다 보면, '라마'는 어떠한 공백도 없이 계속 되풀이되다가 '마라, 마라'로 바뀌어 '라마' 대신에 두 번의 '라마'가 합쳐지면서, 그는 그것이 무엇이었는지 잊어버리고 말았던 것입니다. 그래서 그는 어느 사이에 '마라, 마라'라고 고쳐 말하기 시작했습니다. '마라'라는 단어는 '죽어 있음'dead을 의미하는 다른 말입니다.

나르다르가 말했습니다. "이것은 또 다른 기적이다. 그대는 되뇌어 왔다. '마라' 그것은 '죽어 있음'을 의미한다. 그것은 신의 이름이 아니다. 그러나 그대의 진실성, 그대의 순수함, 그대의 전체성이 그대를 변화시켰다. 그대는 나로부터 너무나 멀리 있다. 다시는 나의 발을 만지지 말라."

가장 낮은 것은 가장 높은 것으로 변할 수 있습니다. 거기에는 어떤 장벽도 없습니다. 그리고 자연이란, 거기 있는 모든 것입니다. 그러므로 자연스러운 죽음조차도 자연을 초월하지 않습니다. 그것은 단순히 그 전체성 속에서 자연을 충족시킬 뿐입니다.

여기서 경전과 관련해 생각해보고 싶습니다. 정신적으로 높은 차원을 이해하기 위해 경전만한 것은 없을 것이기 때문입니다. 어떻게 하면 경전을 단순한 독서 이상으로 올바르게 읽을 수 있습니까?

그대가 하나의 씨앗이라면, 스승은 그 씨앗이 꽃을 피운 것입니다. 그래서 깨달은 이의 말씀을 기록한 경전은 그대에게 위로 향한 열망을 갖게 만듭니다. 그대 자신을 꽃피우려는 의지를 심어 줍니다.

그런 점에서 그들의 말씀에 관심을 갖는 것은 정신적으로 높은 차원을 이해하는 데 크게 도움이 될 것입니다. 그러나 이에 접근하는 일은 보통 책을 대하는 것과는 다를 수밖에 없습니다. 이를 실현하기 위해서 특히 다음 두 가지 사실을 유념해야 할 것입니다.

첫째, 경전은 결코 한번 읽고 말 책이 아님을 명심하십시오. 인도에서는 일반적인 책을 읽는 것을 '독서'라 하고, 기타와 같은 경전을 읽을 때에는 '팟뜨'란 용어를 사용합니다. 이는 배움이라는 뜻과 통합니다. 일반적인 독서는 그냥 기계적으로 책을 읽는 것입니다. 그러나 아주 깊이 몰입하여 읽을 때는 그 독서 행위 자체가 배움이 되지요.

독서 자체가 그대의 존재 깊이 스며듭니다. 기억의 일부가 되는 것에 그치지 않고 그대 존재의 일부가 됩니다. 그대는 그것을 완전히 흡수해서 빨아 마셔야 합니다. 그래야 그것에 흠뻑 취할 수 있습니다. 그대는 수많은 말들을 기억하고 간직하지 않지만, 정수를 얻게 됩니다. 책에 담긴 정수가 그대의 존재 안으로 전이될 것입니다. 이것을 팟뜨라고 합니다.

일반적인 독서의 경우 책을 한번 읽으면 그것으로 끝이지요. 두 번 읽는 것은 무의미해 보이고, 세 번 읽는 것은 바보처럼 보입니다. 그러나 팟뜨를 행할 때는 똑같은 책을 날마다 읽어야 합니다. 어떤 사람들은 평생 동안 논어를 날마다 반복해서 읽습니다. 이것은 평범한 독서가 아니지요. 이것은 그 책 속에 어떤 내용이 담겨 있는지 알고자 하는 문제가 아닙니다.

그들은 논어 안에 어떤 내용이 쓰여 있는지 훤히 알고 있습니다. 수백 번도 더 읽었으니 모를 리가 없습니다. 그렇다면 그들은 무엇을 하고 있는 것일까요? 그들은 계속해서 의식의 주파수를 맞추고 있는 것입니다. 공자가 바로 앞에 살아 있는 것처럼 대하고 있는 것이지요. 이제 그들은 책을 읽는 것이 아닙니다. 그들은 전혀 다른 차원에서 자기 자신을 변형시키는 작업을 하고 있는 것입니다.

보석을 알아볼 수 있는 혜안 둘째, 보석처럼 가치 있는 책을 읽기 위해서는 보석을 알아볼 수 있는 혜안慧眼을 가지고 있어야 합니다. 이를 이해하기 위해서는 다음과 같은 약산의 일화가 도움이 될 것입니다.

어느 날 약산이 경전을 암송하고 있을 때 한 승려가 그에게 물었습니다. "스승님은 줄곧 저희들이 경전을 암송하는 것을 허락하지 않으셨습니다. 그런데 왜 스승님 자신은 경전을 암송하고 계십니까?" 이 질문은 합당한 것으로 보입니다. 약산은 승려들에게 경전을 외지 못하도록 하면서 그 자신은 경전을 외고 있었습니다. 확실히 이것은 그의 가르침과 모순된 것입니다.

약산이 대답했습니다. "나는 단지 내 눈을 즐기고자 할 따름이다. 이 아름다운 경전, 나는 그 아름다움과 그 솜씨, 그 음악과 진리를 즐기고 있다. 나는 그 무한한 속뜻에 신선함을 느끼고 나의 눈은 더욱

날카로워진다. 그것은 그저 내 눈을 즐기기 위해 소용될 뿐이다." 승려가 물었습니다. "저도 스승님처럼 경전을 암송하고 싶습니다. 그러면 안 됩니까?"

이 질문 또한 합당한 듯합니다. 그러나 그렇지 않습니다. 스승이 경전을 욀 때, 그는 이미 진리를 알고 있기 때문에 그 경전에서 진리를 발견할 수 있습니다. 진리를 알지 못하는 자는 단지 시간만 낭비할 것입니다. 그는 경전 속에서 아무런 진리도 발견하지 못할 것입니다. 그는 유식해질지 몰라도 깨닫지는 못합니다.

이상하게 들릴지 몰라도 이는 사실입니다. 지금은 경전을 읽지 마십시오. 그러나 그대가 진리를 알아볼 혜안을 갖게 되었을 때는 경전을 즐기십시오. 그 안에는 여기저기에 수많은 다이아몬드와 루비, 에메랄드와 같은 보석들이 널려 있습니다.

그러나 먼저 그대 자신이 혜안을 가져야 하지요. 무지한 사람, 지각이 없는 사람은 의미 없이 경전을 빌려와 그의 마음에 마구 쑤셔넣을 것입니다. 그러나 깨달은 자, 그 자신의 중심에 다다르게 되어 진리를 알아 경전을 필요로 하지 않는 자는 그 자신 홀로 즐길 수 있습니다.

이것은 마치 은행이 운영되는 원리와 같습니다. 만약 그대가 돈을 많이 가지고 있다면 은행은 기꺼이 그대에게 대출을 해줄 것이지만, 그대가 돈을 가지고 있지 않다면, 어느 은행도 그대에게 대출해 주지 않습니다. 일반적인 논리라면 돈이 없는 자에게 돈을 주고, 돈이 많이 있는 자에게는 돈을 대출해 줄 필요가 없을 것입니다. 그러나 그것은 은행의 논리가 아닙니다.

높은 도의 경지에서도 이와 똑같은 원리가 적용됩니다. 진리를 얻은 자는 경을 읽을 필요가 없으나 그것을 즐길 수 있습니다. 그것은 아름다운 일입니다. 그는 우리가 결코 찾을 수 없는 뉘앙스를 발견할 수 있고, 우리가 지나칠 다이아몬드를 발견할 수 있습니다. 우리는 아직 다이아몬드가 어떤 것인지 모르며, 단지 색깔 있는 돌로 생각할 뿐입니다.

문제는 분별력입니다. 약산과 같은 스승은 무엇이 진리이고 무엇이 진리가 아닌지 분간할 수 있기 때문에 경전을 읽을 수 있습니다. 그는 고대의 붓다들과 그들의 글, 그들의 명확성 그리고 그들이 그토록 신비로운 체험을 어떻게 단순한 말로 표현했는지를 즐길 수 있습니다.

그러나 "저도 스승님처럼 경전을 외도 됩니까?"라는 승려의 질문은 전적으로 그릇된 것입니다. 스승처럼 되지 않는다면 우리는 스승처럼 경전을 암송할 수 없습니다. 어디서 우리는 그러한 눈을 얻을 것입니까? 어디서 우리는 다이아몬드를 분별해 내는 지각을 얻을 것입니까?

약산은 말했습니다. "그대가 나처럼 경전을 암송하려면, 소의 가죽을 꿰뚫어 속을 볼 수 있어야만 한다." 그러므로 먼저 엑스선과 같이 속을 꿰뚫어 볼 수 있는 눈을 가지기 바랍니다. 그러한 눈을 얻은 뒤에 우리는 경전을 암송할 수 있습니다.

이 이야기는 우리가 경전을 대할 때, 지식을 모으는 데 그치지 않고 살아 있는 경험이 되기 위해서 얼마나 깊은 이해력을 가지고 주의하고 깨어 있어야 하는지 역설한 것으로 이해됩니다. 그렇지 못하다면 경전을 통해 새로운 차원으로, 더 높은 의식의 봉우리로 올라가려는 우리의 노력은 허사로 돌아가고 말 것입니다. 오늘날 소위 인문학 지식을 넓히기 위한 한 방편으로 경전에 접근하는 것도 이런 예에 속할 것입니다.

우리 삶에서 낮은 것 자체가 나쁘거나 불필요한 것은 아니잖습니까?

그렇습니다. 낮은 것을 낮다는 이유만으로 무시하는 것은 사물을 전체적으로 보지 못하는 편협한 생각입니다. 우리의 삶은 여러 층으로 되어 있지요. 그리고 그 기본은 1층입니다. 1층이 없이는 2층이 존재할 수 없습니다. 그리고 2층이 없이는 3층 또한 존재할 수 없습니다.

이렇게 높은 것은 낮은 것을 기반으로 해서 성립됩니다. 그러나 우리는 도처에서 자칫 낮은 것의 가치를 폄하하기 일쑤지요. 한 가지 예를 들어 이러한 오해가 우리 삶에서 어떤 문제를 일으키고 있는지 좀 더 구체적으로 살펴봅시다.

성직자들은 고귀한 사랑에 대해서 이야기합니다. 그리고 낮은 사랑은 묵살해버립니다. 육체적인 사랑은 악이고, 영적인 사랑은 선하다고 합니다. 하지만 육체가 사라진 영혼을 본 적이 있습니까? 토대가 없는 집을 본 적이 있습니까? 낮은 것은 고귀한 것의 토대입니다. 육체는 영혼의 거주지입니다. 영혼은 육체 안에서 육체와 함께 살고 있습니다.

우리는 육체를 가진 영혼이며, 영혼이 깃든 육체입니다. 우리는 둘 다입니다. 낮은 것과 고귀한 것은 분리될 수 없습니다. 그들은 하나이며 하나의 사다리에 붙어 있는 가로 막대들입니다. 낮은 사랑 역시 선합니다. 만약 우리가 낮은 사랑에 집착하면 그것은 우리의 잘못이지요. 낮은 사랑에 문제가 있는 것이 아닙니다. 잘못은 우리에게 있습니다.

섹스가 잘못된 것이 아니라 섹스에 집착하는 사람에게 잘못이 있습니다. 낮은 데만 집착하지 말고 더 높은 곳으로 나아가야 합니다. 고귀한 사랑은 낮은 사랑의 반대가 아닙니다. 낮은 사랑은 고귀한 사랑이 존재하도록 합니다.

성직자들의 책략은 많은 문제를 만들어냅니다. 사랑에 빠질 때마다 사람들은 죄책감을 느낍니다. 죄책감이 일어나면 우리는 온전히 사랑할 수 없지요. 죄책감이 앞을 가로막고 주저하게 만듭니다. 아내나 남편과 사랑을 나눌 때조차 죄책감을 느낍니다. 우리는 사랑을 나누면서 무엇인가 나쁜 짓을 하고 있다고 생각합니다. 이런 생각에서 완전히 벗어난 사람은 세상에 아무도 없을 것입니다.

성자들은 이런 짓을 하지 않을 것이라고 생각합니다. 그러므로 사랑해도 좋다고 허락받은 사람인 아내나 남편을 사랑하면서도 온전히 사랑할 수 없습니다. 성직자들이 우리의 죄책감 뒤에 숨어 있습니다. 숨어서 우리를 잡아당기고 있습니다.

죄책감이 생기면 자신이 옳지 않다고 느끼기 시작합니다. 자신의 가치와 자기를 존중하는 마음이 사라지지요. 또 다른 문제도 생깁니다. 죄책감이 생기면 가식적이 됩니다. 부모들은 자식들에게 마치 그들이 섹스를 하지 않는 것처럼 행동합니다. 사람들은 모두 거짓 얼굴을 하고 있으며, 진실한 사람은 아무도 없습니다.

모든 사람이 가면을 쓰고 다니고, 원래의 얼굴을 보여주는 사람은 없습니다. 우리는 죄책감을 느껴 가식적이 되었고, 다른 사람들 역시 가식적이라는 것을 압니다. 모든 사람이 죄책감을 갖고 있으며, 그것은 흉한 상처처럼 되어버렸습니다.

골짜기와 봉우리 높은 것과 낮은 것이 우리의 내부에서 만날 때, 그때야말로 우리에게는 풍요로움이 찾아올 것입니다. 오로지 높은 것만을 소유하려고 하면 우리는 가난해집니다. 우리는 골짜기가 없는 봉우리와 같을 것이므로, 그것은 가난한 봉우리입니다. 골짜기는 깊이를 주고 어두움을 줍니다. 그래서 골짜기는 봉우리에 신비함을 더해 주는 것입니다.

그러므로 골짜기가 없다면 봉우리는 가난합니다. 그리고 봉우리가 없다면 골짜기는 더 가난합니다. 거기에는 어둠만이 머물고 태양은 결코 빛을 보내지 않을 것이기 때문입니다. 가장 풍요로운 것은 봉우리와 골짜기가 다 함께 있을 때입니다.

신은 세상으로부터 분리되어 있지 않고, 영혼 역시 육체로부터 분리되어 있지 않으며, 외부와 내부도 분리되어 있지 않고, 낮은 것과 높은 것 역시 분리되어 있지 않습니다. 높은 것은 낮은 것을 통해 일어납니다. 연꽃은 진흙에서 성장하고, 우리 또한 음식을 통해서 의식이 성장합니다. 삶에는 양극이 있으며, 이들은 떼려야 뗄 수 없는 전체의 부분들입니다.

인간은 삼층으로 이루어진 건물입니다. 일층은 동물입니다. 그리고 그것은 그 나름대로 좋습니다. 거기에 잘못된 것은 아무것도 없습니다. 그러나 중요한 것은 우리는 그보다 더 높은 것도 알아야 한다는 것입니다. 아래쪽을 기초로 삼되 계속 거기에만 머물지 말 것입니다. 그러나 언제나 어느 사회에서나 지나치게 아래쪽에 집착하는 것이 현실이지요.

이층은 인간이고 삼층은 신입니다. 지복을 알게 됨으로써 자신의 신성을 알게 되고, 인간이 신임을 알게 됩니다. 이것을 깨닫지 못한다면 삶은 여전히 불완전하다는 사실을 잊지 마십시오. 그때 우리는 깊은 좌절과 욕구 불만 속에 남게 됩니다. 우리가 우리의 궁극에 닿을 때, 비로소 만족과 평화와 침묵이 존재합니다.

우리 삶에서 높은 것과 낮은 것이 갈등을 일으킬 때, 흔히 높은 것이 낮은 것에 지기 일쑤기 때문에, 정의사회가 이루어질 수 없다고 생각합니다. 진정으로 높은 것이라면 낮은 것에 이겨야 하는 것이 아닙니까?

　문제를 정확하게 이해하는 것이 문제를 푸는 열쇠입니다. 그대가 문제 자체를 오해하고 있는 상태라면, 해결은 아주 멀리 있습니다. 아마도 해결이 거의 불가능할 것입니다. 그대가 잘못된 방향으로 나아가고 있기 때문입니다. 일단 문제점을 올바르게 지적하면 만사는 간단해지지요. 그러면 우리의 문제를 다시 정리해보기로 합시다. 높은 것이 정말 낮은 것에 진 적이 있습니까?

　만일 그대의 영성이 세속적인 관심에 의해 영향을 받고 있다고 느낀다면, 그대가 영성에 대해 진정으로 관심을 가지고 있다고 말할 수 있습니까? 그대가 세속적인 관심에 의해 영향을 받고 있다고 말한다는 것은, 자신의 내면에 아무런 영성도 존재하고 있지 않다는 것을 의미합니다. 단지 영성에 대한 나름대로의 관념을 가지고 있을 뿐입니다. 어디에서인가 영성에 관한 말을 들어본 적이 있을 뿐입니다.

　마찬가지로 그대는 증오가 승리하고 사랑은 파괴당한다고 생각할지 모릅니다. 돈을 얻고자 하는 욕망이 이기고, 이 욕망이 신성을 알고자 하는 열망을 파괴한다고 생각할지 모릅니다. 이는 오해입니다. 빛이 있다면 어둠은 들어올 수 없습니다. 빛과 어둠 사이에 갈등은 일어난 적이 없습니다. 빛이 있는 그 순간 어둠은 더 이상 존재할 수 없기 때문입니다. 어둠은 빛이 존재하지 않을 때만 이길 수 있습니다.

　영성이 그대 안에서 일어난다면, 세속적인 관심은 사라지고 맙니다. 그러므로 진정한 스승의 모든 노력은 세속적인 관심을 제거하는 데 있다기보다는, 우리의 내면에서 영성에 대한 관심을 유발해내는 데 중점을 두고 있습니다.

영성에 대한 관심이 내면에서 일어날 때, 세속적인 관심은 약해지고 맙니다. 사랑이 가슴속에서 피어날 때, 증오는 사라지게 마련입니다. 사랑과 증오 사이에 갈등이 존재해본 적은 한 번도 없습니다. 진리가 가슴 속에서 일어날 때 거짓은 사라지고 맙니다. 진리와 허위가 갈등에 빠져본 적은 한 번도 없습니다.

비폭력이 가슴속에서 일어날 때 폭력은 사라지게 마련입니다. 누가 승리하고 패배하느냐의 문제가 아니지요. 폭력은 너무나 약해서 비폭력이 일어나는 바로 그 순간 사라지고 맙니다. 세속적인 관심 역시 너무나 약합니다.

종교에서 세상을 환상이라고 부르는 이유가 이것입니다. 환상이란 너무나 약해서 살짝 건드리기만 해도 사라져 버리는 것을 의미합니다. 환상이란 가까이 가서 진실을 보게 되는 순간 존재하지 않는다는 것을 발견하게 됩니다.

그러므로 자신의 영성이 패배했다고 느낄 때, 이 사실을 기억하십시오. 지난 날 영성에 대하여 그대가 지니고 있던 관심은 허상이었습니다. 그대는 책을 통해 이러한 허상을 배웠으나, 그대의 내면에는 영성이 존재하지 않습니다. 많은 사람들이 이와 똑같은 상황에 놓여 있습니다.

어떤 사람은 과거에 자주 신을 체험했으나 지금은 그럴 수가 없다고 말합니다. 그런 일은 불가능합니다. 또 어떤 사람은 전에는 열심히 교회에 나가곤 했으나 지금은 그럴 수가 없다고 말합니다. 이 또한 불가능합니다.

태양은 어둠을 만나본 적이 없다. 삶에서 더 높은 상태에 도달할 수는 있으나, 도달한 후에 결코 잃어버릴 수는 없습니다. 그대는 현명해질 수 있습니다. 지혜에 도달할 수 있습니다. 그러나 그런 뒤에 무지해질 수는 없습니다. 지혜를 잃어버릴 수는 없습니다.

교육에 의해 소위 종교적인 느낌이 내면에서 일어날 수는 있습니다. 흔히 이러한 느낌이 종교적이라고 믿습니다. 그것은 전혀 종교적이지 않으며 단지 하나의 허상일 뿐입니다. 종교성과 이런 허상 사이에는 엄청나게 큰 차이가 있습니다.

어린 시절부터 우리는 영혼이 있다고 배웠습니다. 영혼의 존재를 배우고 기억 속에 저장한 채 차츰 그것을 기억 체계의 한 부분으로 만들어 왔습니다. 그리고 나중에 영혼이 있다고 계속해서 말하다가 결국 우리 자신이 영혼의 존재를 알고 있다고 생각하게 됩니다.

우리는 영혼에 대해 아무것도 알지 못합니다. 단지 어딘가에서 들었던 관념이고 다른 사람들이 우리에게 가르쳐온 허상에 불과합니다. 그리고 소위 영혼이 자신의 강한 욕망 때문에 패배당한다면 우리는 이렇게 말할 것입니다. "영혼이 너무 약해서 내 욕망에게 패배하고 말았다."

우리에게는 영혼이 없습니다. 관념만이 있을 뿐입니다. 이러한 관념은 사회에 의해 창조되었을 뿐, 진실로 우리의 것은 아닙니다. 영성이 자기 자신만의 경험을 통해 깨어날 때, 세속적인 관심은 사라지고 말 것입니다. 더 이상 세속적인 관심이 우리를 붙잡고 있을 수 없게 됩니다.

기억하십시오. 자신이 패배했다고 느껴질 때, 여태까지 종교라고 믿어 왔던 것은 사실상 우리들 스스로의 종교 체험이 아닌, 종교라고 생각해왔던 허상에 불과하다는 사실을. 우리는 부모로부터 종교에 관해 들어 왔습니다. 우리는 구원을 위한 삶의 일환으로 종교에 관해 알고 있습니다.

그러나 이러한 앎은 순수하게 내면에서 생겨난 것이 아닙니다. 소위 패배한 영성에 대한 관심과 종교적 느낌을 내던져 버리십시오. 이 두 가지는 아무런 의미도 없습니다. 잘못된 관심을 버리는 방법을 이해하게 될 때, 가치 있는 영성에 대한 관심을 창조하는 방법을 위한 이해에 도달하게 됩니다.

꿈을 꾸는 데는 여러 방법이 있습니다. 아침에 사원에 가보십시오. 약간의 보시를 하고 의식을 거행합니다. 그러면 자신이 종교적이라는 환상을 갖게 됩니다. 그런 뒤 소위 종교적 관심이 세속적인 욕망에 의해 패배하게 될 때, 극도로 슬퍼하며 후회로 가득하게 됩니다.

그러면서 이렇게 생각하지요. '영성이란 얼마나 나약한가? 그리고 세속적인 욕망이란 얼마나 강한가?' 그러나 이들에게 영성이란 없습니다. 단지 자신이 종교적이라고 생각함으로써 스스로를 기만하고 있을 따름입니다.

그러므로 영성이 세속적 욕망에 의해 패배한다는 생각은 잘못되었습니다. 세속적인 관심에 의해 패배당하는 영성이란 애초부터 잘못되었습니다. 영성이 내면에서 태어난 바로 그 날, 모든 세속적인 관심은 사라집니다. 세속적인 관심을 아무리 찾고자 해도 찾을 수가 없습니다.

아침에 태양이 떠오르는데 어둠이 그대로 남아 있다면, 단지 태양이 떠오른다고 꿈꾸고 있을 뿐입니다. 태양이 떠오를 때 어둠은 저절로 사라집니다. 그래서 태양은 한 번도 어둠을 만나 본 적이 없습니다. 태양은 어둠과 같은 것이 존재하는지 알지 못합니다. 진정한 영혼은 세속적 욕망 따위가 존재하는지조차 알지 못합니다.

논어의 혼 4
오랜 잠에서 깨어날 것인가

초판 1쇄 인쇄일	2022년 11월 7일
초판 1쇄 발행일	2022년 11월 15일

지은이	성낙희 · 김상대
펴낸이	한선희
편집/디자인	우정민 김보선
마케팅	정찬용 정구형
영업관리	한선희
책임편집	우정민
인쇄처	으뜸사
펴낸곳	국학자료원 새미(주)
	등록일 2005 03 15 제251002005000008호
	경기도 고양시 일산동구 중앙로 1261번길 79 하이베라스 405호
	Tel 4424623 Fax 64993082
	www.kookhak.co.kr
	kookhak2001@hanmail.net

ISBN	979-11-6797-081-7 *03140
가격	19,000원